普通高等职业教育“十三五”规划教材
21世纪高职高专规划教材·国际经济与贸易系列

进出口报关实务

主　编　张艳丽　崔亚琼　朱　婧
副主编　刘　琦　赖红清

中国人民大学出版社
·北京·

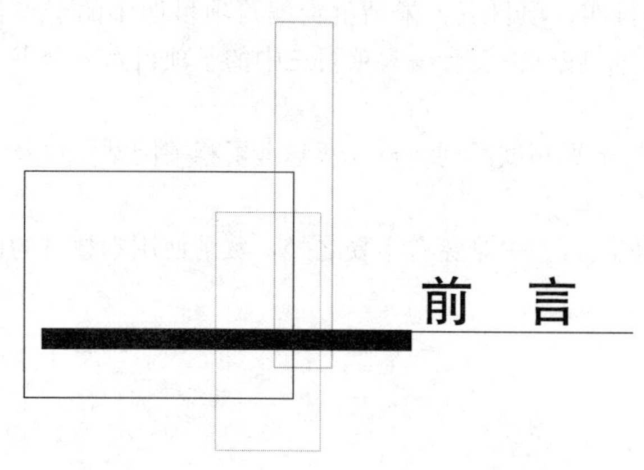

前　言

随着国际贸易的发展，物资在国与国之间的流入和流出，这样就产生了为这些货物报关的活动。本教材以报关企业为各类货物办理报关的具体工作任务为依托，介绍了各类货物通关的具体内容、操作方法及注意事项。通过学习，培养学生从事报关工作应具备的技能和职业能力；同时以报关员水平测试为引导，使学生掌握国际物流中为各类货物报关、缴纳进出口税费、填制报关单等操作技能。

本教材的主要特点如下：

1. 课程教学充分体现职业性、实践性

编写教师多年从事报关课程的教学工作，同时，他们利用寒暑假到企业调研了解行业发展需要和职业岗位所需的知识、能力、素质要求，基于工作过程进行教材的设计。本教材分为五个项目，学生在学习前两个项目的基础上，可将基础的理论知识与技能知识运用到后面三个实际技能项目的学习中。

2. 教、学、做结合，实现以学生为主体、以能力为本位的教学模式

本教材围绕报关工作过程的核心岗位能力培养设置内容，以报关行业真实工作任务设计课程的实训项目，让学生在教学中充当主体，从而有利于学生在有限的学习时间内学习更多、更实用的专业技能，全面提高职业素质。

3. 以任务为导向，切实提高教学效果

本教材将职业素质的养成、职业技能的培养贯穿教学的全过程，实施教、学、做一体化的教学模式，实现了理论教学与实践教学的深度融合，为学生未来从事报关工作或者转向行业内其他的职业岗位奠定了良好的发展基础。

4. 结合报关岗位特点，将报关员水平测试内容融入教学环节中

我国从 2013 年将报关员资格考试改为报关员水平测试，本教材将报关员水平测试内容融入教学环节中，为学生通过报关员水平测试打下坚实的基础。

本教材由盘锦职业技术学院张艳丽老师负责总纂。编写人员分工如下：张艳丽负责编写项目一，项目二，项目三中的子项目二、子项目三、子项目五，项目四中的子项目

一；崔亚琼负责编写项目三中的子项目四，项目五；朱婧负责编写项目四中的子项目二；刘琦负责编写项目三中的子项目一；赖红清负责编写项目三中的子项目六。全书由张艳丽最终定稿。

本教材在编写过程中参考了报关员水平测试系列教材，还参考了相关网站资料及书籍，在此向其作者们致以衷心的感谢！

由于时间仓促，加之编者的水平有限，书中难免有不妥之处，敬请使用本教材的读者批评指正。

编者

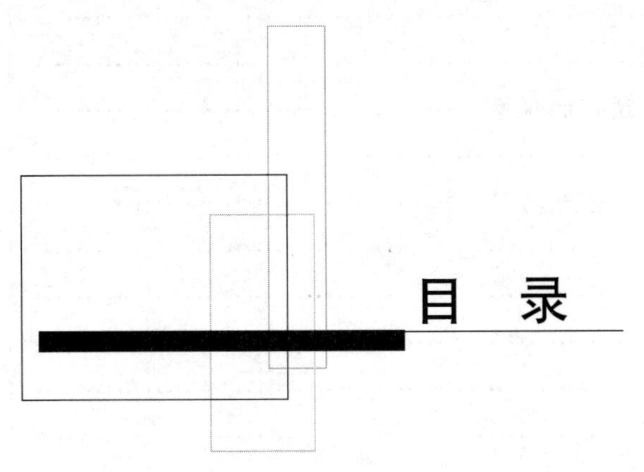

目　录

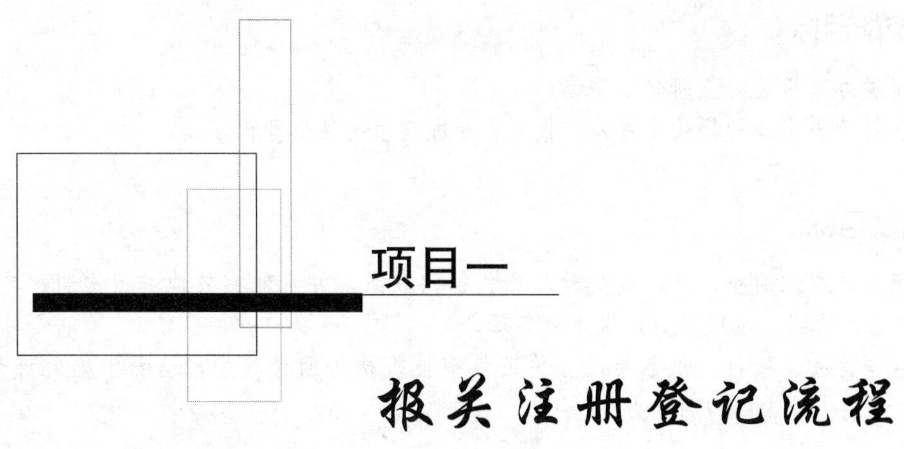

项目一

报关注册登记流程

项目引入

大连汇通国际物流有限公司于2015年10月正式成立，是集海运、空运、陆运、报关、报检为一体的一级国际货运代理公司。公司经营范围：承揽日本、韩国、欧洲、美加、东南亚各港口的CIF、CFR及FOB进出境货物，提供整箱、拼箱及散货的租船订舱、报关、报检、公路运输、铁路运输、空运、场地装箱、进口提货等一条龙服务，并可提供进出境货物许可证及外贸进出境权代理服务。"诚实、可信、客户至上"是大连汇通国际物流有限公司的服务宗旨。

公司现招聘报关经理、报关员。教师作为公司招聘人员，学生作为应聘者，学生目前对这个行业不太了解，教师作为招聘者进行介绍，正式录用的在报关岗位工作的学生将为公司办理报关注册登记。学生需要完成以下任务：

任务一　认知报关

任务二　报关注册登记流程

任务三　报关员从业

知识目标

1. 知道报关、报关单位的管理制度；
2. 知道报关相关法律法规；
3. 理解海关对贸易企业的分类管理制度；
4. 理解报关员、报关行业相关规范；
5. 熟悉海关的权力；
6. 掌握进出境货物收发货人、报关企业的注册登记流程。

技能目标

1. 能够办理报关的注册登记手续；

2. 能够为进出境货物收发货人、报关企业办理报关注册登记手续。

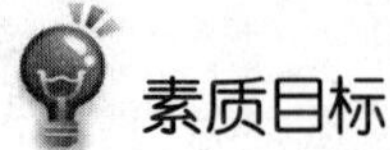

素质目标

1. 报关员在注册登记时，能及时与相关部门联系，并且能有效地进行沟通，具有较强的沟通、协调、组织能力，做事有条理；

2. 在与海关、银行、税务局及相关证件审批机构沟通过程中，培养学生的计划、组织和协调能力与人际沟通能力。

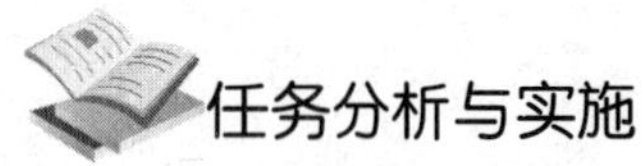

任务分析与实施

任务一　认知报关

一、报关

（一）报关的定义

报关是指进出境货物收发货人、进出境运输工具负责人、进出境物品的所有人或者他们的代理人向海关办理货物、物品或运输工具进出境手续及相关海关事务的过程。

1. 通关与报关的联系与区别

两者都是针对运输工具、货物、物品的进出境而言的，但报关是从海关管理相对人的角度，仅指向海关办理进出境手续及相关手续，而通关不仅包括海关管理相对人向海关办理有关手续，还包括海关对进出境运输工具、货物、物品依法进行监督管理，核准其进出境的管理过程。

2. 报验与报关的区别

报验指的是按照国家有关法律、行政法规的规定，向进出境检验、检疫部门办理进出境商品检验、卫生检疫、动植物检疫和其他检验、检疫手续。一般而言，报验手续要先于报关手续办理。

（二）报关的分类

1. 按对象不同划分

按对象不同分为运输工具报关、进出境货物报关和物品报关。

（1）运输工具报关。主要包括用以载运人员、货物、物品进出境，并在国际运营的各种境内或境外的船舶、车辆、航空器和驮畜等。报关内容主要是交验有关单证。

（2）进出境货物报关。主要包括一般进出境货物、保税货物、暂准进出境货物、特定减免税货物以及过境、转运和通运货物、其他进出境货物。另外，一些特殊形态的货物，如以货品为载体的软件也属于报关的范围。

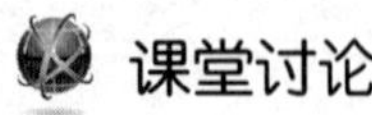

课堂讨论

海关监管货物

根据货物进入我国的目的，我国海关将货物分为五大类，即一般进出境货物、保税货物、特定减免税货物、暂准进出境货物、其他进出境货物。

收集资料，讨论这几大类货物有哪些特点。

(3) 物品报关。对于个人携带进出境的行李物品、邮寄物品，采用自用合理数量的原则。自用合理数量是海关对进出境物品监管的基本原则。所谓自用，即旅客本人自用、馈赠亲友而非出售、出租；所谓合理数量，是指根据旅行目的、居留时间所规定的正常数量或者规定的免税数量。超出自用合理数量的，旅客要选择红色通道，必须填写《中华人民共和国海关进出境旅客行李物品申报单》，申报单样式如图 1-1 所示。绿色通道适用于数量和价值都不超过免税限额且非国家禁限物品。

中华人民共和国海关
进出境旅客行李物品申报单

请仔细阅读申报单背面的填单须知后填报

姓　名　男　女
出生日期　年　月　日　国籍(地区)
护照（进出境证件）号码

进境旅客填写	出境旅客填写
来自何地	前往何地
进境航班号/车次/船名	出境航班号/车次/船名
进境日期：　年　月　日	出境日期：　年　月　日
携带有下列物品请在“□”划√	携带有下列物品请在“□”划√
□1. 动植物及其产品，微生物、生物制品、人体组织、血液及其制品 □2. 居民旅客在境外获取总值超过人民币5,000元的物品 □3. 非居民旅客拟留在境内总值超过人民币2,000元的物品 □4. 超过1,500毫升的酒精饮料（酒精含量12°以上），或超过400支香烟，或超过100支雪茄，或超过500克烟丝 □5. 超过20,000元人民币现钞，或超过折合美元5,000元外币现钞 □6. 分离运输行李，货物，货样，广告品 □7. 其它需要向海关申报的物品	□1. 文物、濒危动植物及其制品、生物物种资源、金银等贵重金属 □2. 居民旅客携带需复带进境的单价超过人民币5,000元的照相机、摄像机、手提电脑等旅行自用物品 □3. 超过20,000元人民币现钞，或超过折合美元5,000元外币现钞 □4. 货物、货样、广告品 □5. 其它需要向海关申报的物品

携带有上述物品的，请详细填写如下清单

品名/币种	型号	数量	金额	海关批注

我已经阅读本申报单背面所列事项，并保证所有申报属实。

旅客签名：

一、重要提示：

1. 没有携带应向海关申报物品的旅客，无需填写本申报单，可选择“无申报通道”（又称“绿色通道”，标识为“●”）通关。
2. 携带有应向海关申报物品的旅客，应当填写本申报单，向海关书面申报，并选择“申报通道”（又称“红色通道”，标识为“■”）通关。海关免予监管的人员以及随同成人旅行的16周岁以下旅客可不填写申报单。
3. 请妥善保管本申报单，以便在返程时继续使用。
4. 本申报单所称“居民旅客”系指其通常定居地在中国关境内的旅客，“非居民旅客”系指其通常定居地在中国关境外的旅客。
5. 不如实申报的旅客将承担相应法律责任。

二、中华人民共和国禁止进境物品：

1. 各种武器、仿真武器、弹药及爆炸物品；
2. 伪造的货币及伪造的有价证券；
3. 对中国政治、经济、文化、道德有害的印刷品、胶卷、照片、唱片、影片、录音带、录像带、激光唱盘、激光视盘、计算机存储介质及其它物品；
4. 各种烈性毒药；
5. 鸦片、吗啡、海洛因、大麻以及其它能使人成瘾的麻醉品、精神药物；
6. 新鲜水果、茄科蔬菜、活动物（犬、猫除外），动物产品，动植物病原体和害虫及其它有害生物，动物尸体，土壤，转基因生物材料，动植物疫情流行的国家和地区的有关动植物及其产品和其它应检物；
7. 有碍人畜健康的、来自疫区的以及其它能传播疾病的食品、药品或其它物品。

三、中华人民共和国禁止出境物品：

1. 列入禁止进境范围的所有物品；
2. 内容涉及国家秘密的手稿、印刷品、胶卷、照片、唱片、影片、录音带、录像带、激光唱盘、激光视盘、计算机存储介质及其它物品；
3. 珍贵文物及其它禁止出境的文物；
4. 濒危的和珍贵的动植物（均含标本）及其种子和繁殖材料。

图 1-1　《中华人民共和国海关进出境旅客行李物品申报单》

2. 按报关实施者不同划分

按报关实施者不同分为自理报关、代理报关，如图 1-2 所示。

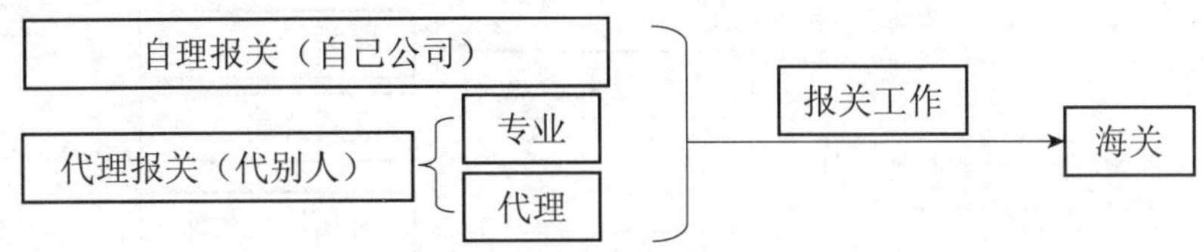

图 1-2　自理报关与代理报关

（1）自理报关。是指进出境货物收发货人或者货代为自己报关。自理报关单位必须具有进出境经营权、报关权。

（2）代理报关。是指报关企业为货物的收发货人进行报关。报关企业必须获得注册登记许可并且进行注册登记。代理报关又分为直接代理报关（如图1－3所示）和间接代理报关（如图1－4所示）。直接代理报关以委托人的名义报关纳税，法律后果直接作用于被代理人即委托人。间接代理报关以报关企业自身名义报关纳税，报关企业承担类似委托人的责任。

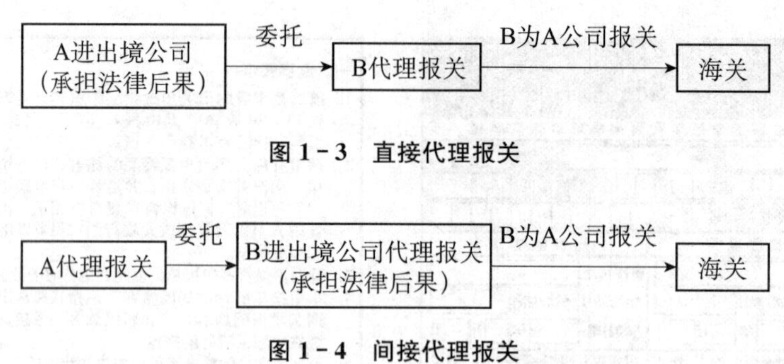

图1－3 直接代理报关

图1－4 间接代理报关

二、报关单位

（一）报关单位的条件

报关单位应依法在海关注册登记或经海关批准，取得报关资格。进出境货物收发货人和报关企业应为境内法人或其他组织，能独立承担经济和法律责任。实行注册登记管理制度（首先取得海关行政许可或海关登记备案），这是报关的前提条件。

（二）报关单位的类型

我国《海关法》将报关单位划分为进出境货物收发货人和报关企业。

1. 进出境货物收发货人

进出境货物收发货人是在外经贸主管部门备案登记的对外贸易经营者（贸易公司、外向型生产工厂、仓储型企业）。在获得报关权前不必获得行政许可但要取得海关备案，未取得备案登记但从事非贸易性进出境活动的单位，在进出境货物时，也视其为收发货人，需要获得临时注册登记证明，有效期仅为7天。收发货人只能为本单位进出境货物报关。

2. 报关企业

经海关注册登记行政许可后，报关企业接受委托办理进出口货物的通关手续。报关企业有专业报关企业、代理报关企业，两者分类如图1－5所示。

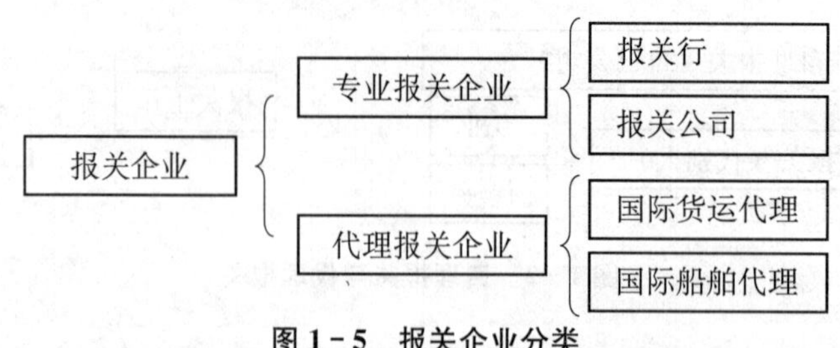

图1－5 报关企业分类

在报关企业当中的代理报关企业具有的行为属性与法律责任如表 1－1 所示。

表 1－1　代理报关企业的行为属性与法律责任

代理方式	行为属性	法律责任
直接代理	以委托人名义	法律后果直接作用于被代理人（委托人）；报关企业应承担相应的法律责任
间接代理	以自身名义，视同为自己报关	法律后果直接作用于代理人（报关企业）；报关企业承担收发货人自己报关的法律责任

（三）报关单位的行为规则

1. 自理报关单位（进出境货物收发货人）行为规则

自理报关单位只能办理本单位进出境货物的报关业务，可以自行报关，也可委托报关，还可异地报关，但需要备案。自理报关单位异地备案流程如图 1－6 所示。

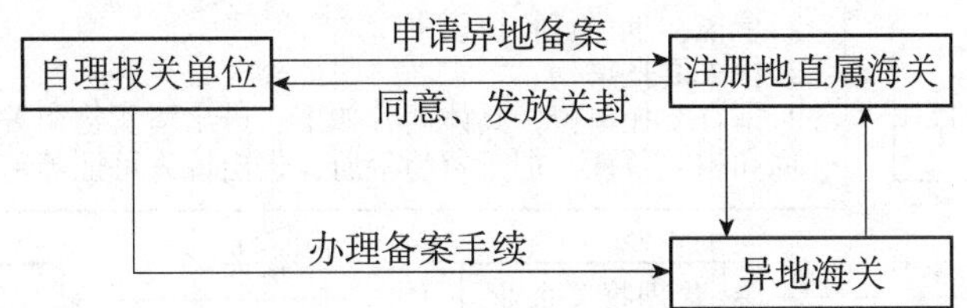

图 1－6　自理报关单位异地备案流程

进出境货物收发货人的报关行为规则包括：

（1）在关境各个口岸或海关监管业务集中地点报关。

（2）只能办理本单位报关，不能代理其他单位报关。

（3）可以委托在海关注册登记的报关企业代理报关。

（4）为单位所属报关员承担相应的法律责任（报关员离职之日起 7 日内向海关报告并将其报关员证注销，报关员未交还报关员证，应当在报刊上声明作废，并向海关注销）。

2. 报关企业的行为规则

（1）服务的地域范围。包括：只能在注册地海关辖区内办理报关纳税；同一关区内非属地报关也需在直属海关备案并在报关地设立分支机构；在非注册地报关（跨直属关区）必须设立分支机构，申请分支机构注册登记许可并注册登记（在拟注册地直属海关办理）。

（2）报关企业从事报关服务应尽的义务。具体包括：

1）配合海关监管工作，不得违法滥用报关权。

2）建立账簿和营业记录等档案，完整保留各种单证、票据、函电以备海关稽查。

3）代理报关必须有正式书面的代理报关委托协议并在报关时出示。

4）向委托人提供情况真实、完整的合理审查。（商业单证、许可证、手册等官方单证）

5）不得出让报关企业的名义供他人报关。

6）协助海关对涉违走私事项进行调查。

报关企业分为专业报关企业和代理报关企业，它们在具体从事相关业务时的行为准则如图1-7、图1-8所示。

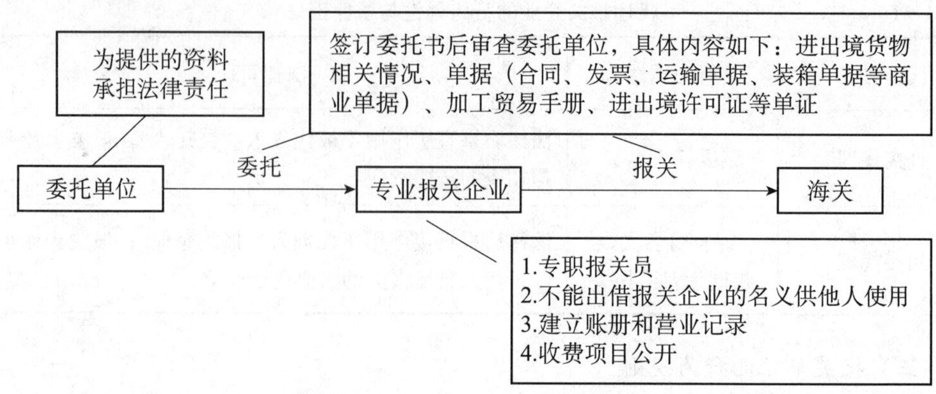

图1-7 专业报关企业行为准则

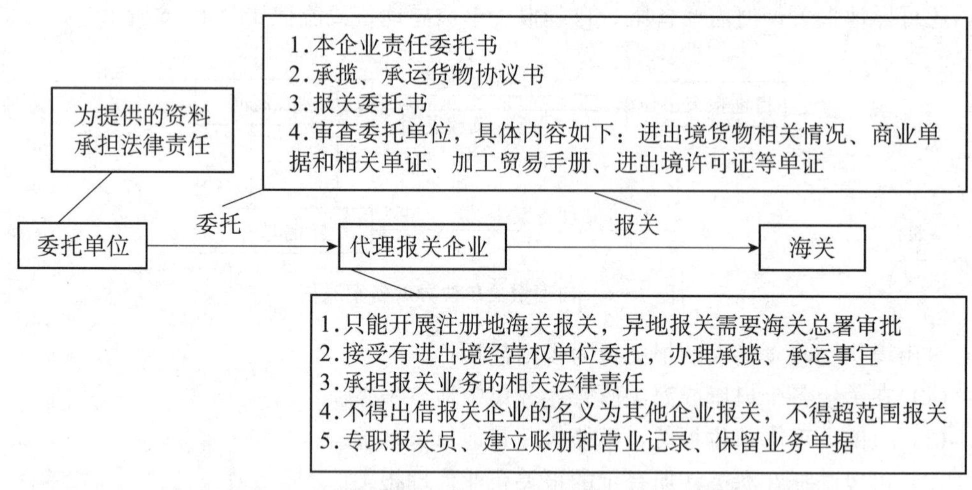

图1-8 代理报关企业行为准则

（四）海关对报关单位的分类管理

为促进企业守法自律，提高海关监管效率，海关总署和外经贸部、国家经贸委联合制定了《中华人民共和国海关对企业实施分类管理办法》，本办法强调对企业实施动态的分类管理。

海关按照守法便利原则，对适用不同管理类别的企业，制定相应的差别管理措施，将企业分为AA类企业、A类企业、B类企业、C类企业、D类企业，相应管理措施如表1-2所示。

表1-2 海关对企业的分类管理措施

企业类别	AA类企业	A类企业	B类企业	C类企业	D类企业
信用状况	信用突出	信用良好	信用一般	信用较差	信用很差
管理措施	适用相应的通关便利措施		适用常规管理措施	适用严密监管措施	

海关对不同类企业的分类管理要求如表 1-3 所示。

表 1-3　海关对报关单位的分类管理要求

	进出境货物收发货人	报关企业
AA 类企业	已适用 A 类管理一年以上	已适用 A 类管理一年以上
	上一年度进出境总值在 3 000 万美元（中西部 1 000 万美元）以上	上一年度代理申报的进出境报关单及进出境备案清单总量在 2 万票（中西部 5 000 票）以上
	经海关验证稽查，符合海关管理、企业经营管理和贸易安全的要求	经海关验证稽查，符合海关管理、企业经营管理和贸易安全的要求
	每年报送经营管理状况报告和会计师事务所出具的上一年度审计报告；每半年报送进出境业务情况表	每年报送经营管理状况报告和会计师事务所出具的上一年度审计报告；每半年报送报关代理业务情况表
A 类企业	已适用 B 类管理一年以上	已适用 B 类管理一年以上
	连续一年无走私罪、走私行为、违反海关监管规定的行为	企业及所属执业报关员连续一年无走私罪、走私行为、违反海关监管规定的行为
	连续一年未因进出境侵犯知识产权货物而被海关行政处罚	连续一年未因代理报关的货物侵犯知识产权而被海关没收
	连续一年无拖欠应纳税款、应缴罚没款项事项	连续一年无拖欠应纳税款、应缴罚没款项事项
	上一年度出口总值在 50 万美元以上	上一年度代理申报的进出境报关单及进出境备案清单总量在 3 000 票以上
	上一年度进出境报关差错率在 3%以下	上一年度代理申报的进出境报关差错率在 3%以下
	会计制度完善，业务记录真实、完整。主动配合海关管理，及时办理各项海关手续，向海关提供的单据和证件真实、齐全、有效	依法建立账簿和营业记录，真实、正确、完整地记录受委托办理报关业务的所有活动
	每年报送经营管理状况报告	每年报送经营管理状况报告
	按照规定办理《中华人民共和国海关进出境货物收发货人报关注册登记证书》的换证手续和相关变更手续	按照规定办理注册登记许可延续及《中华人民共和国海关报关企业报关注册登记证书》的换证手续和相关变更手续
	在商务、人民银行、工商、税务、质检、外汇、监察等行政管理部门和机构无不良记录	在商务、人民银行、工商、税务、质检、外汇、监察等行政管理部门和机构无不良记录
B 类企业	首次注册登记的	首次注册登记的
	首次注册登记后，管理类别未发生调整的	首次注册登记后，管理类别未发生调整的
	AA 类企业不符合原管理类别适用条件，并且不符合 A 类管理类别适用条件的	AA 类企业不符合原管理类别适用条件，并且不符合 A 类管理类别适用条件的
	A 类企业不符合原管理类别适用条件的	A 类企业不符合原管理类别适用条件的
C 类企业	有走私行为的	有走私行为的
	一年内有 3 次以上违反海关监管规定行为，或者一年内因违反海关监管规定被处罚款累计总额在人民币 50 万元以上的	一年内有 3 次以上违反海关监管规定行为，或者一年内因违反海关监管规定被处罚款累计总额在人民币 50 万元以上的
	一年内有 2 次因进出境侵犯知识产权货物而被海关行政处罚的	一年内代理申报的进出境报关差错率在 10%以上的

续前表

	进出境货物收发货人	报关企业
C类企业	拖欠应纳税款、应缴罚没款项在人民币50万元以下的	拖欠应纳税款、应缴罚没款项在人民币50万元以下的
		代理报关的货物涉嫌走私、违反海关监管规定拒不接受或者拒不协助海关进行调查的
		被海关暂停从事报关业务的
D类企业	有走私罪的	有走私罪的
	一年内有2次以上走私行为	一年内有2次以上走私行为
	一年内有3次以上因进出境侵犯知识产权货物而被海关行政处罚的	一年内代理报关的货物因侵犯知识产权而被海关没收达4次以上的
	拖欠应纳税款、应缴罚没款项在人民币50万元以上的	拖欠应纳税款、应缴罚没款项在人民币50万元以上的

首次注册登记后，B类企业管理类别未发生调整的原因：不符合A类企业适用的条件，又未发生C、D类企业管理所列的情形。

AA类或者A类企业涉嫌走私被立案侦查或者调查的，海关暂停其与管理类别相应的管理措施；暂停期内，按照B类企业的管理措施实施管理。

企业的名称或者海关注册编码发生变化的，其管理类别可以继续使用，但是有下列情形之一的，按照相应方式调整：

（1）企业发生存续分立，分立后的存续企业承继分立前企业的主要权利义务或者债权债务关系的，其管理类别使用分立前企业的管理类别，分立企业视为首次注册企业。

（2）企业发生解散分立，分立企业视为首次注册企业。

（3）企业吸收合并，合并企业管理类别适用合并后存续企业的管理类别。

（4）企业发生新设合并，合并企业视为首次注册企业。

报关企业代理进出境货物收发货人开展报关业务，海关按照报关企业和进出境货物收发货人各自适用的管理类别分别实施相应的管理措施。

加工贸易的经营企业与承接委托加工的生产企业管理类别不一致的，海关对该加工贸易业务按照较低的管理类别实施相应的管理措施。

三、报关活动的相关人

报关活动的相关人包括监管货物仓储企业、保税加工企业、转关运输货物的境内承运人。它们不具有报关资格，但承担相应的海关义务和法律责任。它们必须经海关批准并注册登记。

（一）监管货物仓储企业

监管区内的仓库、场所：存放未放行的进口货物、待装出口货物。

保税仓库：存放放行后继续监管的货物。

出口监管仓库：存放办结出口手续并卖断结汇的出口货物。

保管期间造成货物损毁或灭失的，应承担纳税义务和法律责任。

（二）保税加工企业

不管该企业是否具有报关资格，只要接受委托，从事出口制成品的加工生产，都应视为报关活动相关人。只有自主经营出口并报关时，才为报关单位（管理相对人），必须办理保税加工注册登记手续。

（三）转关运输货物的境内承运人

经海关批准，转关运输货物的境内承运人及其运输工具、驾驶人员必须办理海关登记注册。运输工具和设备必须具有密封装置和加封条件。运输期间转关运输货物损毁或者灭失的，除不可抗力外，承运人应承担相应的纳税义务和法律责任。

任务二　报关注册登记流程

一、报关注册登记制度

报关注册登记制度是进出境货物收发货人、报关企业依据海关的相关规定向海关提交规定的注册登记申请材料，经注册地海关依法对注册登记申请材料进行审核，准予报关单位办理相关业务的管理制度。

进出境货物收发货人和报关企业的注册登记有所不同，主要体现在以下几个方面：

（1）注册登记条件不同。进出境货物收发货人注册登记实行备案制，从事外贸经营的法人、组织或个人可向海关直接办理注册登记，注册有效期为 3 年；报关企业注册登记许可属于行政许可范畴，注册有效期为 2 年。

报关企业登记的设立条件和提交的文件如表 1－4 所示。

表 1－4　　报关企业登记的设立条件和提交的文件

序号	设立条件	提交文件
1	境内法人资格	企业法人营业执照副本或企业名称预先核准通知书副本
2	法定代表人无走私记录	
3	无因走私违法行为被海关撤销注册登记许可记录	
4	经营场所和设施固定	营业场所所有权证明、租赁证明
5		报关单位情况登记表、报关员情况登记表

（2）报关注册登记证书的更换期限不同。进出境货物收发货人在注册登记证书有效期满 30 日内向海关办理换证手续；报关企业在注册登记证书有效期满 40 日内向海关办理延续手续。

（3）注册登记许可期限不同。进出境货物收发货人注册登记许可期限为 2 年，期满后须办理延续手续；报关企业注册登记许可期限为 2 年，期满后须办理延续手续。

（4）报关的地域范围不同。进出境货物收发货人可以在关境内任何口岸从事报关事项；报关企业如需在登记许可区域外另一直属海关关区报关，需要设立分支机构，并向分支机构所在地海关备案，报关企业在取得注册登记许可的直属海关关区内从事报关服务的，可以设立分支机构，并向分支机构所在地海关备案。

报关企业申请分支机构注册登记需要符合的条件如表 1－5 所示。

表 1－5　　报关企业申请分支机构注册登记条件

项目	限时和限额的规定
报关企业的注册资本	本部：150 万元
	跨关区的分支机构：增加 50 万元
报关员人数	本部：不少于 5 名
	跨关区的分支机构：不少于 3 名

二、报关单位注册登记流程

（一）报关企业注册登记流程

下面以项目引入中的大连汇通国际物流有限公司为例说明报关企业注册登记流程。

步骤一：报关员领取任务方案。

大连汇通国际物流有限公司要办理报关注册登记，报关员安迪到大连海关办理注册登记手续。

步骤二：准备表格，具体如表1－6、表1－7、表1－8所示。

表1－6

报关单位注册登记申请书

________海关：

本申请人已具备《中华人民共和国海关报关单位注册登记管理规定》所列报关企业注册登记许可（延续）条件，并备齐申请材料，承诺所提交的材料真实、有效。现向你关提出报关企业注册登记许可（延续）申请，请予以受理。

联系人：　　　　联系电话：

申请人：
（签名）
年　月　日

表1－7　　报关单位情况登记表

海关注册编码	（不填）	组织机构代码		注册海关	
中文名称					
工商注册地址				邮政编码	
营业执照注册号		工商登记日期		进出境企业代码	
行政区划		经济区划		经济类型	
经营类别		组织机构类型		行业种类	
法定代表人（负责人）		法定代表人（负责人）身份证件类型		法定代表人（负责人）身份证件号码	
海关业务联系人		移动电话		固定电话	
上级单位名称		上级单位组织机构代码		与上级单位关系	
序号	出资者名称		出资国别	出资金额/万	出资金额币制
1					
2					
本单位承诺，我单位对向海关所提交的申请材料以及本表所填报的注册登记信息内容的真实性负责并承担法律责任。 （单位公章） 年　月　日					

表 1-8　　**报关单位人员情况登记表**

（所属报关人员）

所属报关单位海关注册编码				
序号	姓名	身份证件类型	身份证件号码	业务种类
1				□备案　□变更　□注销
2				□备案　□变更　□注销
3				□备案　□变更　□注销
4				□备案　□变更　□注销
5				□备案　□变更　□注销
我单位承诺对本表所填报备案信息内容的真实性和所属报关人员的报关行为负责并承担相应的法律责任。 （单位公章） 年　月　日				

报关单位情况登记表填写说明：

（1）海关注册编码：企业初次到海关申请注册登记时，不填。申请其他企业管理业务时，必须填写“海关注册编码”。

（2）组织机构代码：填写组织机构代码证的编码。没有组织机构代码证的保税仓库可以不填，没有组织机构代码的自然人、临时组织机构在申请临时注册登记时可以不填。其他企业或组织机构必须填写“组织机构代码”。

（3）注册海关：企业办理海关注册登记时，填写工商注册所在地海关名称。办理其他业务，不填。

（4）中文名称：企业、个体工商户填写工商营业执照上的“名称”或“企业名称”，其他组织机构填写组织机构代码证上的“机构名称”。

（5）工商注册地址：企业、个体工商户填写工商营业执照上的“住所”或“企业住所”，其他组织机构填写组织机构代码证上的地址。

（6）邮政编码：填写工商注册地址对应的邮政编码。

（7）营业执照注册号：企业、个体工商户填写工商营业执照上的“注册号”。其他组织机构可不填。

（8）工商登记日期：企业、个体工商户填写营业执照上的“成立日期”。

（9）进出境企业代码：对外贸易经营者填写《对外贸易经营者备案登记表》上的“进出境企业代码”。

（10）行政区划：根据《中华人民共和国行政区划代码》（GB/T 2260-2007）填写6位地区代码及对应的行政区划名称。

（11）经济区划：根据企业或组织机构所在地，在表1-9项目中选择填写。

表 1-9　　**经济区划名称**

编号	经济区划名称	编号	经济区划名称
01	经济特区	05	出口加工区
02	经济技术开发区	06	保税港区/综合保税区
03	高新技术产业开发区	07	保税物流园区
04	保税区	08	一般经济区域

（12）经济类型：根据《经济类型分类与代码》（GB/T 12402－2000）填写3位经济类型分类代码及其对应的名称。

分支机构应与其上级单位经济类型一致。个体工商户、自然人、非企业组织机构、临时组织机构填“其他”。

（13）经营类别：根据企业在海关注册的类型，在表1－10项目中选择填写。

表1－10　　经营类别名称

编号	经营类别名称
1	进出境货物收发货人
2	报关企业
3	报关企业分支机构
4	特殊监管区“双重身份”企业
5	临时注册登记
6	无进出境经营权加工生产企业
7	保税仓库
8	出口监管仓库
9	进出境运输工具负责人

（14）组织机构类型：根据《组织机构类型》（GB/T 20091－2006）填写两位组织机构类型及其对应名称。不是企业分支机构的保税仓库、临时组织机构填写“其他未列明的组织机构”，个体工商户、自然人不填。

（15）行业种类：根据《国民经济行业分类》（GB/T 4754－2011）填写4位代码及其对应名称。（在《中华人民共和国组织机构代码证基本信息登记表》上有对应的项目“经济行业”）

（16）法定代表人（负责人）：企业法人填写企业法人营业执照上的“法定代表人”，分支机构填写营业执照上的“负责人”，个体工商户填写个体工商户营业执照上的“经营者姓名”，个人独资企业填写个人独资企业营业执照上的“投资者姓名”，其他企业填写工商营业执照上的负责人姓名，其他组织机构填写组织机构代码证上的法定代表人或负责人姓名。

（17）法定代表人（负责人）身份证件类型：身份证件类型在表1－11项目中选择填写。

表1－11　　身份证件类型

编号	身份证件名称
0	身份证
1	户口簿
2	护照
3	军官证
4	士兵证
5	港澳居民来往内地通行证
6	台湾居民来往大陆通行证
7	临时身份证
8	外国人居留证
9	警官证
X	其他证件

（18）法定代表人（负责人）身份证件号码：填写身份证件的号码。

（19）海关业务联系人：填写本单位负责海关业务的联系人姓名。

（20）移动电话：填写海关业务联系人的移动电话。

（21）固定电话：填写海关业务联系人的固定电话。固定电话没有分机号码的，按照××××-××××××××的格式填写，固定电话有分机号码的，按照××××-××××××××-×××的格式填写。

（22）上级单位名称：上级单位为企业，不填写上级主管部门。对于报关企业分支机构、保税仓库，该项目为必填项。

（23）上级单位组织机构代码：对于报关企业分支机构、保税仓库，该项目为必填项。

（24）与上级单位关系：在表 1－12 项目中选择填写。

表 1－12　　与上级单位关系

编号	与上级单位关系
0	其他
1	总/分公司
2	母/子公司
3	内设机构

（25）出资者名称：出资者为企业的，填写企业名称，出资者为自然人的，填写自然人姓名。

（26）出资国别：填写出资者所在国家或地区。

（27）出资金额（万）：填写认缴出资金额。

（28）出资金额币制：填写出资金额的币制。

报关单位根据办理注册登记或者报关人员备案具体业务需要，可以分开使用两个表格：如仅办理报关单位注册登记或者仅办理所属报关人员备案的，只需要单独填写并打印报关单位情况登记表相关部分。

在报关单位人员情况登记表中，报关人员身份证件比照法定代表人（负责人）的要求填写。

出资者或者所属报关人员数量超出表格容量的，可按相同格式添加。

步骤三：提交申请。

申请人需要向海关提交报关企业注册登记许可申请书、报关单位情况登记表、企业法人营业执照副本复印件以及组织机构代码证书副本复印件（若提交载有 18 位统一社会信用代码的企业法人营业执照，可不提交企业组织机构代码证书副本复印件）、报关服务营业场所所有权证明或者使用权证明、其他与申请注册登记许可相关的材料。以上提交复印件的，应当同时向海关交验原件。

步骤四：海关审核。

根据任务情况，大连海关受理申请后，应当根据法定条件和程序进行全面审查，自受理之日起 20 个工作日内做出决定。海关审批通过后，给企业一个 10 位的海关编码。

步骤五：注册信息预录入。

企业持已审核材料至海关数据录入机构进行录入，然后将纸质材料交还海关。

步骤六：企业刻录报关专用章。

根据海关给定的刻章样式，刻录自己公司报关专用章，然后向海关提交报关专用章备案表。报关专用章如图 1－9 所示。

图 1－9　报关专用章

步骤七：海关过机发证。

海关审核预录入电子信息，经审核无误，颁发报关登记证书。

（二）进出境货物收发货人注册登记流程

1. 有外贸经营权的进出境货物收发货人

步骤一：报关员领取任务方案。

大连某食品有限公司是由商务部批准的，有进出境经营权的食品精加工企业，一直没有报关权。今年，公司想自己办理进出境报关业务，应该如何办理？

步骤二：准备资料。

准备的资料包括进出境货物收发货人注册登记申请书（如表 1－13 所示）、报关单位情况登记表、营业执照副本复印件以及组织机构代码证书副本复印件、对外贸易经营者备案登记表复印件或者外商投资企业（台港澳侨投资企业）批准证书复印件、其他与注册登记有关的文件材料。申请人提交复印件的，应当同时向海关交验原件。

表 1－13

进出境货物收发货人注册登记申请书
中华人民共和国________海关： 根据《中华人民共和国海关对报关单位注册登记管理规定》，特向贵关申请进出境货物收发货人注册登记，现提交以下文件资料及复印件： □《企业法人营业执照》副本复印件（个人独资、合伙企业或个体工商户提交营业执照）； □对外贸易经营者登记备案表复印件（法律、行政法规或者商务部规定不需要登记备案的除外）； □《中华人民共和国外商投资企业批准证书》（限外商投资企业提供）； □企业章程复印件（非企业法人免提交）； □《税务登记证》复印件（国税、地税）； □《银行开户证明》复印件； □《组织机构代码证书》复印件； □《报关单位情况登记表》《报关单位管理人员情况登记表》； □其他与申请注册登记相关的材料。 以上提供的资料保证无讹，特请贵关准予办理注册登记手续。 法定代表人（签印）　　　　申请单位（公章）
海关审核意见
经办人员意见： 以上证件与正本核对无误，同意为该企业办理进出境货物收发货人注册登记手续。 海关注册编码：　　　签字：　　　年　月　日
主管领导批示： 签字：　　　年　月　日

步骤三：提交申请。

提交的资料有企业法人营业执照、对外贸易经营者登记备案表、企业章程、国税等级证书副本、组织机构代码证书副本、报关单位注册登记申请书、报关单位情况登记表、报关单位管理人员情况登记表。

步骤四：海关审核。

注册地海关依法对申请注册登记材料进行核对。经核对，申请材料齐全、符合法定形式的，应当核发《中华人民共和国海关报关单位注册登记证书》，除海关另有规定外，进出境货物收发货人持有的《中华人民共和国海关报关单位注册登记证书》长期有效。

步骤五：注册信息预录入。

企业持审批材料到海关数据录入机构进行预录入，然后将纸质资料交给海关。

步骤六：企业刻录报关专用章。

根据海关给定的刻章样式刻录公司报关专用章，然后向海关提交报关专用章备案表。

步骤七：海关过机发证。

海关审核预录入电子信息，审核无误后，颁发进出境货物收发货人报关注册登记证书。

2. 无外贸经营权的进出境货物收发货人

未取得对外贸易经营者备案登记表，按照国家有关规定需要从事非贸易性进出境活动的下列企事业单位，应当办理临时注册登记手续：

（1）境外企业、新闻、经贸机构、文化团体等依法在中国境内设立的常驻代表机构。

（2）少量货样进出境单位。

（3）国家机关、学校、科研院所等组织机构。

（4）临时接受捐赠、礼品、国际援助的单位。

（5）其他可以从事非贸易性进出境活动的单位。

临时注册登记单位在向海关申报前，应当向所在地海关办理备案手续，特殊情况下可以向拟进出境口岸或者海关监管业务集中地海关办理备案手续。办理临时注册登记，应当持本单位出具的委派证明或者授权证明以及非贸易性活动证明材料。

临时注册登记的，海关可以出具临时注册登记证明，但是不予核发注册登记证书。

临时注册登记有效期最长为 1 年，有效期届满后应当重新办理临时注册登记手续。

已经办理报关注册登记的进出境货物收发货人，海关不予办理临时注册登记手续。

3. 进出境货物收发货人变更程序

进出境货物收发货人的企业名称、企业性质、企业住所、法定代表人（负责人）等海关注册登记内容发生变更的，应当自变更生效之日起 30 日内，持变更后的营业执照副本或者其他批准文件以及复印件，到注册地海关办理变更手续。

所属报关人员发生变更的，进出境货物收发货人应当在变更事实发生之日起 30 日内，持变更证明文件等相关材料到注册地海关办理变更手续。

4. 进出境货物收发货人注销程序

进出境货物收发货人有下列情形之一的，应当以书面形式向注册地海关办理注销手续：

（1）破产、解散、自行放弃报关权或者分立成两个以上新企业的。

（2）被工商行政管理机关注销登记或者吊销营业执照的。

（3）丧失独立承担责任能力的。

（4）对外贸易经营者备案登记表或者外商投资企业批准证书失效的。

（5）其他依法应当注销的情形。

海关在办结有关手续后，应当依法办理注销手续。进出境货物收发货人未依照相关规定主动办理注销手续的，海关可以在办结有关手续后，依法注销其注册登记。

角色模拟

在上述背景材料下，学生分海关、外贸经营企业、工商部门、报关公司等角色模拟演练报关员及报关企业注册登记流程。

任务三 报关员从业

一、报关员

报关员是指通过全国报关员水平测试，依法取得报关从业资格，并在海关注册登记，代表所属企业（单位）向海关办理进出境货物报关纳税等通关手续，并以此为职业的人员。

中华人民共和国海关总署于 2013 年 10 月 12 日发布公告，决定自 2014 年起不再组织报关员资格全国统一考试。自此之后，报关从业人员由企业自主聘用，由报关协会自律管理，海关通过指导、督促报关企业加强内部管理实现对报关从业人员的间接管理。

二、报关员的权利和义务

（一）报关员的权利

（1）以所在报关单位名义执业，办理报关业务（报关）。

（2）向海关查询办理的报关业务情况（查询）。

（3）拒绝海关工作人员的不合法要求（拒办）。

（4）就海关做出的处理决定享有陈述、申辩、申诉的权利（上诉申辩）。

（5）依法申请行政复议或者提起行政诉讼（复议或诉讼）。

（6）合法权益因海关违法行为受到损害的，依法要求赔偿（要求赔偿）。

（7）参加执业培训。

（二）报关员的义务

（1）熟悉所申报货物的基本情况，对申报内容和有关材料的真实性、完整性进行合理审查（审查）。

（2）提供齐全、正确、有效的单证，准确、清楚、完整地填制进出境货物报关单，并按有关规定办理进出境货物的报关手续（规范报关）。

（3）海关检查进出境货物时，配合海关查验（配合查验）。

（4）配合海关稽查和对涉嫌走私违规案件的查处（配合调查）。

（5）按照规定参加直属海关或者直属海关授权组织举办的报关业务岗位考核（参加考核）。

（6）持报关员证办理报关业务，海关核对时，应当出示（持证上岗）。

（7）妥善保管海关核发的报关员证和相关文件（保管文件）。

（8）协助落实海关对报关单位管理的具体措施（相关工作）。

三、报关员备案

报关单位所属人员从事报关业务到海关备案的，海关收取报关单位情况登记表（所属报关人员），并验核拟备案报关人员有效身份证件原件后，核发报关员备案登记证明，如表 1－14 所示。

表 1－14

报关员备案登记证明
（报关单位名称） 你单位（海关注册编码：______）所属报关人员______［（身份证件类型）号码______］已完成海关备案，备案编号：______，备案日期：______。 海关 （注册登记印章） 年　月　日

《报关单位注册登记管理规定》对报关员备案的规定如下：由报关单位为所属报关员办理海关有关手续。

基于报关员资格核准审批和报关员注册登记许可的取消，考虑到报关员的报关行为是基于报关单位的授权，并将报关员资格考试改为报关员水平测试后，取消报关员证，改为核发报关员卡。报关员卡即报关员的身份凭证，也是用来办理报关业务的凭证，证卡二合一。

四、报关业务能力与技能型人才

（一）报关业务能力

1. 核心能力

核心能力，集中表现为报关企业中人的力量，表现为个体的活跃和团队的凝聚。企业的核心能力和员工的核心能力之间有着十分密切的关系。一个企业核心能力的高低，最终取决于企业内多数员工核心能力的高低。

2. 业务技能

（1）特定技能。特定技能是指《报关员国家职业标准（试行）》中规定的仅适用于报关员职业活动的技能，是报关员完成其报关工作所必备的专业技能。主要包括报关单填制、进出境商品归类、进口货物原产地确定、应税货物完税价格核算及报关异常情况处理等技能。

（2）通用技能。通用技能是指与报关员职业相近的职业群体中体现出来的普遍适用的共性的技能，是报关员完成其报关工作所需要或补充的业务技能。主要包括交流表达能力、数字运算能力、信息处理能力、外语应用能力、学习能力等。

（二）技能型人才

目前，随着我国人才评价标准由“知识本位”向“能力本位”的转变，报关的业务技能已经成为衡量和评判报关人员素质的重要依据。

1. 人才标准

随着《报关员国家职业标准（试行）》的颁布和施行，助理报关师、报关师和高级报关师职业等级鉴定体系的建立和相关培训工作的展开，以职业技能为核心的报关业务技能型人才评价标准和体系业已初步形成。它是评价和考核报关员素质及等级层次的基本标准。

2. 人才特征

（1）工作场所的一线性，即工作面向进出境一线。

（2）工作活动的实践性，即在工作现场从事具体作业操作和服务等。

（3）工作层次的基础性，即工作的成效直接关系通关效率和报关服务效益，在报关单位中起着其他人不可替代的作用。

（4）工作要求的规范性，即在具体业务操作中要严格按照进出境有关的法律规范和技术规范要求来执行。

（5）工作环境的复杂多变性，即报关的业务技能型人才必须对报关现场有广泛的适应性，能及时发现和处理报关过程中可能发生的各类问题。

（6）工作团队的合作性，即必须发挥团队合作精神，依靠集体的力量和智慧来完成工作任务。

五、报关员执业范围

（1）按照规定如实申报出口货物的商品编码、商品名称、规格型号、实际成交价格、原产地及相应优惠贸易协定代码等报关单有关项目，并办理填制报关单、提交报关单证等与申报有关的事宜。

（2）申请办理缴纳税费和退税、补税事宜。

（3）申请办理加工贸易合同备案（变更）、深加工结转、外发加工、内销、放弃核准、余料结转、核销及保税监管等事宜。

（4）申请办理进出境货物减税、免税等事宜。

（5）协助海关办理进出境货物的查验、结关等事宜。

（6）应当由报关员办理的其他报关事宜。

六、报关员水平测试

自2014年取消报关员资格全国统一考试起，报关员水平测试是中国报关协会对参试人员的报关基础知识及报关业务技能水平进行综合评价和定量分析的方式。

报关员水平测试的对象是：拟从事报关职业的院校学生和社会人员；已从事报关职业但未取得报关员资格证书的人员。

报关员水平测试报名方式参照报关员资格考试，采取网上报名、网上缴费、网上自行打印准考证的方式，每年测试一次，考试时间一般是每年的11、12月份，考试前6个月中国报关协会官方网站会对外发布公告和测试大纲，考生可密切关注信息。考试成绩一般在测试结束后2个月内发布，发布之日起6个月内就可向所在地考试点申领报关水平测试成绩分析报告书。

课堂讨论

观看近期海关查获走私的视频，将学生分组，以小组形式讨论作为报关员应该具备的职业道德和行为规范。

项目考核

一、单项选择题

1. 由委托企业委托，以委托人的名义办理报关业务的行为叫（　　）。

A. 直接代理报关　　B. 间接代理报关

C. 自理报关　　D. 跨关区报关

2. 报关是指进出境运输工具的负责人、进出境物品的所有人、进出口货物的收发货人或其代理人向（　　）办理进出境手续的全过程。

A. 边检　　B. 海关

C. 进出境商品检验检疫局　　D. 外经贸部门

3. 根据我国《海关法》的规定，（　　）是海关对进出境物品监管的基本原则，也是对进出境物品报关的基本要求。

A. 合理在境内使用原则　　B. 合法进出境原则

C. 自用合理数量原则　　D. 不再转让原则

4. 进出境货物收发货人不能进行的报关行为是（　　）。

A. 办理本单位的报关业务

B. 代理其他单位报关

C. 通过本单位报关员报关

D. 委托海关准予注册登记的报关企业报关

5. 下述四种企业或单位，不属于报关单位的是（　　）。

A. 经海关批准在海关临时注册登记的境内某大学

B. 在海关注册登记的经营进出境快件业务的某快递公司

C. 在海关注册登记的某外商投资企业

D. 在海关注册登记的经营转关运输货物境内运输业务的某承运人

6. 根据报关活动的实施者不同，报关可分为（　　）。

A. 进出境报关　　B. 运输工具、货物、物品报关

C. 自理报关、代理报关　　D. 物品、非物品报关

7. 按照法律的规定，下列不列入报关范围的是（　　）。

A. 进出境运输工具　　B. 进出境货物

C. 进出境物品　　D. 进出境旅客

8. 下列关于报关企业和进出境货物收发货人报关范围的表述，正确的是（　　）。

A. 两者均可在关境内各海关报关

B. 两者均可在注册地所属直属海关辖区内各海关报关

C. 报关企业可以在关境内各关区报关，收发货人只能在注册地海关辖区内各海关报关

D. 报关企业只能在注册地海关报关，收发货人可以在关境内各海关报关

9. 下列关于报关企业和收发货人报关行为规则的表述，正确的是（　　）。

A. 收发货人在注册登记后，可以在关境内各海关代理其他单位报关

B. 收发货人依法取得注册登记许可后，可以在直属海关关区各口岸办理报关业务

C. 报关企业如在注册许可区域外从事报关服务，按规定向注册地海关备案并设立分支机构即可

D. 报关企业如需在注册登记许可区域内从事报关服务，应在各口岸设立分支机构，并在开展业务前按规定向直属海关备案

二、多项选择题

1. 以下货物进出境需向海关办理报关手续的是（　　）。

A. 一般进出口货物　　B. 通过电缆输送进出境的电

C. 通过管道方式输送进出境的石油　　D. 以货品为载体的软件

2. 报关的范围包括（　　）。

A. 进出境货物
B. 进出境物品
C. 进出境运输工具
D. 享有外交特权和豁免的外国机构或者人员的公务用品或自用物品

3. 根据进出境旅客行李物品“红绿通道”制度，下列表述正确的是（　　）。
A. 旅客携带按规定应征税的物品进境，应选择“红色通道”
B. 不知如何选择通道的旅客，无须申报，选择“绿色通道”
C. 旅客携带须登记复带出境物品，可选择“绿色通道”，无须申报
D. 旅客携带物品超出规定免税限量的，应选择“红色通道”并向海关进行申报

4. 下列关于进出境旅客申报制度的表述，正确的是（　　）。
A. 进出境旅客携带的物品的价值超过免税限额，应选择“红色通道”并向海关进行申报
B. 进出境旅客携带的物品在数量上超过免税限额，应选择“红色通道”并向海关进行申报
C. 进出境旅客携带的物品在数量和价值上均不超过免税限额，但属于国家限制进出境的物品，应向海关申报
D. 进出境旅客没有携带应向海关申报物品的，无须填写申报单，应选择“绿色通道”

5. 下列关于进出境货物报关的表述，正确的是（　　）。
A. 进出境货物报关是指进出境货物收发货人或其代理人向海关办理货物进出境手续及相关海关事务的过程
B. 进出境货物的报关手续只能在进出境地海关办理
C. 进出境货物报关可以由进出境收发货人自行办理，也可以委托报关企业代为办理
D. 进出境货物报关应由依法取得报关员从业资格，并在海关注册登记的报关员办理

6. 进出境货物收发货人进口货物可采用的报关方式是（　　）。
A. 自理报关
B. 委托报关公司以委托人的名义代理报关
C. 委托已在海关办理报关注册的货代公司以委托人的名义代理报关
D. 委托报关公司以报关公司的名义代理报关

7. 使馆和使馆人员携运物品进出境时，下列（　　）情形不准进出境。
A. 携运进境的物品超出海关核准的直接需用数量范围的
B. 未依照规定向海关办理有关备案、申报手续的
C. 未经海关批准，擅自将已免税进境的物品进行转让、出售等处置后，再次申请进境同类物品的
D. 携运中国政府禁止或者限制进出境物品进出境，应当提交有关证件而不能提供的

8. 根据海关对报关单位的管理规定，下列行为符合报关行为规则的是（　　）。
A. 进出境货物收发货人代理他人报关
B. 报关企业接受具有自理报关权的外贸公司委托报关

C. 报关企业接受承揽、承运货物的货主委托，代其报关

D. 报关企业临时借用其他报关单位的报关员证件报关

9. 根据海关的规定，报关企业在报关活动中应遵守的规定有（　　）。

A. 报关企业报关时须提交报关委托书

B. 对报关委托人的情况进行合理审查，并承担因未履行本职责而产生的相应法律责任

C. 按照规定招聘专职报关员办理报关纳税等手续，并对其行为承担法律责任

D. 不得以任何形式出让自己的名义以供他人报关

10. 武汉报关行在南京成立一家分支机构，该分支机构依法取得行政许可。该分支机构被注销许可的情形是（　　）。

A. 武汉报关行的行政许可失效

B. 南京分支机构许可到期没有办理延续

C. 南京分支机构因协助走私被南京海关撤销许可

D. 南京分支机构的某报关员玩忽职守

三、判断题

1. 直接代理是指报关企业接受委托人的委托，在报关时以报关企业的名义向海关办理报关手续。（　　）

2. 我国报关企业目前大都采取直接代理形式代理报关，即接受委托人（进出境货物收发货人）的委托，以报关企业自身的名义向海关办理进出境报关手续。（　　）

3. 间接代理报关只适用于经营快件业务的国际货物运输代理企业。（　　）

4. 报关员遗失报关员证件，应在规定的期限内向海关申请补发，在申请补发证件期间不可办理报关业务。（　　）

5. 亿新鞋业有限公司和怡新鞋业有限公司是在海关注册的两家中外合资企业，两家企业的法人代表都是孙某。孙某考虑到两家公司都是自己的，为了节约成本，决定只聘请一个报关员为这两家公司办理报关业务，根据现行规定这种行为是允许的。（　　）

6. 广州华声电子有限公司在广州海关办理了注册登记手续，取得了报关权。该公司由于业务需要经常在上海海关办理报关业务，因为该企业已取得了报关权，因此不需要再办理其他任何手续便可以在上海海关办理报关业务。（　　）

7. 报关员姓名、身份证件号码、所在报关单位名称和海关编码发生变更，以及报关员更换报关单位的，应当向海关申请办理报关员注册变更手续。（　　）

8. 带有绿色标志的通道适用于携运的物品在数量和价值上都超过免税限额的旅客。（　　）

9. 报关员在填写报关单时有申报不实行为，其责任应由报关员本人承担，其所在报关单位不对此类报关行为负法律责任。（　　）

四、业务题

辽宁风华服装有限公司是我国商务部批准的具有进出口经营权的服装加工企业，主要经营各类男女服装的生产加工，生产的产品主要销往日本、韩国、新加坡等国家和地区。在2016年之前，该公司都是委托大连汇通国际物流有限公司以报关行的名义办理进出口业务。2016年10月，风华服装有限公司为了取得报关资格、自助办理进出口货物的报关业务，公司到沈阳海关办理注册登记手续。

具体工作任务如下：

（1）如果你是大连汇通国际物流有限公司的报关员，在 2016 年前为辽宁风华服装有限公司报关，请说明这种行为属于哪种报关类型，由谁承担法律责任及其原因。

（2）如果你应聘到风华服装有限公司当报关员，你要办理哪些手续？

（3）假设你应聘报关员成功后为风华服装有限公司办理报关注册登记手续，应如何办理？

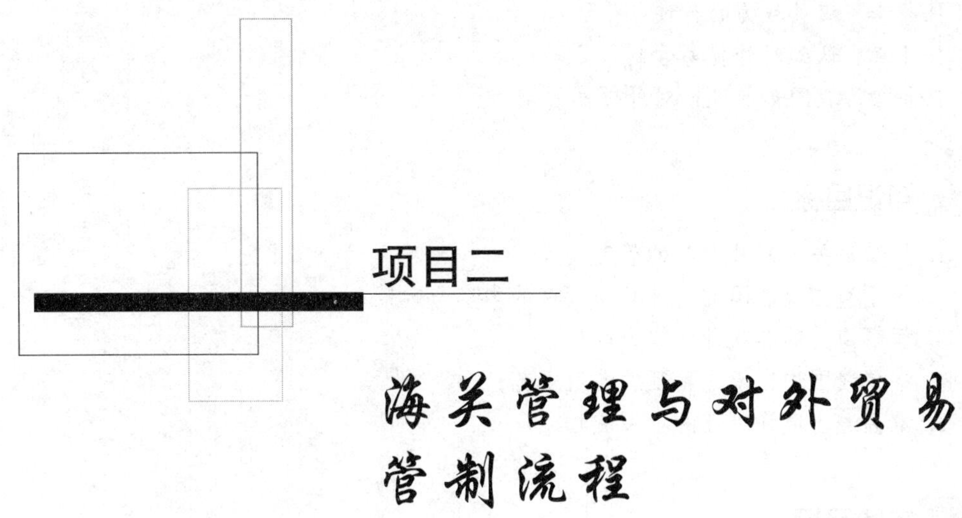

项目二

海关管理与对外贸易管制流程

项目引入

为了更好地维护“中国制造”的国际形象，推动我国对外贸易持续健康发展，国务院决定自2015年4月起开展为期三年的“中国制造”海外形象维护“清风”行动。以下是海关总署广东分署向媒体公布的典型案例：

2015年7月12日，深圳海关隶属大鹏海关在海运渠道查获117 600只涉嫌侵犯“卡西欧”商标专用权的手表。该批货物由东莞市某进出口有限公司于2015年7月12日以一般贸易方式申报出口。海关经过风险分析，认为该批货物有重大侵权风险，经查验及权利人确认，该批货物为侵权货物，海关已依法扣留。

2015年7月13日，广州海关驻萝岗办事处在陆路汽车运输渠道查获一批侵权电子产品，包括涉嫌侵权手机6 360部、手机配件1 574件、平板电脑552台、打印硒鼓49个，涉及假冒“苹果”“三星”“华为”“惠普”等10个商标。该批货物由广州市某有限公司于2015年7月9日申报出境，目的地为中国香港。海关经过风险分析，认为该批货物有重大侵权风险，经查验及权利人确认，该批货物为侵权货物，海关依法扣留。

2015年12月，海关总署依据《中华人民共和国对外贸易法》《中华人民共和国货物进出口管理条例》和有关规章，公布了《2016年出口许可证管理货物目录》，自2016年1月1日起执行。公告中有这样一段话：自2016年1月1日起，暂停对润滑油（27101991）、润滑脂（27101992）和润滑油基础油（27101993）一般贸易出口的国有贸易管理，实行出口许可证管理。企业凭货物出口合同申领出口许可证，海关凭出口许可证验放。同时，为实施出口许可证联网核销，对不属于“一批一证”制的货物，签发出口许可证时应在备注栏内填注“非一批一证”。在出口许可证有效期内，“非一批一证”制货物可以多次报关使用，但最多不超过12次。

学生需要完成以下学习任务：

任务一　认知海关管理

任务二　海关权力的行使

任务三　认知对外贸易管制

任务四　我国如何进行对外贸易管制

知识目标

1. 知道海关、对外贸易的管理制度；
2. 知道我国及各国的对外贸易管制的内容与政策；
3. 理解海关的各项基本权力；
4. 掌握我国进出境许可证的使用规范；
5. 掌握进出境许可证的申报流程。

技能目标

1. 能够依据海关的管理规范进行报关；
2. 能够正确使用进出境许可证；
3. 能够办理进出境许可证件。

素质目标

1. 报关员在申办许可证件的时候能够细致、认真地填写相关资料；
2. 在与海关、银行、税务局及相关证件审批机构沟通过程中，培养学生的计划、组织和协调能力与人际沟通能力；
3. 在小组合作中，培养学生的团队意识和竞争意识。

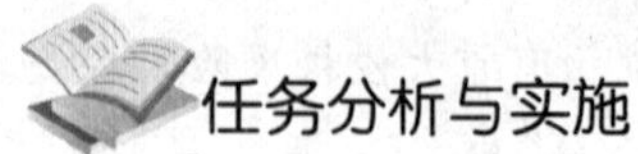

任务分析与实施

任务一　认知海关管理

一、海关的性质

海关是国家行政机关，是国务院直属机构，对内对外代表国家行使行政管理权。海关是国家进出境监督管理机关，监督管理对象是所有进出关境的运输工具、货物和物品。实施监督管理的范围是进出关境及与之有关的活动。海关的监督管理是国家行政执法活动，海关的性质如图 2-1 所示。

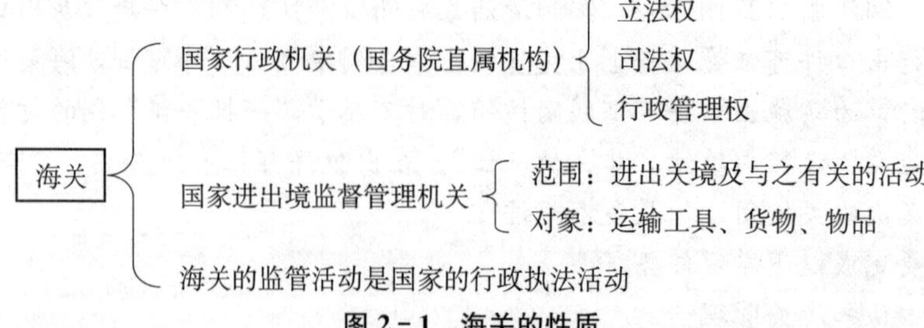

图 2-1　海关的性质

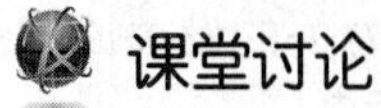

课堂讨论

关境＝国境？

关境也称税境或海关领土，是指一个国家的海关可以全面实施海关法规的地域；国境是指一个国家行使主权的领土范围，包括领土、领海、领空。讨论我国的关境与国境情况，再列举具有代表性的国家来说明关境和国境的区别。

二、海关的领导体制

海关的机构设置为海关总署、直属海关和隶属海关三级。隶属海关由直属海关领导，向直属海关负责。直属海关由海关总署领导，向海关总署负责。海关总署是国务院的直属机构，在国务院领导下统一管理全国海关机构、人员编制、经费物资和各项海关业务，是海关系统的最高领导部门。海关实行垂直领导体系，如图 2－2 所示。

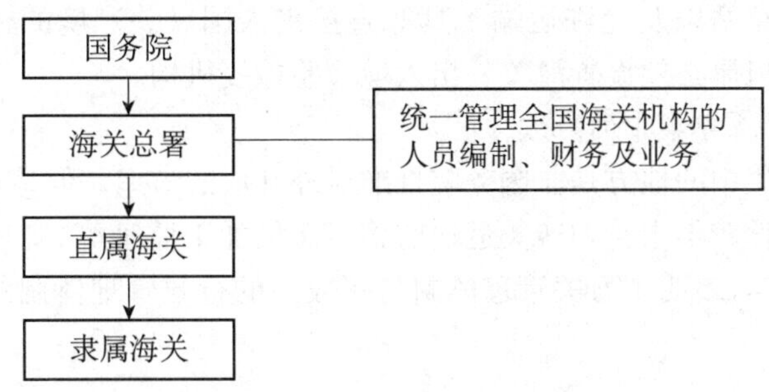

图 2－2　海关实行的垂直领导体系

海关总署是国务院下属的正部级直属机构，统一管理全国海关。海关总署现有 17 个内设部门、6 个直属事业单位，管理 4 个社会团体（海关学会、报关协会、口岸协会、保税区出口加工区协会），并在欧盟、俄罗斯、美国等派驻海关机构。中央纪委、监察部在海关总署派驻纪检组、监察局。全国海关目前共有 46 个直属海关单位（广东分署，天津、上海特派办，41 个直属海关，2 所海关院校），600 个隶属海关和办事处，通关监管点近 4 000 个。中国海关现有关员（含海关缉私警察）约 5 万人。

直属海关是指直接由海关总署领导，负责管理一定区域范围内海关业务的海关。目前直属海关有 41 个，除香港、澳门、台湾地区外，分布在全国 30 个省、自治区、直辖市。

隶属海关是指由直属海关领导，负责办理海关业务的海关，是海关进出境监督管理职能的基本执行单位，一般都设在口岸和海关业务集中的地点。隶属海关根据海关业务情况设立若干业务科室，其人员从十几人到二三百人不等。

海关缉私警察机构是专司打击走私犯罪活动的警察队伍。根据党中央、国务院的决定，由海关总署、公安部联合组建走私犯罪侦查局，设在海关总署。走私犯罪侦查局既是海关总署的一个内设局，又是公安部的一个序列局，实行海关总署和公安部双重领导，以海关领导为主的体制。

三、海关的设关原则

我国《海关法》以法律形式明确了海关的设关原则：国家在对外开放的口岸和海关

监管业务集中的地点设立海关。海关的隶属关系不受行政区划的限制。海关的设关原则如图 2－3 所示。

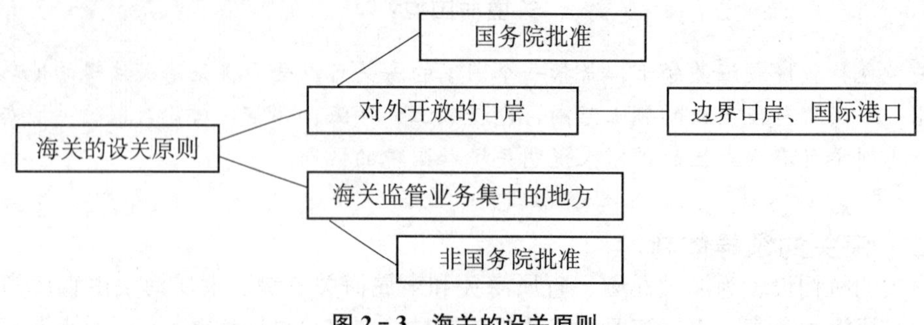

图 2－3 海关的设关原则

（一）对外开放的口岸

对外开放的口岸是由国务院批准，允许运输工具、人员、货物、物品出入国（关）境的港口、机场、车站以及允许运输工具等直接出入国（关）境的边境通道。国家规定，在对外开放的口岸必须设置海关、出入境检验检疫机构。

（二）海关监管业务集中的地方

海关监管业务集中的地方是非国务院批准对外开放的口岸，但是在该口岸海关某类或某几类监管业务比较集中，如转关运输监管、保税加工监管等。“海关的隶属关系不受行政区划的限制”，表明了海关管理体制与一般性的行政管理体制的区域划分无必然联系。

四、海关的任务

海关的四项基本任务是监管、征税、查缉走私和海关统计。除了这四项基本任务外，还包括知识产权海关保护、海关对反倾销及反补贴的调查等。

（一）监管

海关监管不是海关监督管理的简称。监督管理是海关全部行政执法活动的统称。海关监管分为运输工具监管、货物监管和物品监管三大体系。监管是海关的最基本任务，是海关的一项国家职能。

（二）征税

征税的基本法律依据是《海关法》《关税条例》。征收的税费主要有关税和进出境环节的增值税、消费税。关税的征收主体是国家，海关代表国家征收。

（三）查缉走私

查缉走私是海关联合缉私、统一处理、综合治理的缉私体制。海关是打击走私的主管机关，海关缉私警察负责走私犯罪的侦查、拘留、执行逮捕和预审工作。公安、工商、税务等部门都有缉私权利，它们查获的案件如要进行行政处罚，应统一移交海关处理。

（四）海关统计

海关统计的原则是凡能引起我国境内物质资源储备增加或减少的进出境货物，均列入海关统计，不列入海关统计的货物和物品实施单项统计，海关统计以实际进出境货物为对象。

上述四项基本任务中，监管是基础，其他任务是在此基础上的延伸，同时它们又反过来为监管服务。

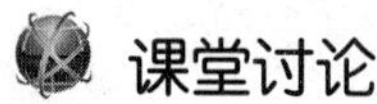

课堂讨论

海关关徽与官衔

海关关徽由商神手杖与金色钥匙交叉组成（见图 2－4）。商神手杖代表国际贸易，钥匙象征海关为祖国把关。关徽寓意着中国海关依法实施进出境监督管理，维护国家的主权和利益，促进对外经济贸易发展和科技文化交往，保障社会主义现代化建设。

中国海关实行关衔制度，关衔设五等十三级。分别为一等：海关总监、海关副总监；二等：关务监督（一级、二级、三级）；三等：关务督察（一级、二级、三级）；四等：关务督办（一级、二级、三级）；五等：关务员（一级、二级）。如图 2－5 所示。

海关总监、海关副总监、一级关务监督、二级关务监督由国务院总理批准授予；三级关务监督至三级关务督察由海关总署署长批准授予；海关总署机关及海关总署派出机构的一级关务督办以下的关衔由海关总署政治部主任批准授予；各直属海关、隶属海关的一级关务督办以下的关衔由各直属海关关长批准授予。

图 2－4　海关关徽

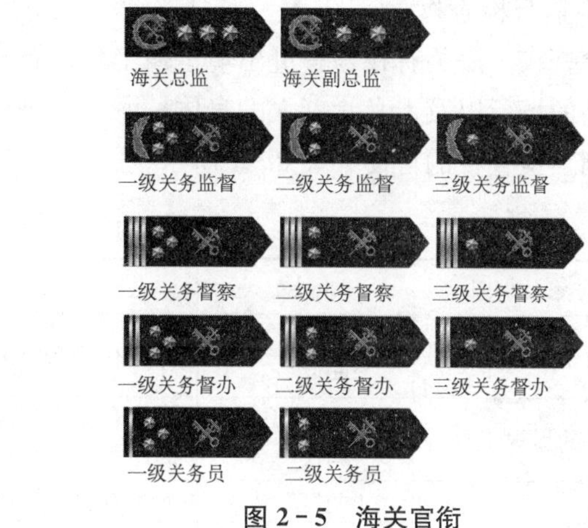

图 2－5　海关官衔

任务二　海关权力的行使

一、海关权力的含义

海关权力是指国家为保证海关依法履行职责，通过《海关法》和其他法律行政法规赋予海关的对进出境运输工具、货物、物品的监督管理权能。海关权力属于公共行政职权，其行使受到一定范围和条件的限制，并应当接受执法监督。

二、海关权力的特点

海关权力的特点如图 2－6 所示。

海关权力的特点
- 一般行政权力（单方性、强制性、无偿性）
- 特定性（只适用于进出关境监督管理领域）
- 独立性（只对上级海关负责，不受行政区划影响）
- 效力先定性（一经做出，就推定其合法）
- 优益性（表现为行政优先权、行政受益权）

图 2－6　海关权力的特点

三、海关权力的内容和行使

（一）海关权力的内容

海关权力的内容包括行政许可权、税费征收权、行政监督检查权、行政强制权、佩带和使用武器权、其他行政处理权等。

（二）海关权力的行使

1. 行政许可权

包括对报关企业注册登记许可以及从事海关监管的仓储、转关运输货物的境内运输，加工贸易备案、变更和核销业务的许可，对减免税的审批等权力。

2. 税费征收权

包括代表国家依法对进出境货物、物品征收关税及其他税费。根据法律、行政法规及有关规定，依法对特定的进出境货物、物品减征或免征关税，以及对经海关放行后的有关进出境货物、物品发现少征或是漏征税款的，依法补征、追征税款的权力。

3. 行政监督检查权

（1）检查权。海关有权检查进出境运输工具、有走私嫌疑的运输工具，有藏匿走私货物、物品的场所以及走私嫌疑人的身体，海关对进出境运输工具的检查不受海关监管区域的限制。检查权的行使如表 2－1 所示。

表 2－1　　检查权的行使

对象	区域	授权限制
进出境运输工具	“两区”内	海关有关部门可直接行使
	“两区”外	
有走私嫌疑的运输工具	“两区”内	海关有关部门可直接行使
	“两区”外	需经直属海关关长或者其授权的隶属海关关长批准
有藏匿走私嫌疑货物、物品的场所	“两区”内	海关有关部门可直接行使
	“两区”外	（1）直属海关关长或者其授权的隶属海关关长批准方可 （2）当事人在场；当事人未到场，须有见证人在场 （3）不能对公民住所实施检查
走私嫌疑人	“两区”内	海关有关部门直接行使
	“两区”外	无授权不能行使

注：“两区”是指海关监管区和海关附近沿海沿边地区。

（2）查验权。海关有权查验进出境的货物、物品。

（3）查阅、复制权。查阅进出境人员的证件，查阅、复制与进出境运输工具、货物、物品有关的合同、发票、账册、单据、记录、文件、业务函电、录音录像制品和其他有关资料。

（4）查问权。海关有权对违反《海关法》或其他有关法律、行政法规的嫌疑人进行查问，调查其违法行为。

（5）查询权。海关在调查走私案件时，经直属海关关长或其授权的隶属海关关长批准，可以查询案件涉嫌单位和涉嫌人员在金融机构、邮政企业的存款、汇款。

（6）稽查权。自进出境货物放行之日起3年内或在保税货物、减免税进口货物的海关监管期限内及其后的3年内，海关有权对与进出境货物直接有关的企业、单位的会计账簿、会计凭证、报关单证以及其他有关资料和有关进出境货物实施稽查。

4. 行政强制权

（1）扣留权。扣留权的行使如表2－2所示。

表2－2　　扣留权的行使

<table>
<tr><th>对象</th><th>区域</th><th>授权、条件</th></tr>
<tr><td rowspan="2">合同、发票等资料</td><td>“两区”内</td><td rowspan="2">授权：海关有权直接行使
条件：违反《海关法》或其他的法律、行政法规的进出境运输工具、货物、物品</td></tr>
<tr><td>“两区”外</td></tr>
<tr><td rowspan="2">有走私嫌疑的运输工具、货物、物品</td><td>“两区”内</td><td>授权：经直属海关关长或其授权的隶属海关关长批准后行使
条件：违反《海关法》或其他的法律、行政法规</td></tr>
<tr><td>“两区”外</td><td>海关有关部门可直接行使</td></tr>
<tr><td rowspan="2">走私嫌疑人</td><td>“两区”内</td><td>授权：经直属海关关长或其授权的隶属海关关长批准后行使
条件：有走私嫌疑；扣留时间不超过24小时，特殊情况可延长至48小时</td></tr>
<tr><td>“两区”外</td><td>授权：无授权不能行使
条件：可移送公安机关</td></tr>
</table>

（2）滞报金、滞纳金征收权。海关对超期申报货物征收滞报金，对逾期缴纳进出境税费的企业征收滞纳金。

（3）提取货样，施加封志权。海关查验货物认为必要时，可以提取货样。海关对有违反《海关法》或其他法律、行政法规嫌疑的进出境货物、物品、运输工具，对所有未办结海关手续、处于海关监管状态的进出境货物、物品、运输工具，有权施加封志，任何单位或个人不得损毁封志或擅自提取、转移、动用在封的货物、物品、运输工具。

（4）提取货物变卖、先行变卖权。进口货物超过3个月未向海关申报，海关可以提取并依法变卖；进口货物所有人声明放弃的货物，海关有权提取并依法变卖；海关依法扣留的货物、物品，不宜长期保留的，经直属海关关长或隶属海关关长批准，可以先行依法变卖；在规定期限内未向海关申报的以及误卸或溢卸的不宜长期保留的货物，海关可以按照实际情况提前变卖。

（5）强制扣缴和变价抵缴关税权。进出境货物的纳税义务人、担保人超过规定期限未缴纳税款的，经关长批准，海关可以：书面通知企业开户银行或其他金融机构从其存款内扣缴税款；将应税货物依法变卖，以变卖所得抵缴税款；扣留并依法变卖价值相当于应纳税款的货物或财产，以变卖所得抵缴税款。

（6）税收保全。海关依法责令进出境货物纳税义务人提供纳税担保，而纳税义务人不能提供纳税担保的，经直属海关关长批准，海关可以采取下列税收保全措施：书面通知纳税义务人开户银行或其他金融机构暂停支付纳税义务人相当于应纳税款的存款；扣留纳税义务人价值相当于应纳税款的货物或其他财产。

（7）连续追缉权。进出境运输工具或个人违抗海关监管逃逸的，海关可以连续追至海关监管区和海关附近沿海沿边规定地区以外，将其带回处理。

（8）其他特殊行政强制。具体包括：

税收担保：《海关法》规定，进出境货物的纳税义务人在规定的缴纳期内有明显转移、藏匿其应税货物以及其他财产迹象的，海关责令纳税义务人提供担保。经海关批准的暂准进出境货物、保税货物，收发货人须缴纳相当于税款的保证金或提供其他形式的担保后，才可准予暂时免纳关税。

其他海关事务担保：在确定货物的商品归类、估价和提供有效的报关单证或办结其他海关手续之前，收发货人要求放行货物的，须提供与其依法应履行的法律义务相适应的担保。

5. 佩带和使用武器权

海关为履行职责，可以配备武器。海关工作人员佩带和使用武器的规定，由海关总署会同公安部制定，报国务院批准；海关使用的武器包括轻型枪支、电警棍、手铐以及其他经批准可使用的武器和警械；武器和警械的使用范围为执行缉私任务时；使用对象为走私分子和走私嫌疑人；使用条件必须是在不能制服被追缉逃逸的走私团体或遭遇武装掩护走私，不能制止以暴力劫夺查扣的走私货物、物品和其他物品，以及以暴力抗拒检查、抢夺武器和警械、威胁海关工作人员生命安全非开枪不能自卫时。

6. 其他行政处理权

（1）行政裁定权。包括应对外贸易经营者的申请，对进出境商品的归类、进出境货物原产地的确定，禁止进出境措施和许可证件的适用等海关事务的行政裁定的权力。

（2）行政奖励权。包括对举报或协助海关查获违反《海关法》的案件的有功单位和个人给予精神或物质奖励的权力。

（3）对与进出境货物有关的知识产权实施保护。除以上海关权力以外，在进出境活动的监督管理领域，海关还具有行政立法权和行政复议权。行政立法权是指海关总署根据法律的授权，制定发布海关行政规章的权力。行政复议权是指有权复议的海关（海关总署、各直属海关）对相对人不服海关行政行为进行复议的权力。

课堂讨论

海关可行使哪些权力？海关在行使权力时，哪些权力需要海关关长的批准授权？

任务三　认知对外贸易管制

一、对外贸易管制

对外贸易管制是指一国政府为了国家的宏观经济利益、国内外政策需要以及履行所缔结或加入国际条约的义务，确立实行各种制度、设立相应管理机构和规范对外贸易活动的总称。

二、我国对外贸易管制基本框架与法律体系

我国对外贸易管制基本框架与法律体系如图 2-7 所示。

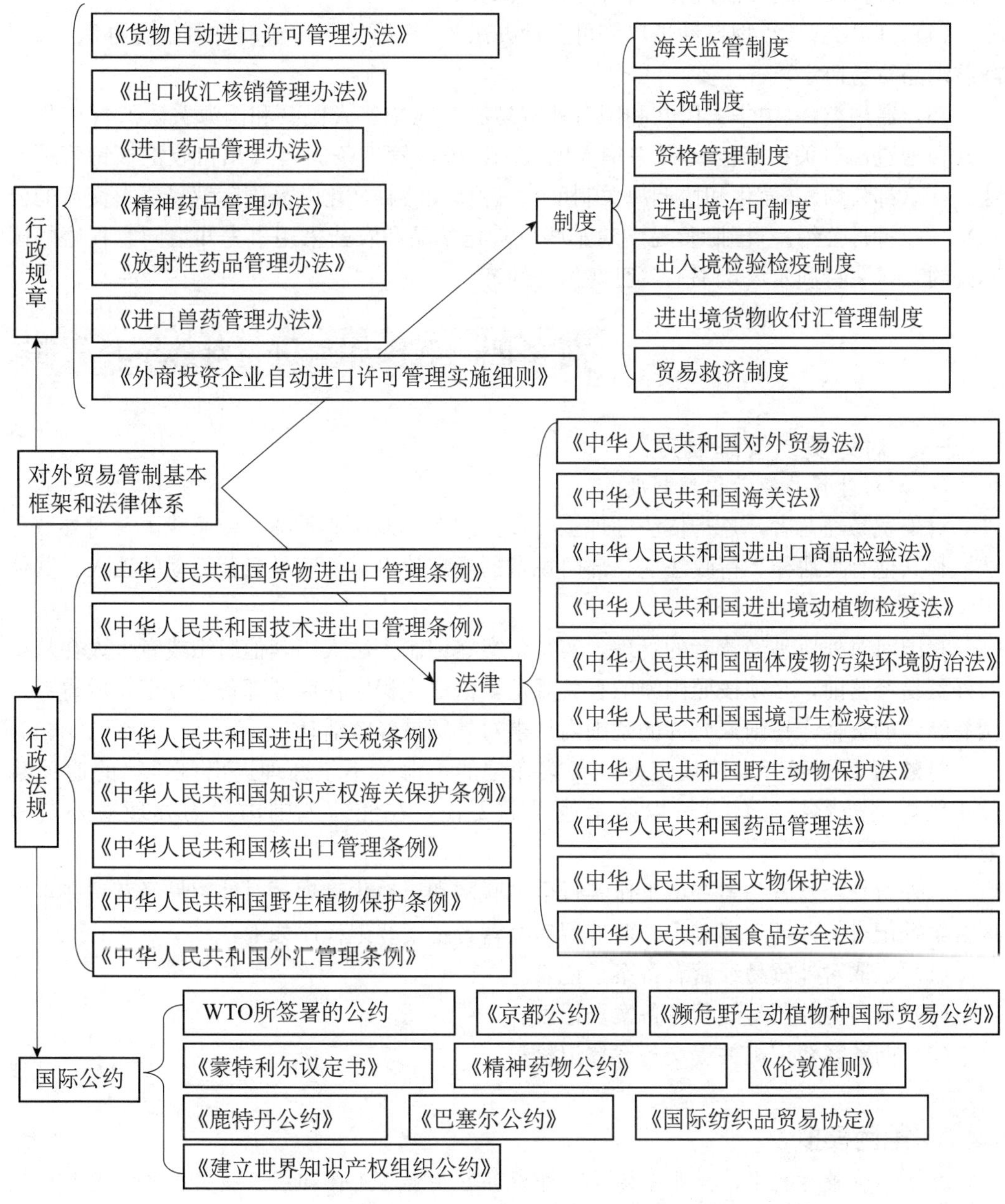

图 2-7 我国对外贸易管制基本框架和法律体系

对外贸易管制是一种国家管制，不包括地方性法规、地方性规章及各民族自治区政府的地方条例和单行条例，涉及的法律只限于宪法、法律、部门规章、行政法规以及相关的国际条约。可做如下分类：

（1）环保类：《中华人民共和国固体废物污染环境防治法》、《蒙特利尔议定书》（破坏臭氧层物质管制）、《巴塞尔公约》（控制危险废物越境转移）。

（2）动植物类：《中华人民共和国进出境动植物检疫法》《中华人民共和国野生动物保护法》《中华人民共和国野生植物保护条例》《濒危野生动植物种国际贸易公约》。

（3）医药类：《中华人民共和国药品管理法》《进口药品管理办法》《精神药品管理办法》《放射性药品管理办法》《精神药物公约》。

（4）许可类：《货物自动进口许可管理办法》《纺织品出口自动许可暂行办法》《国际纺织品贸易协定》。

（5）通用类：《中华人民共和国对外贸易法》、《中华人民共和国海关法》、《中华人民共和国进出口关税条例》、《中华人民共和国外汇管理条例》、《出口收汇核销管理办法》、《京都公约》（简化和协调海关制度）、《伦敦准则》（化学品国际贸易资料交流的公约）、《鹿特丹公约》（国际贸易中对某些危险化学品和农药采用事先知情同意程序的国际公约）、《蒙特利尔议定书》、《巴塞尔公约》。

任务四　我国如何进行对外贸易管制

一、对外贸易管理制度

（一）对外贸易经营管理制度

对外贸易经营者，是指依法办理工商登记或者其他执业手续，依照我国《对外贸易法》和其他有关法律、行政法规、部门规章的规定从事对外贸易经营活动的法人、其他组织或者个人。

我国对对外贸易经营者的管理，实行备案登记制。法人、其他组织或者个人在从事对外贸易经营前，必须按照国家的有关规定，依法定程序在商务部备案登记，取得对外贸易经营的资格，在国家允许的范围内从事对外贸易经营活动。

对外贸易经营者未按规定办理备案登记的，海关不予办理进出口货物的通关验放手续，对外贸易经营者可以接受他人的委托，在经营范围内代为办理对外贸易业务。

对外贸易经营者备案登记工作实行全国联网和属地化管理，对外贸易经营者在本地区备案登记机关办理备案登记。对外贸易经营者备案登记程序如下：

（1）领取对外贸易经营者备案登记表。

（2）填写对外贸易经营者备案登记表。

（3）向备案登记机关提交备案登记材料。

角色模拟

在上述背景材料下，学生分海关、外贸经营企业、工商部门、报关公司等角色模拟备案登记。

步骤一　下载或申领表格

对外贸易经营者可以通过登录商务部网站（http：//www.mofcom.gov.cn）或登录对外贸易经营者备案登记系统网（http：//iecms.ec.com.cn/iecms/index.jsp）下载，或到属地备案登记机关领取对外贸易经营者备案登记表，如表 2－3 所示。

表 2-3　　　　对外贸易经营者备案登记表

备案登记表编号：　　　　　　　　　　　　　　　进出境企业代码：

经营者中文名称			
经营者英文名称			
组织机构代码		经营者类型 （由备案登记机关填写）	
住　　所			
经营场所（中文）			
经营场所（英文）			
联系电话		联系传真	
邮政编码		电子邮箱	
工商登记 注册日期		工商登记 注册号	
依法办理工商登记的企业还须填写以下内容			
企业法定代表人姓名		有效证件号	
注册资金			（折美元）
依法办理工商登记的外国（地区）企业或个体工商户（独资经营者）还须填写以下内容			
企业法定代表人/ 个体工商负责人姓名		有效证件号	
企业资产/个人财产			（折美元）
备注：			

填表前请认真阅读背面的条款，并由企业法定代表人或个体工商负责人签字、盖章。

备案登记机关

签章

年　月　日

对外贸易经营者备案登记表背面

本对外贸易经营者作如下保证：

一、遵守《中华人民共和国对外贸易法》及其配套法规、规章。

二、遵守与进出境贸易相关的海关、外汇、税务、检验检疫、环保、知识产权等中华人民共和国其他法律、法规、规章。

三、遵守中华人民共和国关于核、生物、化学、导弹等各类敏感物项和技术出口管制法规以及其他相关法律、法规、规章，不从事任何危害国家安全和社会公共利益的活动。

四、不伪造、变造、涂改、出租、出借、转让、出卖《对外贸易经营者备案登记表》。

五、在备案登记表中所填写的信息是完整的、准确的、真实的；所提交的所有材料是完整的、准确的、合法的。

六、《对外贸易经营者备案登记表》上填写的任何事项发生变化，自发生变化之日起，30日内到原备案登记机关办理《对外贸易经营者备案登记表》变更手续。

以上如有违反，将承担一切法律责任。

对外贸易经营者签字、盖章

年　月　日

注：

1. 备案登记表中“组织机构代码”一栏，由企业、组织和取得组织机构代码的个体工商户填写。

2. 依法办理工商登记的外国（地区）企业，在经营活动中承担有限/无限责任。依法办理工商登记的个体工商户（独资经营者），在经营活动中承担无限责任。

3. 工商登记营业执照中，如经营范围不包括进口商品的分销业务，备案登记机关应在备注栏中注明“无进口商品分销业务”。

步骤二 准备备案登记材料

准备的材料有对外贸易经营者备案登记表、营业执照复印件、组织机构代码证书复印件，对外贸易经营者为外商投资企业的，还要提供外商投资企业批准证书复印件，个体工商户（独资经营者）须提交合法公证机构出具的财产公证证明，外国（地区）企业须提交经合法公证机构出具的资金信用证明文件。

步骤三 资料受理

备案登记机关自收到上述材料之日起5日内办理备案登记手续，在对外贸易经营者备案登记表上加盖备案登记专用章，对外贸易经营者应凭加盖备案登记印章的对外贸易经营者备案登记表在30日内到当地海关、检验检疫、外汇、税务等部门办理开展对外贸易业务所需的手续。

步骤四 登记表的变更和失效

如果登记事项发生变更，对外贸易经营者应按照有关规定，在30日内办理对外贸易经营者备案登记表变更手续，逾期未办理变更手续的，其对外贸易经营者备案登记表自动失效。

（二）出入境检验检疫制度

（1）主管部门。国家质量监督检验检疫总局通过颁布《法检目录》实施目录管理。具体内容有：对于法检商品实施强制性检验检疫；对于目录外商品实施抽检，并可根据贸易当事人要求实施检验检疫并制发相关证书；对于高价值、高技术、复杂的进出境商品，明令要在合同中明确监造、装运前预检、监装以及到货后最终检验和索赔的权利。

（2）出入境检验检疫制度。包括进出境商品检验、进出境动植物检疫、国境卫生监督三部分。

进出境商品检验分为法定检验、合同检验、公正鉴定和委托检验。其标准有国家强制性标准或合同约定标准。

进出境动植物检疫包括进境、出境、过境检验，经出境携带和邮寄物检疫，出入境运输工具检疫。动植物检疫管理方式有注册登记、疫情调查、监测和防疫指导。

国境卫生监督包括进出境检疫监督、国境传染病检测监督、进出境卫生监督。

（三）进出境货物收付汇管理制度

（1）主管部门：外汇管理局。

（2）外汇管理范围：经常项目外汇业务、资本项目外汇业务、金融机构外汇业务、人民币汇率的生成机制、外汇市场的监督管理。

（3）外汇管理的主要形式：通过核销单实行外汇核销。

（4）出口收汇管理：目的是防止截留外汇，提高收汇率。管理依据是《出口收汇核销管理办法》和《出口收汇核销管理办法实施细则》。

具体办法是：外汇管理局发出核销单，发货人或货代填写，海关签注，外管部门凭此单和报关单核销联进行收汇核销。

（5）进口付汇管理：目的是防止付汇不进口的逃汇行为。

具体办法是：出口前申请进口付汇核销单，进口时海关签注，进口人凭此单与进口报关单付汇证明联到指定银行办理付汇业务。

（四）对外贸易救济措施

对外贸易救济措施的类型有反倾销、反补贴和保障措施。反倾销、反补贴针对价格歧视的不公平贸易行为；保障措施针对进口激增的情况。

救济措施的对比如表 2－4 所示。

表 2－4　　救济措施对比

措施	适用对象	条件	实施形式	实施期限
反倾销	价格歧视等不公平贸易或竞争	低价倾销	现金保证金、价格承诺、保函	自发布临时反倾销措施决定公告起不超过 4 个月，在特殊情况下延长至 9 个月
反补贴	同上	政府补贴	同上	自发布临时反补贴措施公告起不超过 4 个月
保障	公平条件下的数量猛增	数量激增	加征关税、关税配额、数量配额	临时保障措施不得超过 200 天，最终保障措施一般不超过 4 年，特殊情况下总期限不得超过 10 年

二、我国货物、技术进出境许可证管理制度

进出境许可制度是我国实行对外贸易管理的一种行政保护手段。许可制度是非关税措施，管理范围有禁止进出境技术和货物、限制进出境技术和货物、自由进出境货物和技术。货物、技术进出境许可证管理制度是我国进出境许可证管理制度的主体。

这三类进出境货物相应的管理制度如表 2－5 所示。

表 2－5　　三类货物进出境管理制度对比

<table>
<tr><td rowspan="4">禁止进出境技术和货物</td><td rowspan="3">禁止进出境货物</td><td colspan="2">禁止进出境货物目录</td></tr>
<tr><td colspan="2">法律、法规禁止进出境货物</td></tr>
<tr><td colspan="2">其他</td></tr>
<tr><td>禁止进出境技术</td><td colspan="2">中国禁止进口限制进出境目录</td></tr>
<tr><td rowspan="5">限制进出境货物和技术</td><td rowspan="3">限制进出境货物</td><td rowspan="2">配合管理（总量管理）</td><td>配额管理</td></tr>
<tr><td>关税配额</td></tr>
<tr><td>非配合管理（许可证件管理）</td><td>进出境许可证、濒危物种进出境、可利用废物进出境、药品进出境、音像制品进出境、黄金及其制品进出境、无线电设备进出境</td></tr>
<tr><td rowspan="2">限制进出境技术</td><td colspan="2">目录管理</td></tr>
<tr><td colspan="2">许可证管理</td></tr>
<tr><td rowspan="2">自由进出境货物和技术</td><td colspan="3">货物自动进出境许可证</td></tr>
<tr><td colspan="3">技术进出境合同登记</td></tr>
</table>

（一）禁止进出境货物管理

我国对禁止进出境货物实行目录管理，由国务院商务部主管部门会同有关部门制定《禁止进口货物目录》和《禁止出口货物目录》。同时，我国有关法律、法规明令禁止的货物也禁止进出境，也有一些由于各种原因我国已经停止进出境的货物。禁止进出境货物

目录上的货物以及有关法律、法规明令禁止的进出境货物如表 2-6、表 2-7 所示。

表 2-6 禁止进出境货物目录上的货物

禁止进口货物目录（共六批）	禁止出口货物目录（共五批）
第一批：为了保护我国自然生态环境和生态资源，禁止进口破坏臭氧层的四氯化碳及属于濒危物种的犀牛角、虎骨、麝香等	第一批：为保护我国自然生态环境和生态资源，禁止出口四氯化碳、犀牛角、虎骨、麝香，禁止出口有固沙作用的发菜和麻黄草等植物
第二批：均为旧机电产品类，禁止进口涉及生产安全（压力容器类）、人身安全（电器、医疗设备类）和环境保护（汽车、工程及车船机械类）的旧机电产品	第二批：为保护我国森林资源、防止乱砍滥伐，禁止出口木炭
第三、四、五批：禁止进口对环境有污染的固体废物类，包括废动物产品、废药物、杂项化学品废物、废纺织物、废玻璃等	第三批：为维护环境安全、淘汰落后产品、履行《鹿特丹公约》和《关于持久性有机污染物的斯德哥尔摩公约》，禁止出口长纤青石棉、二恶英等
第六批：为维护环境安全、淘汰落后产品、履行《鹿特丹公约》和《关于持久性有机污染物的斯德哥尔摩公约》，禁止进口长纤青石棉、二恶英等	第四批：主要包括硅砂、石英砂及其他天然砂 第五批：包括无论是否经化学处理过的森林凋落物以及泥炭（草炭）

表 2-7 明令禁止的进出境货物

明令禁止进口货物	明令禁止出口货物
来自动植物疫情流行的国家和地区的有关动植物及其产品和其他检疫物	未定名的或者新发现并有重要价值的野生植物
动植物病源（包括菌种、毒种等）及其他有害生物、动物尸体、土壤	原料血浆
带有违反“一个中国”原则内容的货物及其包装	商业性出口的野生红豆杉及其部分产品
以氯氟羟物质为制冷剂、发泡剂的家用电器产品和以氯氟羟物质为制冷工质的家用电器产品用压缩机	以氯氟羟物质为制冷剂、发泡剂的家用电器产品和以氯氟羟物质为制冷工质的家用电器产品用压缩机
滴滴涕、氯丹等	滴滴涕、氯丹等
莱克多巴胺和盐酸莱克多巴胺	莱克多巴胺和盐酸莱克多巴胺
列入《废弃电器电子产品处理目录（第一批）适用海关商品编号（2010 年版）》的电视机、电冰箱、洗衣机、房间空气调节器、微型计算机五类商品	劳改产品

（二）限制进出境货物管理

1. 限制进口

（1）货物。我国限制进口货物的管理方式是目录管理下的许可证管理、关税配额管理。

许可证管理是指包括进口许可证、濒危物种进口、可利用废物进口以及进口药品、音像制品、黄金及其制品等的管理。

关税配额管理是在一定时期内（1 年）国家针对部分商品的进口制定关税配额税

率，并规定该商品进口数量的总额，限额内外实行差别税率。这是一种相对数量的限制，如小麦。

（2）技术。我国限制进口技术采取的方式是目录管理下的许可证管理。许可证申领办理的程序为：

步骤一：签订合同前向商务部提交技术进口申请，商务部接到申请后，进行审核。

步骤二：审核通过后，由商务部主管部门核发技术进口许可意向书。

步骤三：经营者取得技术进口许可意向书后，签订技术进口合同。

步骤四：签订合同后申请核发技术进口许可证。

2. 限制出口

（1）货物。我国限制货物出口的管理方式有两种：对有数量限制的货物，采用配额管理；对有其他限制货物，实行许可证管理。具体如表 2－8 所示。

表 2－8　　限制进出境货物的管理

限制方式	限制措施	适用货物	有效期	管理
进口关税配额	须申领农产品进口关税配额证或化肥进口关税配额证明	2015年粮食进口关税配额量为：小麦963.6万吨，国营贸易比例90%；玉米720万吨，国营贸易比例60%；大米532万吨（其中：长粒米266万吨、中短粒米266万吨），国营贸易比例50%	1年	农产品关税配额证为“一证多批”制，化肥进口关税配额证明为“一批一证”制
进口许可证	须申领进口许可证方可进口	2015年为消耗臭氧层物质（如三氯氟甲烷等）和重点旧机电产品（如化工设备、金属冶炼设备、起重运输设备等）	1年，跨年度使用可至次年3月底	“一证一关”制（“一批一证”或“非一批一证”）
进口许可证件	须申领进口许可证件方可进口	濒危物种、废物、药品、音像制品、黄金及其制品等		
出口配额许可证管理	凭配额证明申领出口许可证出口	玉米、大米、小麦、棉花、锯材、原油、成品油、锌矿砂、活牛（对港澳）、活猪（对港澳）、活鸡（对港澳）等	配额为1年；许可证为6个月	“一证一关”制，“一批一证”制，“非一批一证”制
出口配额招标管理	凭招标配额申领出口许可证出口	蔺草及其制品、碳化硅、滑石块（粉）、矾土、镁砂、甘草及甘草制品等		
出口许可证	须申领出口许可证方可出口	适用无数量限制的许可出口商品，包括对港澳市场以外的活牛、活猪、活鸡，消耗臭氧层物质，天然砂，汽车及其底盘等	6个月，公历年度内使用	
出口许可证件	须申领出口许可证件方可出口	濒危物种、文物、黄金及其制品、农药等		

配额管理：在部分商品出口时，在一定时期里（1年）规定出口数量总额，经国家批准获得配额的才可以出口，否则不允许出口。属于数量限制的货物，分为配额许可证

和配额招标两种。

许可证管理：属于非数量限制，包括出口许可证、濒危物种、敏感物项、军品等直接两用物项出口等的管理。

(2) 技术。我国实行目录管理、许可证管理，目录外技术或目录内技术若无许可证，不准出口。

目前，我国限制出口的技术目录有《敏感物项和技术出口许可证管理目录》《中国禁止出口限制出口技术目录》。

程序：首先向国务院主管部门申请，商务部主管部门审批后核发技术出口许可证，企业持此证件向海关办理出口手续。

(三) 自由进出境货物管理

除禁止限制进出境的商品、技术外，都属于自由进出境商品。

1. 货物自动进口许可管理

进口前进行自动许可性质的登记，有关部门核发自动进口许可证。自动进口许可证有效期是6个月，可以“一批一证”，也可以“非一批一证”，“非一批一证”累计使用次数不能超过6次。

2. 技术进出境合同登记管理

对于非禁止和限制的、属于自由进出境的技术，企业应向商务部主管部门或者其他委托机构办理备案登记，相关部门收到备案申请后3个工作日内进行登记，并颁发技术进出境合同登记证，企业可持证报关。

(四) 其他特殊进出境货物管理

我国还有11种特殊进出境货物，其管理措施如表2-9所示。

表2-9　　其他特殊进出境货物管理措施

货物名称	通关凭证	主管部门	备注
两用物项和技术进出口许可证管理	两用物项和技术进出口许可证	商务部	两用物项和技术进口实行“非一批一证”和“一证一关”制；两用物项和技术出口实行“一批一证”和“一证一关”制
密码产品和含有密码技术的设备进口许可证管理	密码产品和设备进口许可证	国家密码管理局	实行“一批一证”制
固体废物进口管理	固体废物进口许可证、入境货物通关单	环境保护部	固体废物进口许可证实行“非一批一证”制；不能转关（废纸除外）
野生动植物种进出境管理	公约证明、非公约证明、物种证明	濒危物种进出境管理办公室	“一批一证”制；物种证明分为一次使用和多次使用两种
进出境药品管理	麻醉药品进出境准许证、精神药品进出境准许证、进/出口准许证、进口药品通关单	国家食品药品监督管理局	实行“一批一证”制；仅限在注明的口岸海关使用

续前表

货物名称	通关凭证	主管部门	备注
美术品进出境管理	美术品进出境批准文件	文化部	实行“一批一证”制
音像制品进口管理	进口音像制品批准单	新闻出版广电总局	实行“一批一证”制
黄金及其制品进出境管理	黄金及其制品进出境准许证	中国人民银行	实行“一批一证”制
农药进出境管理	农药进出境登记管理放行通知单	农业部	实行“一批一证”制
有毒化学品管理	有毒化学品环境管理放行通知单	环境保护部	实行“一批一证”制
兽药进口管理	进口兽药通关单	农业部	实行“一批一证”制

项目考核

一、单项选择题

1. 海关实施稽查时，采用（　　）措施无须海关关长批准。

A. 暂时封存被稽查人的有关进出口货物

B. 对与被稽查人有业务关系的企业、单位实施延伸稽查

C. 查询被稽查人在商业银行或者其他金融机构的存款账户

D. 暂时封存被稽查人的账簿、单证等有关资料

2. 进出口货物免税证明实行（　　）制。

A. “一批一证”“一证一关”　　B. “非一批一证”“一证一关”

C. “一批一证”“非一证一关”　　D. “非一批一证”“非一证一关”

3. 目前，我国对外贸易经营权实行的是（　　）。

A. 行政审批制　　B. 许可和登记制

C. 对公有制经济实行审批制　　D. 对非公有制经济实行登记和核准制

4. 下列关于国家对限制进口货物管理的表述中，错误的是（　　）。

A. 国家实行限制进口管理的货物，依照国家有关规定取得国务院对外贸易主管部门或者由其会同国务院有关部门的许可，方可进口

B. 国家对部分限制进口的商品，采用自动进口许可证管理

C. 关税配额内进口的货物，按照配额内税率缴纳关税

D. 关税配额外进口的货物，按照配额外税率缴纳关税

5. 下列关于进口废物管理的表述中，错误的是（　　）。

A. 废物进口许可证实行“非一批一证”管理

B. 存入保税仓库的废物必须取得有效的废物进口许可证

C. 对未列入《限制进口类可用作原料的固体废物目录》的废物，一律不得进口

D. 向海关申报允许进口的废物，应主动向海关提交废物进口许可证、入境货物通关单及其他有关单据

6. 下列列入自动进口许可管理货物目录的货物，可免交自动进口许可证的是（　　）。

A. 参加 F1 上海站比赛进口后须复出口的赛车

B. 加工贸易项下进口并复出口的成品油

C. 外商投资企业作为投资进口的旧机电产品

D. 每批次价值超过 5 000 元人民币的进口货样广告品

7. 进口货物许可证的有效期一般是（ ）。

A. 6 个月　　B. 1 年　　C. 3 个月　　D. 9 个月

8. 实行“非一批一证”管理的出口许可证，其使用次数最多不超过（ ）。

A. 3 次　　B. 6 次　　C. 5 次　　D. 12 次

9. 进口列入《进口药品目录》的商品编码范围的药品，海关凭（ ）签发的（ ）办理报关验放手续。

A. 口岸出入境检验检疫机构；入境货物通关单

B. 国家食品药品监督管理局授权部门；进口药品通关单

C. 商务主管部门；药品进口许可证

D. 卫生部；药品进口准许证

10. 对于限制出口货物管理，国家规定有数量限制的出口货物，实行（ ）。

A. 许可证件管理　　B. 配额管理

C. 自动出口管理　　D. 禁止出口管理

11. 走私行为是违反（ ）的行为。

A.《刑法》

B.《海关法》及其相关法规

C.《海关行政处罚实施细则》及其相关法规

D.《进出口关税条例》及其相关法规

12. 出口货物许可证的有效期一般是（ ）。

A. 6 个月　　B. 1 年　　C. 3 个月　　D. 9 个月

13. 从事货物进出口或者技术进出口的对外贸易经营者，应当向国务院对外贸易主管部门或者其委托的机构办理（ ）。

A. 备案申请手续　　B. 备案登记手续

C. 备案审核手续　　D. 备案审批手续

14. 金银及其制品报关出口时，凭（ ）出具的《金银制品出口准许证》报关。

A. 中国人民银行及其授权机关　　B. 中国银行及其授权机关

C. 国家外汇管理局及其授权机关　　D. 外经贸部

二、多项选择题

1. 下列有权签发进出口许可证的机构是（ ）。

A. 商务部配额许可证事务局

B. 商务部驻各地特派员办事处

C. 省、自治区、直辖市的商务主管部门

D. 外交部

2. 符合废物进口许可管理相关规定的是（ ）。

A. 实行“一证一关”制　　B. 实行“一批一证”制

C. 实行“非一批一证”制　　D. 可一证使用多次，但年内使用有效

3. 下述货物没有列入《禁止进口货物目录》，但国家有关法律、法规明令禁止进口的是（ ）。

A. 四氯化碳、犀牛角和虎骨

B. 城市垃圾、医疗废物、含铅汽油淤渣
C. 受放射性污染的废旧金属
D. 来自疫区的动物和动物产品

4.《海关法》明确规定海关的基本任务是（　　）。
A. 监管进出境的运输工具、货物、行李物品、邮递物品和其他物品
B. 查缉走私
C. 海关统计
D. 征收关税和其他税费

5. 在下列被扣留的货物中，海关应当放行的有（　　）。
A. 海关自扣留侵权嫌疑货物之日起 20 个工作日内，未收到人民法院协助扣押通知或者知识产权权利人要求海关放行有关货物的
B. 海关对扣留的侵权嫌疑货物进行调查，不能认定货物是否侵犯有关知识产权，收发货人向海关提供相当于货物价值的担保，请求海关放行货物的
C. 涉嫌侵犯专利权进口货物在海关调查期间未被认定侵犯有关专利权，收货人在向海关提供与货物等值的担保金后，请求海关放行的
D. 海关自扣留侵权嫌疑货物之日起 50 个工作日内收到人民法院协助扣押有关货物书面通知的

6. 下列有关各直属海关法制部门承办海关行政许可管理事项的表述中，正确的是（　　）。
A. 根据法律、行政法规、海关总署规章的规定，上报关于海关行政许可的立法建议
B. 受理、核实公民关于本关区实施海关行政许可的申诉
C. 受理、核实企业关于本关区实施海关行政许可的诉讼
D. 组织本关区关于海关行政许可的听证事宜

7. 对海关行政决定不服，当事人可以直接向人民法院提起行政诉讼的情形是（　　）。
A. 对海关做出的责令退运的行政决定不服的
B. 对海关确定完税价格的具体行政行为有异议的
C. 认为海关未依法采取知识产权保护措施，或者对海关采取的知识产权保护措施不服的
D. 认为海关未依法办理接受报关海关手续的

8. 下列关于海关行政复议范围的表述中，正确的是（　　）。
A. 对海关做出的收缴有关货物及违法所得决定不服的
B. 对暂停从事有关业务的行政处罚决定不服的
C. 对报关员资格测评有疑义的
D. 对海关做出警告的行政处罚决定不服的

9. 下列属于海关行政裁定受理范围的是（　　）。
A. 进出口经营企业就许可证件的适用申请行政裁定
B. 报关企业就原产地的确定申请行政裁定
C. 企业就货物运输代理业务申请行政裁定
D. 进出口经营企业就商品归类申请行政裁定

10. 在判断“明知是走私进口的货物、物品，直接向走私人非法收购”的行为是否按走私行为论处时，必须同时符合的条件是（　　）。

A. 行为人必须明知收购的货物、物品是走私进口的货物、物品

B. 行为人必须明知对方是走私人，而直接向走私人非法收购走私进口的货物、物品，即所谓的“第一手交易”

C. 收购的行为是非法进行的

D. 行为人必须是在特定的区域收购的

11. 走私与违规有很多不同之处，最基本、最直观并易于把握的区别主要是（　　）。

A. 主观故意不同　　　　B. 客观行为不同

C. 海关管理对象不同　　　　D. 行为危害结果不同

12. 下列符合国家对废物进口相关政策的叙述是（　　）。

A. 只有列入国家《限制进口类可用作原料的固体废物目录》或《自动进口许可管理类可用作原料的固体废物目录》的废物才允许进口

B. 废物进口属于国家法定检验商品

C. 废物进口属于国家进口许可管理商品

D. 除废纸外，进口废物不能转关运输

13. 下列关于海关行政处罚管辖的表述中，正确的是（　　）。

A. 由发现违法行为的海关管辖，也可以由违法行为发生地的海关管辖

B. 两个以上海关都有管辖权的案件，由最先发现违法行为的海关管辖

C. 管辖不明确的案件，可以由海关总署指定管辖

D. 重大、复杂的案件，由有关海关协商确定管辖，协商不成的，报请共同的上级海关指定管辖

三、判断题

1. 海关对进出境运输工具的检查，不受海关监管区域的限制。（　　）

2. 海关实行高度集中统一的管理体制和垂直领导方式，海关机构的设置为海关总署、直属海关和海关办事处三级。（　　）

3. 出口属于自由出口的技术，无须向国务院外经贸主管部门办理登记手续。（　　）

4. 在调查走私案件时，经直属海关关长或者其授权的隶属海关关长批准，海关的有关部门可以对公民的住处实施检查。（　　）

5. 凡是准予进口的固体废物都不能转关，只能在口岸海关办理申报进境手续。（　　）

6. 对列入《两用物项和技术进出口许可证管理目录》的物项及技术的出口，统一实行两用物项和技术出口许可证管理，目录以外的，均无须办理两用物项和技术出口许可证。（　　）

7. 关税配额管理是指在一定时期内，国家对部分商品的进口制定关税配额税率并规定该商品进口数量总额。经国家批准取得关税配额证明的，允许按照关税配额税率征税进口；未取得关税配额证明的，不得进口。（　　）

8. 两用物项和技术进出口许可证的有效期一般不超过 1 年。跨年度使用时，在有效期内只能使用到次年的 3 月 31 日。（　　）

9. 出口许可证的有效期最长不得超过 6 个月，跨年度使用时，有效期截止时间不得超过次年 3 月 31 日。（ ）

10. 进出口列入《中国禁止或严格限制的有毒化学品名录》的有毒化学品，海关凭国家环境保护部签发的有毒化学品进出口环境管理放行通知单验放。（ ）

11. 对未列入《限制进口类可用作原料的固体废物目录》及《自动进口许可管理类可用作原料的废物目录》的固体废物禁止进口。（ ）

12. 小麦、玉米、棉花的进口关税配额，由商务部授权机构负责受理本地区的申请。（ ）

13. 对外贸易经营者进口列入《密码产品和含有密码技术的设备进口管理目录》的商品，在组织进口后报关前应向国家密码管理局申领密码进口许可证。（ ）

14. 进出口美术品管理是我国进出口许可管理制度的重要组成部分，属于国家限制进出口管理范畴。（ ）

15. 进口关税配额商品，对外贸易经营者在组织进口前必须申领关税配额证，否则不得进口。（ ）

四、业务题

1. 2017 年 1 月 1 日，大连海关在申报货物中查获多起涉嫌走私物品，价值近 1 500 万元。查扣汽车两辆，车上装有涉嫌从香港偷运入境的燕窝、电子元器件、电池、硬盘等约 40 箱。1 月 2 日，大连海关在山路段查获两辆小型越野车，车上分别藏有涉嫌走私的进口洋酒 340 瓶，案值约 68 万元。1 月 3 日，江门海关缉私局在台山水域查获涉嫌走私的油船，现场抓获走私嫌疑人 7 名，查扣无合法证明成品油约 1 000 吨，案件估值 600 万元。

具体工作任务如下：

（1）说明海关的权力都包括哪些。

（2）海关行使权力时的执行体制是什么样的？

（3）此案例中，海关在行使哪些权力？

（4）海关在行使权力的时候，哪些权力需要海关关长批准？

2. 大连当地一家造纸厂委托办理其相关进出口业务，由于该造纸厂业务量不断增加，想从韩国进口造纸原料及废纸一批，现想办理外贸经营权，进口相关废弃物。

具体工作任务如下：

（1）帮这家造纸厂完成备案登记，取得外贸经营权。

（2）说明我国对废物进口的相关政策有哪些。

（3）在废物进口过程中，海关依据什么放行？

（4）若要进口造纸原料及废纸，应如何办理进口许可证件？进口许可证件在使用上有何规定？

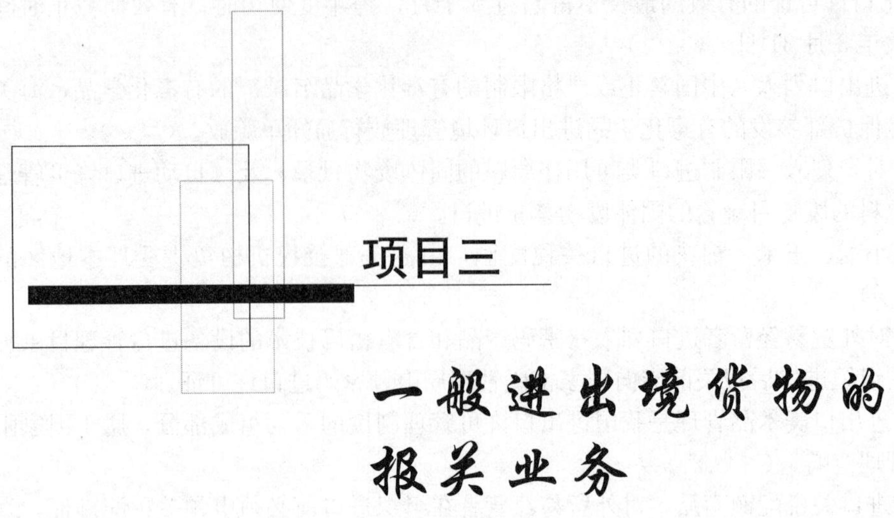

项目三

一般进出境货物的报关业务

资讯

一般进出境货物是在进出境环节缴纳了应征的进出境税费并办结了所有必要的海关手续，海关放行后不再进行监管，可以直接进入生产和消费领域流通的进出境货物。

这里的一般进出境货物是相对于保税货物、特定减免税货物、暂准进出境货物而言的，因为这些货物都需要经过前期和后续的监管阶段。

一般进出境货物的特征包括以下几方面：

（1）进出境时缴纳进出境税费。一般进出境货物的收发货人应当按照《海关法》和其他有关法律、行政法规的规定，在货物进出境时向海关缴纳应当缴纳的税费。

（2）进出境时提交相关的许可证件。货物进出境应受国家法律、行政法规管制，进出境货物收发货人或其代理人应当向海关提交相关的进出境许可证件。

（3）海关放行即办结了海关手续。海关征收了全额的税费，审核了相关的进出境许可证件，并对货物进行实际查验（或做出不予查验的决定）以后，按规定签章放行。这时，进出境货物收发货人或其代理人才能办理提取进口货物或者装运出口货物的手续。对一般进出境货物来说，海关放行就意味着海关手续已经全部办理完毕，海关不再监管，可以直接进入生产和消费领域流通。

一般进出境货物的范围有：

（1）不批准保税的一般贸易进口货物。

（2）转为实际进口的保税货物。

（3）转为实际进口的暂准进境货物或转为实际出口的暂准出境货物。

（4）易货贸易、补偿贸易进出境货物。

（5）不批准保税的寄售代销贸易货物。

（6）承包工程项目实际进出境货物。

（7）外国驻华商业机构进出境陈列用的样品。

(8) 外国旅游者小批量订货出口的商品。

(9) 随展览品进境的小卖品。

(10) 实际进出境货样广告品。

(11) 免费提供的进口货物，例如：外商在经济贸易活动中赠送的进口货物；外商在经济贸易活动中免费提供的试车材料等；我国在境外的企业、机构向国内单位赠送的进口货物。

一般进出境货物通关的基本程序是在进出境环节向海关申报、陪同海关查验、缴纳进出境税费和提取或装运货物，具体如图 3－1 所示。

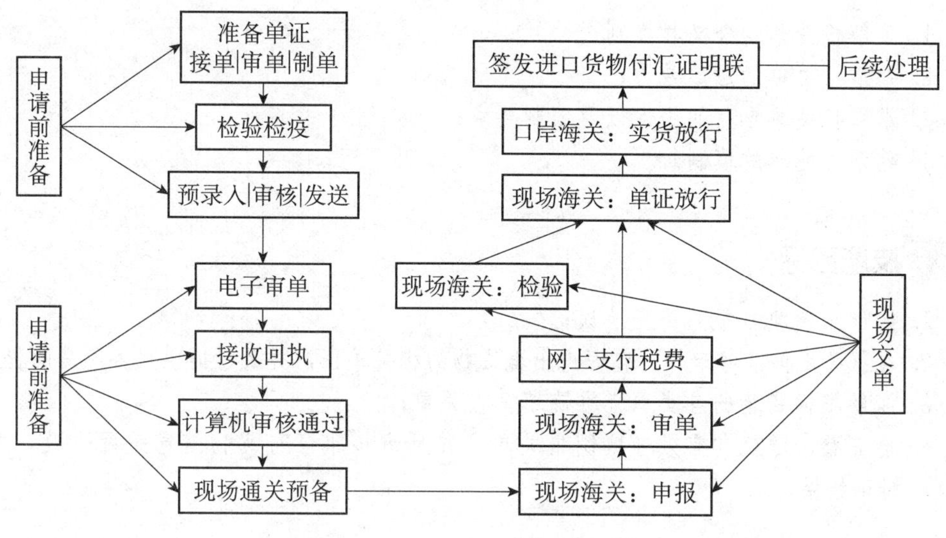

图 3－1　一般进出境货物通关流程

子项目一　申报前准备

项目引入

大连中江商贸有限公司与新加坡某公司以 CIF 大连的成交方式，签订了进口机械设备的贸易合同，大连中江商贸有限公司委托大连汇通国际物流有限公司进行报关，双方签订了保关协议。

双方进一步交涉合同相关内容如下：合同协议号为 319403360。大连中江商贸有限公司委托深圳外运公司从新加坡进口机械设备 80 台，该设备名称为开式可倾压力机，规格型号为 J23-16。货物商业发票上注明机械设备每台单价 CIF 大连 USD4 000 美元，总价 CIF 大连 USD320 000 美元，杂费不另计价，运费为 1 500 美元，保险费为 600 美元，以信用证（L/C）方式结算。设备申领的自动进口许可证件号为 4401913490，该设备的核心部分由美国生产，零部件生产和组装在新加坡，采用纸箱包装，设备毛重 8 000 千克，净重 7 100 千克，通过江海运输方式，租用名称为 SW096E 的船舶，从新加坡维多利亚港起运，经过我国香港抵达深圳，再运往大连。该机械设备的海运提单号为 BL-HASOSARSB811301，运载货物的船舶于 2016 年 9 月 1 日抵达香港，2016 年 9 月 2 日抵达深圳，公司于 2016 年 9 月 2 日向深圳海关以一般贸易方式和一般征税的征免性质申报进境，2016 年 9 月 3 日深圳海关接受该批机械设备的申报，按照该商品的税则号 8416.2547、税率 13%进行征税，2016 年 9 月 3 日完成海关作业流程后放行，该批货物运往大连中江商贸有限公司。

请根据以上信息完成以下工作任务：

任务一 签订委托代理协议

任务二 准备接单、审单、制单

知识目标

1. 了解报关单的含义和类别；
2. 知道报关单的法律效力；
3. 掌握报关单各联的用途以及填制要求；
4. 熟悉报关单的填制。

技能目标

1. 能够正确填写报关委托协议；
2. 在报关之前能够审核、整理进出境货物的相关单证，并及时提供财务所需的资料；
3. 能够根据货物的各类单证准确填写报关单；
4. 能完整、准确和有效地填制报关单，并且审核单证与货物信息是否一致，并且能及时纠正错误。

素质目标

1. 报关过程中填制相关单据的时候，要求将信息规范化，培养学生细致严谨的工作态度；
2. 学生应做好课前预习，要有自主学习和自我提高的能力。

任务分析与实施

任务一 签订委托代理协议

一、代理报关委托

代理报关委托书是托运人委托承运人或其代理人办理报关等通关事宜，明确双方责任和义务的书面证明。委托方应及时提供报关报检所需的全部单证，并对单证的真实性、准确性和完整性负责。

二、委托责任

（一）委托方责任

（1）委托方负责在报关企业办结海关手续后，及时支付代理报关费用，支付垫支费用，以及因委托方责任产生的滞报金、滞纳金和海关等执法单位依法处以的各种罚款。

（2）负责按照海关要求将货物运抵指定场所。

（3）负责与被委托方报关员一同协助海关进行查验，回答海关的询问，配合相关调查，并承担产生的相关费用。

（4）在被委托方无法做到报关前提取货样的情况下，承担“单货相符”的责任。

（二）被委托方责任

（1）负责对委托方提供的货物情况和单证的真实性、完整性进行合理审查，审查内容包括：

1）证明进出口货物实际情况的资料，包括进出口货物的品名、规格、用途、产地、贸易方式等；

2）有关进出口货物的合同、发票、运输单据、装箱单等商业单据；

3）进出口所需的许可证件及随附单证；

4）海关要求的加工贸易及其他进出口单证（纸质或电子数据）。

（2）在接到委托方交付齐备的随附单证后，负责依据委托方提供的单证，按照《中华人民共和国海关进出口货物报关单填制规范》认真填制报关单，承担“单单相符”的责任，在海关规定和委托报关协议约定的时间内报关，办理海关手续。

（3）负责及时通知委托方共同协助海关进行查验，并配合海关开展相关调查。负责支付因报关企业的责任给委托方造成的直接经济损失，如产生的滞报金、滞纳金和海关等执法单位依法处以的各种罚款。

（4）负责在委托报关协议约定的时间内将办结海关手续的有关委托内容的单证、文件交还委托方或其指定的人员。

为明确委托报关具体事项和各自责任，双方经平等协商后须签订协议，如表 3-1 所示。

表 3-1　　委托报关协议

<table>
<tr><td>委托方</td><td></td><td>被委托方</td><td colspan="2"></td></tr>
<tr><td>主要货物名称</td><td></td><td>*报关单编码</td><td colspan="2">No.</td></tr>
<tr><td>HS 编码</td><td>□□□□□□□□□□</td><td>收到单证日期</td><td colspan="2">年　月　日</td></tr>
<tr><td>货物总价</td><td></td><td rowspan="4">收到单证情况</td><td>合同□</td><td>发票□</td></tr>
<tr><td>进出口日期</td><td>年　月　日</td><td>装箱清单□</td><td>提（运）单□</td></tr>
<tr><td>提单号</td><td></td><td>加工贸易手册□</td><td>许可证件□</td></tr>
<tr><td>贸易方式</td><td></td><td colspan="2">其他</td></tr>
<tr><td>原产地/货源地</td><td></td><td>报关收费</td><td colspan="2">人民币：　　元</td></tr>
<tr><td colspan="2">其他要求：</td><td colspan="3">承诺说明：</td></tr>
<tr><td colspan="2">背面所列通用条款是本协议不可分割的一部分，对本协议的签署构成了对背面通用条款的同意。</td><td colspan="3">背面所列通用条款是本协议不可分割的一部分，对本协议的签署构成了对背面通用条款的同意。</td></tr>
<tr><td colspan="2">委托方业务签章：
经办人签章：
联系电话：
年　月　日</td><td colspan="3">被委托方业务签章：
经办报关员签章：
联系电话：
年　月　日</td></tr>
</table>

注：白联：海关留存，黄联：被委托方留存，红联：委托方留存。　　中国报关协会监制

任务二 准备接单、审单、制单

一、单证

在报关工作开始之前，报关员需要准备好相关单证，以保证整个报关工作的顺利进行，准备的单证包括主要单证、基本单证、特殊单证等。详细情况如表 3－2 所示。

表 3－2 报关准备单证

主要单证		进出境报关单
随附单证	基本单证	与进口货物直接相关的商业单据（如商业发票、装箱单）和货运单据（如进口货物提货单、出口货物装货单）
	特殊单证	国家法律法规实施特殊监管的证件，包括进出境贸易管理单证（进出境许可证、出入境货物通关单、原产地证明、关税配额证明等）和海关单证（特定减免税证明、加工贸易登记手册、货物暂时进/出境申请批准决定书、进口货物直接退运表、责令直接退运通知书、加工贸易货物内销征税联系单、原进出境货物报关单、海关出具的预归类决定书等）。另外，还有其他一些单证，如报关委托书、溢短装证明等
	预备单证	在办理进出境货物手续时，海关认为必要时要查阅或者收取的备案证件，包括进出境合同、进出境企业工商营业执照等证明文件

二、接单

（一）接单定义

接单是指海关已经受理报关单，但是未审核，也没有放行。一般来说，这种情况开柜验货的概率比较大。

（二）接单流程

（1）接单人员获取与申报货物相关的信息，确定商品的归类、品名、规格、数量等信息。

（2）检查报关随附单据是否齐全，主要是确定基本单证和特殊单证是否齐全。

（3）申请人向海关提交报关单及随附单证，需要提交的单证如下：报关单、贸易合同、商业发票、装箱清单、舱单、提（运）单、代理报关授权委托书、进出境许可证件、海关要求的其他进出境有关单证。

（4）海关依法对申请人所提交的报关单及随附单证是否一致、齐全、有效，填制是否规范进行审核。

（5）经海关审核无误的，进行接单处置，主要是针对各类单证进行签署、登记及核实单证数据。

（6）换取及申领单据，主要是将提单正本换成能够从港区或仓库提取货物的提货单。

三、审单

（一）审单定义

审单是指海关依据国家有关法律、行政法规和海关业务规章，以风险分析和信息技术为手段，依托各职能部门提供的参数及业务系统的支持，对电子数据报关单和纸质报关单及随附单证的合法性、规范性、有效性、准确性进行审核的执法行为。

（二）审单流程

（1）审核报关基本单证和随附单证是否齐全。

（2）审核单证是否盖章（报关委托盖有两个公章）。

（3）审核合同基本信息是否齐全（合同号、卖方、买方、产品名称、成交数量、单价、总价、成交方式、目的国）。

（4）审核合同、装箱单、发票信息是否一致、合理（合同与装箱单的产品名称、数量是否一致，合同与发票上的产品名称、数量、单价、总价是否一致，成交单价与数量乘积正好等于总价）。

（5）审核装箱单的基本信息是否齐全（买方、卖方、产品名称、包装数量、包装种类、毛重、净重）。

（6）审核发票信息是否齐全（发票号、买方、卖方、产品名称、成交数量、单价、总价、成交方式）。

（7）审核申报要素是否齐全、合理（HS 编码是否合理、税则号中的申报要素是否都有、是否有境内货源地）。

四、制单

（一）进出境货物报关单

1. 什么是进出境货物报关单

进出境货物报关单是进出境货物收发货人或其代理人按照海关的规定格式对进出境货物的实际情况做出的书面声明，要求海关对其货物按照适用的海关制度办理通关手续的法律文书。

进出境货物报关单既是海关监管、征税、统计以及开展稽查和调查的重要依据，又是加工贸易进出境货物核销，以及出口退税和外汇管理的重要凭证，也是海关处理走私、违规案件，以及税务、外汇管理部门查处骗税和套汇犯罪活动的重要证书。为规范进出境货物收发货人的申报行为，统一进出境货物报关单填制要求，2016 年 3 月 30 日海关总署修订的《中华人民共和国海关进出口货物报关单填制规范》正式执行。

2. 相关用语

（1）报关单录入凭单：指申报单位按报关单的格式填写的凭单，用作报关单预录入的依据。该凭单的编号规则由申报单位自行决定。

（2）预录入报关单：指预录入单位按照申报单位填写的报关单录入，打印由申报单位向海关申报但海关尚未接受申报的报关单。

（3）报关单证明联：指海关在核实货物实际进出境后按报关单格式提供的，用作进出境货物收发货人向国税、外汇管理部门办理退税和外汇核销手续的证明文件。

3. 进出境货物报关单的类别

（1）按进出境的状态分为进口货物报关单和出口货物报关单。

（2）按报关单的表现形式分为纸质报关单与电子数据报关单。

（3）按海关监管方式分为进料加工进（出）口货物报关单、来料加工及补偿贸易进（出）口货物报关单、一般贸易及其他贸易进（出）口货物报关单。

（4）按报关单的用途分为报关单录入凭单、预录入报关单、报关单证明联。

4. 进出境货物报关单各联的用途

纸质进口货物报关单一式四联，分别是海关作业联、企业留存联、海关核销联、进口付汇证明联。

纸质出口货物报关单一式五联，分别是海关作业联、企业留存联、海关核销联、出口收汇证明联、出口退税证明联。

海关作业联在海关的审单、征税、查验、放行各部门间流转，各部门需要在该联上做必要的签注和盖章。

5. 海关对进出境货物报关单填制的一般要求

进出境货物的收、发货人或其代理人向海关申报时，必须填写并向海关递交进出境货物报关单。申报人在填制报关单时，应当依法如实向海关申报，对申报内容的真实性、准确性、完整性和规范性承担相应的法律责任。

第一，报关员必须按照《海关法》《海关进出口货物申报管理规定》和《海关进出口货物报关单填制规范》的有关规定和要求，向海关如实申报。

第二，报关单填报必须真实，做到“两个相符”：

（1）单、证相符：所填报关单各栏目的内容必须与合同、发票、装箱单、提单以及批文等随附单据相符。

（2）单、货相符：所填报关单各栏目的内容必须与实际进出境货物情况相符。

第三，报关单的填报要准确、齐全、完整、清楚，报关单各栏目内容要逐项详细准确填报（打印），字迹清楚、整洁、端正，不得用铅笔或红色复写纸填写；若有更正，必须在更正项目上加盖校对章。

第四，不同的批文或合同的货物、同一批货物中不同的贸易方式的货物、不同备案号的货物、不同提运单的货物、不同运输方式或相同运输方式但不同航次的货物，均应该分单填报。此外，还有以下情况也需要注意：

（1）一份原产地证书只能对应一份报关单。

（2）同一份报关单上的商品不能够同时享受协定税率和减免税。

（3）在一批货物中，对于实行原产地证书联网管理的，如涉及多份原产地证书或含有非原产地证书商品，应分单填报。

第五，在反映进出境商品情况的项目中，需分项填报的主要有下列几种情况：

（1）商品编号不同的（即商品编码不同）。

（2）商品名称不同的。

（3）原产国（地区）/最终目的国（地区）不同的。

第六，已向海关申报的进出境货物报关单，如原填报内容与实际进出境货物不一致且又有正当理由的，申报人应向海关递交书面更正申请，经海关核准后，对原填报的内容进行更改或撤销。

（二）报关单填制规范

为规范进出境货物、收发货人的申报行为，统一进出境货物报关单填制要求，保证报关单的数据质量，根据《海关法》及有关法规，制定报关单各栏目的填制规范，具体内容如下。

1. 预录入编号

本栏目填报预录入报关单的编号，预录入编号规则由接受申报的海关确定，一般是计算机自动打印。预录入编号用于申报单位与海关之间引用其申报后尚未接受申报的报关单。预录入编号规则由接受申报的海关决定，一般是计算机自动打印。

2. 海关编号

本栏目填报海关接受申报时给予报关单的编号，一份报关单对应一个海关编号。

填报要求：报关单海关编号为 18 位，其中：第 1～4 位为接受申报海关的编号（《关区代码表》中相应海关代码），第 5～8 位为海关接受申报的公历年份，第 9 位为进出境标志（“1”为进口，“0”为出口；集中申报清单“I”为进口，“E”为出口），后 9 位为报关单顺序号。例如：

0901	2016	1	011512314
大连海关	年	进口	报关单顺序号

3. 收发货人

收发货人是指在海关注册登记并依法签订直接进口或者出口货物合同的中华人民共和国关境内的法人、其他组织或者个人。

（1）填报要求。本栏目填报在海关注册的对外签订并执行进出境贸易合同的中国境内法人、其他组织或个人的名称及编码。编码可选填 18 位法人和其他组织统一社会信用代码或 10 位海关注册编码，即以谁的名义报关就填写谁。

例如：A 公司出口货物，以自己名义报关，此栏目就填写 A 公司，如果 A 公司委托 B 公司报关，此栏目就填写 B 公司。

自 2015 年 10 月 1 日起，“三证合一、一照一码”登记制度改革在全国范围全面实施，将原来的由工商部门核发工商营业执照、质监部门核发组织机构代码证、税务部门核发税务登记证，改为一次申请、由工商部门核发一个加载法人和其他组织统一社会信用代码的营业执照。简单地说，就是简化了企业登记注册的手续，由原来三个证变成一个营业执照和一个统一社会信用代码。“三证合一、一照一码”制度下的营业执照如图 3－2 所示。

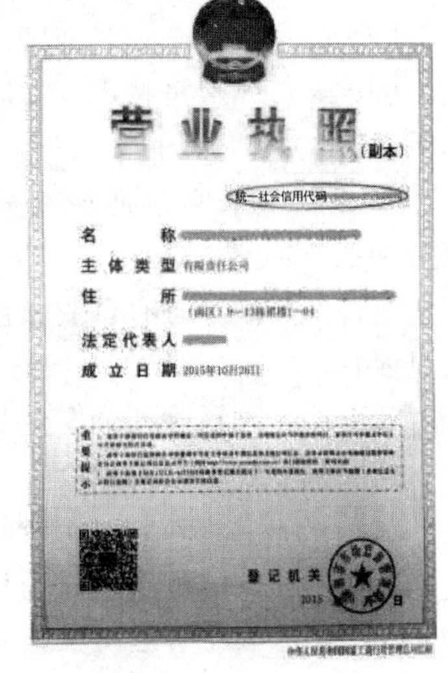

图 3－2　营业执照

（2）特殊情况下的填制要求。

1）进出境货物合同的签订者和执行者非同一企业的，填报执行合同的企业。

2）外商投资企业委托进出境企业进口投资设备、物品的，填报外商投资企业，并在标记唛码及备注栏注明“委托某进出境企业进口”，同时注明被委托企业的 18 位法人和其他组织统一社会信用代码。

3）有代理报关资格的报关企业代理其他进出境企业办理进出境报关手续时，填报委托的进出境企业的名称及海关注册编码。

4）使用海关核发的《海关加工贸易手册》、电子账册及其分册（以下统称《加工贸易手册》）管理的货物，收、发货人应与《加工贸易手册》中的“经营企业”一致。

（3）海关编码结构与社会信用代码结构。海关给企业设置的注册登记编码由 10 位数字组成，这使每个企业都有一个在全国范围内唯一的、始终不变的代码标识。通过经营单位的编码能够了解一个企业所在的地区和企业的经济类型。10 位编码结构设置是有规则的，具体如下：

1）第1～4位：表示经营单位属地的行政区划代码，其中1～2位表示省（自治区、直辖市）。例如，上海市为“31”，广东省为“44”。3～4位表示省辖市（地区、省直辖行政单位），包括省会城市、计划单列城市、沿海开放城市，第3位和第4位为“90”的，表示未列明的省直辖行政单位。例如，广东省广州市为“4401”，广东省珠海市为“4404”，广东省其他未列明的地区为“4490”。

2）第5位：表示市内经济区域。应记住此前5位代码的含义，因为这前5位代码也是企业所在地的国内地区代码。可以根据此编码的前5位判断和填写“境内目的地”或“境内货源地”栏目。第5位数字的含义分别如下：

“1”——表示经济特区；

“2”——表示经济技术开发区和上海浦东新区；

“3”——表示高新技术开发区；

“4”——表示保税区；

“5”——表示出口加工区；

“7”——表示物流园区；

“9”——其他未列名地区。

例如，广州经济技术开发区为“44012”，中山市高新技术开发区为“44203”，中山市其他地区为“44209”。

3）第6位：表示企业经济类型的代码，该代码表明企业的性质。第6位数字的含义分别如下：

“1”——表示国有企业（包括专业外贸公司、工贸公司及其他有进出境经营权的国有企业）；

“2”——表示中外合作企业；

“3”——表示中外合资企业；

“4”——表示外商独资企业；

“5”——表示有进出境经营权的集体企业；

“6”——表示有进出境经营权的私营企业；

“7”——表示有进出境经营权的个体工商户；

“8”——表示有报关权而无进出境经营权的企业（主要包括报关行和有报关权的货代公司等）；

“9”——表示其他（包括外商企业驻华机构、外国驻华使领馆等机构和临时有进出境经营权的单位）。

例1：万威微型电机大连有限公司的海关编码为：210224××××，“2102”是辽宁省大连市的区域代码，第5位“2”代表经济技术开发区，第6位“4”代表外商独资企业。

例2：辽宁龙信国际货运公司的海关编码为：210298××××，前5位“21029”表示辽宁省大连市其他未列明区域，第6位“8”表示有报关权而无进出境经营权的企业，实际在海关注册的性质就是一家报关企业。

4）第7～10位为顺序号。

社会信用代码的第3到第8位为行政区域代码，这与原经营单位10位数字编码的编排方式不同，这就意味着境内货源地不再和过去一样由经营范围代码前5位自动生成，故在核对和录入过程中需要特别注意，必要时需要人工录入“境内货源地”栏目。

社会信用代码是每个法人和其他组织在全国范围内唯一的、终身不变的法定身份识别码。社会信用代码共18位，由五部分构成，见图3-3。

代码序号	1	2	3	4	5	6	7	8	9	10	11	12	13	14	15	16	17	18
代码	×	×	×	×	×	×	×	×	×	×	×	×	×	×	×	×	×	×
说明	登记管理部门代码1位	机构类别代码1位	登记管理机关行政区代码6位						主体识别码9位									检验码1位

图3-3　社会信用代码

4. 进口口岸/出口口岸

进出境口岸是货物实际进出我国关境的口岸海关名称，就是载运所申报货物的运输工具应申报的进出境口岸海关的名称。

(1) 填报要求。本栏目应根据货物实际进出境的口岸海关，填报海关规定的《关区代码表》中相应口岸海关的名称及代码，两项都不能缺少，填写的是口岸海关的名称而不是港口的名称。

(2) 海关关区的要求。

1) 填写的海关名称必须是具体接受申报办理业务的隶属海关，而直属海关一般不直接受理申报。

在《关区代码表》中，海关的名称与代码相对应，代码由4位数字组成，前两位是直属海关的代码，后两位是直属海关下的隶属海关代码。直属海关的关区代码一般为“××00”，因此，后两位为“00”的关区代码不能够写在“进（出）口口岸”栏。

2) 特殊情况是没有隶属海关的直属海关，如西宁关区（9700），它直接接受申报业务，在海关关区代码表中被称为“西宁海关”，代码是“9701”，因此填报时应该填“西宁海关（9701）”。

3) 某些口岸海关的名称如“××××办”，是指××××办事处（是直属海关驻口岸的办事处，履行隶属海关的职能），它不同于特派员办事处（特派员办事处是海关总署的派出机构，它的主要职能是对辖区内的海关进行监督指导）。××××办事处就等同于隶属海关，如“津塘沽办”是指天津海关驻塘沽办事处，其关区代码是0205，凡是停在天津塘沽港卸货或装船的国际运输船舶都要向“津塘沽办”申报，而这些船舶装载的进出境货物在向海关申报时报关单上的“进（出）口口岸”栏都要填写“津塘沽办（0205）”。

(3) 特殊情况的填报要求。

1) 加工贸易合同项下的货物，必须在海关核发的《加工贸易手册》（或分册，下同）限定或指定的口岸海关办理报关手续，并填写其口岸海关的名称及代码。《加工贸易手册》限定或指定的口岸与货物实际进出境口岸不符的，应向合同备案主管海关办理《加工贸易手册》的变更手续后再填报。要求这样做的目的是使备案的内容与实际进出境时一致，以便于海关监管。

2) 进口转关运输货物应填报货物进境地海关的名称及代码。出口转关运输货物应填报货物出境地海关的名称及代码。

转关运输的货物应向指运地或者起运地海关申报，但指运地或起运地海关并不是货物进境或出境的海关，因此不能作为进出口口岸填报，仍要填报实际进境或拟实际出境地的口岸海关名称及代码。

3）按转关运输方式监管的跨关区深加工结转货物，出口报关单填报转出地海关的名称及代码，进口报关单填报转入地海关的名称及代码。

4）其他无实际进出境的货物以及无法确定进出境口岸的货物，填写接受货物申报的海关名称及代码。

无实际进出境的货物是指所申报的货物并不是要在这次申报后离开关境（如在境内区外与保税区或出口加工区之间进出的货物），或者是已申报进境并放行的货物需要再次申报办理海关的有关手续（如保税货物、特定减免税货物在境内的销售、结转等）。

5）在不同出口加工区之间转让的货物，填报对方出口加工区海关的名称及代码。

例 1：货物于××××年××月××日运抵口岸，当日向黄埔海关新港办（关区代码 5202）办理进口申报手续。

进口口岸应填："黄埔新港办 5202"。

例 2：运输工具于××××年××月××日向上海吴淞海关（关区代码 2202）申报进境。

进口口岸应填："吴淞海关 2202"。

5. 进口日期/出口日期

进口日期填报运载进口货物的运输工具申报进境的日期。

出口日期是指运载出口货物的运输工具办结出境手续的日期，本栏目供海关签发打印报关单证明联用，在申报时免予填报。

无实际进出境的报关单填报海关接受申报的日期。

填报要求：本栏目应填列 8 位数字，顺序为年（4 位）、月（2 位）、日（2 位），如 2016.12.25。

载运货物进出境的运输工具也需要向海关进行申报，报关单很多栏目申报的内容必须与运输工具的申报一致。比如进出境口岸就是根据运输工具进出的口岸确定的，报关单申报的货物是由运输工具从新加坡运到上海港，运输工具停靠在哪个码头就要向管辖这个码头区域的口岸海关申报进境，这个口岸海关就是报关单上要填写的进口口岸，同样，运输工具申报的进境日期就是报关单填报的进口日期。

6. 申报日期

申报日期是指海关接受进出境货物收发货人、受委托的报关企业申报数据的日期。以电子数据报关单方式申报的，申报日期为海关计算机系统接受申报数据时记录的日期。以纸质报关单方式申报的，申报日期为海关接受纸质报关单并对报关单进行登记处理的日期。

这个日期具有重要的法律意义，因为从海关接受申报时起无论是电子数据报关单还是纸质报关单都正式成为法律文件，具有法律效力。

填报要求：本栏目应填报 8 位数，顺序为年（4 位）、月（2 位）、日（2 位），如 2016.09.30。

除特殊情况外，进口货物的申报日期不能早于进口日期，出口货物的申报日期不能晚于出口日期。

例如：某货物的运输工具于 2016 年 4 月 10 日申报进境，次日公司向大连大窑湾海关申报货物进口，则“申报日期”栏应填写：2016.04.11。

7. 消费使用单位/生产销售单位

消费使用单位是指进口货物的最终消费和使用单位。

生产销售单位是指出口货物的生产单位或者销售单位。

填报要求：

（1）消费使用单位是自行从境外进口货物的单位。即与收发货人一致，代理进口的填报委托方，可选填 18 位法人和其他组织统一社会信用代码，或 10 位海关注册编码，或 9 位组织机构代码。

例如：A 公司进口货物，如果 A 公司是自行从境外进口，则收发货人和销售单位都填写 A 公司，若 A 公司委托 B 公司代理进出境，则收发货人填写 B 公司，消费使用单位填写 A 公司。

（2）生产销售单位填报出口货物在境内的生产或销售单位的名称，包括自行出口货物的单位和委托进出境企业出口货物的单位。本栏目可选填 18 位法人和其他组织统一社会信用代码，或 10 位海关注册编码，或 9 位组织机构代码。没有代码的应填报“NO”。

例如：A 公司出口货物，如果 A 公司是自行从境外出口，则收发货人和生产销售单位都填写 A 公司，若 A 公司委托 B 公司代理进出境，则收发货人填写 B 公司，生产销售单位填写 A 公司。

（3）有 10 位海关注册编码或 18 位法人和其他组织统一社会信用代码或加工企业编码的消费使用单位/生产销售单位，本栏目应填报其中文名称及编码；没有编码的，应填报其中文名称。

（4）使用《加工贸易手册》管理的货物，消费使用单位/生产销售单位应与《加工贸易手册》中的“加工企业”一致；减免税货物报关单的消费使用单位/生产销售单位应与《海关进出口货物征免税证明》（以下简称《征免税证明》）中的“减免税申请人”一致。

8. 运输方式

运输方式包括实际运输方式和海关规定的特殊运输方式，前者是指货物实际进出境的运输方式，按进出境所使用的运输工具分类；后者是指货物无实际进出境的运输方式，按货物在境内的流向分类。

无实际进出境货物的运输方式，是指在境内的海关监管货物，在不同企业或不同的区域流转或改变性质的情形下需要报关的货物，因没有实际进出境，海关为了对不同的情形加以区别而特别设定的。

（1）填报要求。本栏目应根据货物实际进出境的运输方式或货物在境内流向的类别，按照海关规定的《运输方式代码表》选择填报相应的运输方式。

1）进境货物的运输方式，按货物运抵我国关境第一口岸时的运输工具种类确定并填报。

2）出境货物的运输方式，按货物运离我国关境最后一个口岸时的运输工具种类确定并填报。

3）进口转关运输货物，按载运货物抵达进境地的运输方式填报；出口转关运输货物，按载运货物驶离出境地的运输方式填报。

4）非邮政方式进出境的快递货物，按实际运输方式填报。

（2）特殊情况的填报要求如下：

1）非邮件方式进出境的快递货物，按实际运输方式填报。

2）进出境旅客随身携带的货物，按旅客所乘运输工具填报。

3）进口转关运输货物，按载运货物抵达进境地的运输工具填报；出口转关运输货物，按载运货物驶离出境地的运输工具填报。

4）不复运出（入）境而留在境内（外）销售的进出境展览品、留赠转卖物品等，填报"其他运输"（代码9）。

（3）无实际进出境货物在境内流转时的填报要求如下：

1）境内非保税区运入保税区货物和保税区退区货物，填报"非保税区"（代码0）。

2）保税区运往境内非保税区货物，填报"保税区"（代码7）。

3）境内存入出口监管仓库和出口监管仓库退仓货物，填报"监管仓库"（代码1）。

4）保税仓库转内销货物，填报"保税仓库"（代码8）。

5）从境内保税物流中心外运入中心或从中心运往境内中心外的货物，填报"物流中心"（代码W）。

6）从境内保税物流园区外运入园区或从园区运往境内园区外的货物，填报"物流园区"（代码X）。

7）保税港区、综合保税区、出口加工区、珠澳跨境工业区（珠海园区）、中哈霍尔果斯边境合作区（中方配套区）等特殊区域与境内（区外）（非特殊区域、保税监管场所）之间进出的货物，区内、区外企业应根据实际运输方式分别填报，如"保税港区/综合保税区"（代码Y）、"出口加工区"（代码Z）。

8）境内运入深港西部通道港方口岸区的货物，填报"边境特殊海关作业区"（代码H）。

9）经横琴新区和平潭综合实验区（以下简称综合试验区）二线指定申报通道运往境内区外或从境内经二线制定申报通道进入综合试验区的货物，以及综合试验区内按选择性征收关税申报的货物，填报"综合试验区"（代码T）。

10）其他境内流转货物，填报"其他运输"（代码9），包括特殊监管区域内货物之间流转、调拨的货物，特殊监管区域、保税监管场所之间相互流转的货物，特殊监管区域外的加工贸易余料结转、深加工结转、内销等货物。

海关规定了运输方式及其代码，如表3-3所示。

表3-3 运输方式及其代码表

运输方式代码	运输方式名称	运输方式代码	运输方式名称
0	非保税区	8	保税仓库
1	监管仓库	9	其他运输
2	水路运输	A	全部运输方式
3	铁路运输	H	边境特殊海关作业区
4	公路运输	W	物流中心
5	航空运输	X	物流园区
6	邮件运输	Y	保税港区
7	保税区	Z	出口加工区

9. 运输工具名称

本栏目填报载运货物进出境的运输工具名称或编号。填报内容应与运输部门向海关申报的舱单（载货清单）所列相应内容一致，一个报关单只能填写一个运输工具名称。

（1）填报要求。直接在进出境地或采用区域通关一体化通关模式办理报关手续的报关单，其填报要求如表 3-4 所示。

表 3-4　　运输方式填写要求

运输方式	填报要求（填报在运输工具名称栏）	正确的填写格式举例
水路运输	船舶英文名称/航次号 或船舶编号/航次号	DANU BHUM/013S 或 5101550125/013S
公路运输	在国内的车牌号/进出境日期	粤 B03456/20060512
铁路运输	车厢编号或交接单号/进出境日期	略
航空运输	航班号	NH0133

1）水路运输：填报船舶编号（来往港澳的小型船舶为监管簿编号）或者船舶英文名称。

2）公路运输：启用公路舱单前，填报该跨境运输车辆的国内行驶车牌号，深圳提前报关模式的报关单填报国内行驶车牌号＋“/”＋“提前报关”。启用公路舱单后，免予填报。

3）铁路运输：填报车厢编号或交接单号。

4）航空运输：填报航班号。

5）邮件运输：填报邮政包裹单号。

6）其他运输：填报具体运输方式的名称，例如管道、驮畜等。

（2）转关运输货物的报关单填报要求。

进口转关运输货物的报关单填报要求如表 3-5 所示。

表 3-5　　进口转关运输方式填报要求

运输方式	直转、提前报关填报	中转填报
水路运输	“@”＋16 位转关运输申报单预录入号	进境船舶英文名称/航次号
铁路运输	“@”＋16 位转关运输申报单预录入号	车厢编号/进境日期
公路运输	“@”＋16 位转关运输申报单预录入号	略
航空运输	“@”＋16 位转关运输申报单预录入号	@

1）水路运输：直转、提前报关填报“@”＋16 位转关运输申报单预录入号（或 13 位载货清单号）；中转填报进境船舶英文名称。

2）铁路运输：直转、提前报关填报“@”＋16 位转关运输申报单预录入号；中转填报车厢编号。

3）航空运输：直转、提前报关填报“@”＋16 位转关运输申报单预录入号（或 13 位载货清单号）；中转填报“@”。

4）公路及其他运输：填报“@”＋16 位转关运输申报单预录入号（或 13 位载货清单号）。

以上各种运输方式使用广东地区载货清单转关的，提前报关货物填报“@”＋13 位载货清单号。

出口转关运输货物的报关单填报要求：

1）水路运输：非中转填报“@”＋16 位转关运输申报单预录入号（或 13 位载货清单号）。如多张报关单需要通过一张转关单转关，运输工具名称字段填报“@”。

中转货物，境内水路运输填报驳船船名；境内铁路运输填报车名（主管海关4位关区代码+“TRAIN”）；境内公路运输填报车名（主管海关4位关区代码+“TRUCK”）。

2）铁路运输：填报“@”+16位转关运输申报单预录入号（或13位载货清单号），如多张报关单需要通过一张转关单转关，填报“@”。

3）航空运输：填报“@”+16位转关运输申报单预录入号（或13位载货清单号），如多张报关单需要通过一张转关单转关，填报“@”。

4）其他运输方式：填报“@”+16位转关运输申报单预录入号（或13位载货清单号）。

（3）采用集中申报通关方式办理报关手续的，报关单本栏目填报“集中申报”。

（4）无实际进出境的报关单，本栏目免予填报。

10. 提运单号

本栏目填报进出境货物提单或运单的编号，与运输部门向海关申报的载货清单所列的相应内容一致。一份报关单只允许填报一个提单或运单号，一票货物对应多个提单或运单时，应分单填报。

填报要求：

（1）直接在进出境地或采用区域通关一体化通关模式办理报关手续的：

1）水路运输：填报进出境提单号。如有分提单的，填报进出境提单号+“*”+分提单号。在“B/L No.”或者“Bill of Lading No.”后面的内容就是提单号。

例如，提单右上角有“B/L No. MISC200000537”，则提运单号栏目应该填写“MISC200000537”。

2）公路运输：启用公路舱单前，免予填报；启用公路舱单后，填报进出境总运单号。

3）铁路运输：填报运单号。

4）航空运输：填报总运单号+“_”+分运单号，无分运单的填报总运单号。航空运输分运单号用“HAWB：××××××××（House Air Waybill）”表示，总运单由11位数字组成，分运单号8位数字位于总运单号后面。

例如，分运单号为“40871532”，总运单号为“MAWB：790－81273721”，提运单号栏应填“79081273721_40871532”。

5）邮件运输：填报邮运包裹单号。

（2）转关运输货物报关单的填报要求。

进口转关运输货物报关单的填报要求：

1）水路运输：直转、中转填报提单号，提前报关免予填报。

2）铁路运输：直转、中转填报铁路运单号，提前报关免予填报。

3）航空运输：直转、中转货物填报总运单号+“_”+分运单号，提前报关免予填报。

4）其他运输方式：免予填报。

以上运输方式进境货物，在广东省内用公路运输转关的，填报车牌号。

出口转关运输货物报关单的填报要求：

1）水路运输：中转货物填报提单号；非中转货物免予填报；广东省内汽车运输提前报关的转关货物，填报承运车辆的车牌号。

2）其他运输方式：免予填报。广东省内汽车运输提前报关的转关货物，填报承运车辆的车牌号。

（3）采用集中申报通关方式办理报关手续的，报关单填报归并的集中申报清单的进出境起止日期〔按年（4位）月（2位）日（2位）—年（4位）月（2位）日（2位）〕。

（4）无实际进出境的，本栏目免予填报。

11. 申报单位

自理报关的，本栏目填报进出境企业的名称及编码；委托代理报关的，本栏目填报报关企业的名称及编码。

本栏目可选填18位法人和其他组织统一社会信用代码或10位海关注册编码。本栏目还包括报关单左下方用于填报申报单位有关情况的相关栏目，包括报关人员、申报单位签章。

12. 监管方式

监管方式是以国际贸易中进出境货物的交易方式为基础，结合海关对进出境货物的征税、统计及监管条件综合设定的海关对进出境货物的管理方式。其代码由4位数字构成，前两位是按照海关监管要求和计算机管理需要划分的分类代码，后两位是参照国际标准编制的贸易方式代码。

（1）填报要求。本栏目应根据实际对外贸易情况按海关规定的《监管方式代码表》选择填报相应的监管方式简称及代码。一份报关单只允许填报一种监管方式，要求如表3-6所示。

表3-6　　主要监管方式代码表

代码	监管方式简称	监管方式全称
0110	一般贸易	一般贸易
0130	易货贸易	易货贸易
0200	料件放弃	主动放弃交由海关处理的来料或进料加工料件
0214	来料加工	来料加工装配贸易进口料件及加工出口货物
0245	来料料件内销	来料加工料件转内销
0255	来料深加工	来料深加工结转货物
0258	来料余料结转	来料加工余料结转
0265	来料料件复出	来料加工复运出境的原进口料件
0300	来料料件退换	来料加工料件退换
0314	加工专用油	国有贸易企业代理来料加工企业进口柴油
0320	不作价设备	加工贸易外商提供的不作价进口设备
0345	来料成品减免	来料加工成品凭征免税证明转减免税
0400	成品放弃	主动放弃交由海关处理的来料及进料加工成品
0420	加工贸易设备	加工贸易项下外商提供的进口设备
0444	保区进料成品	按成品征税的保税区进料加工成品转内销货物
0445	保区来料成品	按成品征税的保税区来料加工成品转内销货物
0446	加工设备内销	加工贸易免税进口设备转内销
0456	加工设备结转	加工贸易免税进口设备结转
0466	加工设备退运	加工贸易免税进口设备退运出境
0500	减免设备结转	用于监管年限内减免税设备的结转
0513	补偿贸易	补偿贸易

续前表

代码	监管方式简称	监管方式全称
0544	保区进料料件	按料件征税的保税区进料加工成品转内销货物
0545	保区来料料件	按料件征税的保税区来料加工成品转内销货物
0615	进料对口	进料加工（对口合同）
0642	进料以产顶进	进料加工成品以产顶进
0644	进料料件内销	进料加工料件转内销
0654	进料深加工	进料深加工结转货物
0657	进料余料结转	进料加工余料结转
0664	进料料件复出	进料加工复运出境的原进口料件
0700	进料料件退换	进料加工料件退换
0715	进料非对口	进料加工（非对口合同）
0744	进料成品减免	进料加工成品凭征免税证明转减免税
0815	低值辅料	低值辅料
0844	进料边角料内销	进料加工项下边角料转内销
0845	来料边角料内销	来料加工项下边角料内销
0864	进料边角料复出	进料加工项下边角料复出口
0865	来料边角料复出	来料加工项下边角料复出口
1139	国轮油物料	中国籍运输工具境内添加的保税油料、物料
1200	保税间货物	海关保税场所及保税区域之间往来的货物
1215	保税工厂	保税工厂
1233	保税仓库货物	保税仓库进出境货物
1234	保税区仓储转口	保税区进出境仓储转口货物
1300	修理物品	进出境修理物品
1427	出料加工	出料加工
1500	租赁不满一年	租期不满一年的租赁贸易货物
1523	租赁贸易	租期在一年及以上的租赁贸易货物
1616	寄售代销	寄售、代销贸易
1741	免税品	免税品
1831	外汇商品	免税外汇商品
2025	合资合作设备	合资合作企业作为投资进口设备物品
2225	外资设备物品	外资企业作为投资进口的设备物品
2400	外航公务货	外国航空公司进口公务货
2439	常驻机构公用	外国常驻机构进口办公用品
2600	暂时进出货物	暂时进出境货物
2700	展览品	进出境展览品
2939	陈列样品	驻华商业机构不复运出口的进口陈列样品
3010	货样广告品 A	有经营权单位进出境的货样广告品
3039	货样广告品 B	无经营权单位进出境的货样广告品
3100	无代价抵偿	无代价抵偿进出境货物
3339	其他进出境免费	其他进出境免费提供货物
3410	承包工程进口	对外承包工程进口物资
3422	对外承包出口	对外承包工程出口物资
3511	援助物资	国家和国际组织无偿援助物资

续前表

代码	监管方式简称	监管方式全称
3611	无偿军援	无偿军援
3612	捐赠物资	进出境捐赠物资
3910	军事装备	直接军事装备
4019	边境小额	边境小额贸易（边民互市贸易除外）
4039	对台小额	对台小额贸易
4200	驻外机构运回	我驻外机构运回旧公用物品
4239	驻外机构购进	我驻外机构境外购买运回国的公务用品
4400	来料成品退换	来料加工成品退换
4500	直接退运	直接退运
4539	进口溢误卸	进口溢卸、误卸货物
4561	退运货物	因质量不符、延误交货等原因退运进出境货物
4600	进料成品退换	进料成品退换
5000	料件进出区	用于区内外非实际进出境货物
5015	区内加工货物	加工区内企业从境外进口料件及加工出口成品
5033	区内仓储货物	加工区内仓储企业从境外进口的货物
5100	成品进出区	成品进出海关特殊监管区域
5200	区内边角调出	用于区内外非实际进出境货物
5300	设备进出区	设备及物资进出海关特殊监管区域
5335	境外设备进区	加工区内企业从境外进口的设备物资
5361	区内设备退运	加工区内设备退运境外
6033	物流中心进出境货	保税物流中心与境外之间进出仓储货物
9639	海关处理货物	海关变卖处理的超期未报货物
9700	后续补税	无原始报关单的后续补税
9739	其他贸易	其他贸易
9800	租赁征税	租赁期一年及以上的租赁贸易货物的租金
9839	留赠转卖物品	外交机构转售境内或国际活动留赠放弃特批货
9900	其他	其他

（2）特殊情况下加工贸易货物监管方式填报要求。

1）进口少量低值辅料（即5 000美元以下、78种以内的低值辅料）按规定不使用《加工贸易手册》的，填报“低值辅料”。使用《加工贸易手册》的，按《加工贸易手册》上的监管方式填报。

2）外商投资企业为加工内销产品而进口的料件，属于非保税加工的，填报“一般贸易”。外商投资企业全部使用国内料件加工的出口成品，填报“一般贸易”。

3）加工贸易料件结转或深加工结转货物，按批准的监管方式填报。

4）加工贸易料件转内销货物以及按料件办理进口手续的转内销制成品、残次品、未完成品，应填制进口报关单，填报“来料料件内销”或“进料料件内销”；加工贸易成品凭《征免税证明》转为减免税进口货物的，应分别填制进、出口报关单，出口报关单本栏目填报“来料成品减免”或“进料成品减免”，进口报关单本栏目按照实际监管方式填报。

5）加工贸易出口成品因故退运进口及复运出口的，填报“来料成品退换”或“进料成品退换”；加工贸易进口料件因换料退运出口及复运进口的，填报“来料料件退换”或“进料料件退换”；加工贸易过程中产生的剩余料件、边角料退运出口，以及进口料件因品质、规格等原因退运出口且不再更换同类货物进口的，分别填报“来料料件复出”“来料边角料复出”“进料料件复出”“进料边角料复出”。

6）备料《加工贸易手册》中的料件结转转入加工出口的，填报“来料加工”或“进料加工”。

7）保税工厂的加工贸易进出境货物，根据《加工贸易手册》填报“来料加工”或“进料加工”。

8）加工贸易边角料内销和副产品内销，应填制进口报关单，填报“来料边角料内销”或“进料边角料内销”。

9）企业销毁处置加工贸易货物未获得收入，销毁处置货物为料件、残次品的，填报“料件销毁”；销毁处置货物为边角料、副产品的，填报“边角料销毁”。企业销毁处置加工贸易货物获得收入的，填报“进料边角料内销”或“来料边角料内销”。

例1：中外合资沈阳贝沈钢帘有限公司（210123××××）使用自有资金委托上海新元五矿贸易公司（310591××××）进口镀黄铜钢丝，则贸易方式为“一般贸易(0110)”。

例2：某合资公司进口布料10 000米，其中6 000米用于加工服装出口（持有手册C×××××××××××），另外4 000米用于加工服装在国内销售。贸易方式应该填写“进料对口0615”，而另外4 000米是属于一般贸易的货物，应该另外填写报关单，贸易方式应填写“一般贸易（0110)”。

13. 征免性质

征免性质是指海关根据《海关法》《进出口关税条例》及国家有关政策对进出境货物实施的征、减、免税管理的性质类别。

（1）填报要求。本栏目应根据实际情况按海关规定的《征免性质代码表》选择填报相应的征免性质简称及代码，持有海关核发的《征免税证明》的，应按照《征免税证明》中批注的征免性质填报。一份报关单只允许填报一种征免性质，其要求如表3－7所示。

表3－7　　主要征免性质及其代码表

代码	简称	全称
101＊	一般征税	一般征税进出境货物
299＊	其他法定	其他法定减免税进出境货物
401＊	科教用品	大专院校及科研机构进口科教用品
501＊	加工设备	加工贸易外商提供的不作价进口设备
502＊	来料加工	来料加工装配和补偿贸易进口料件及出口成品
503＊	进料加工	进料加工贸易进口料件及出口成品
601＊	中外合资	中外合资经营企业进出境货物
602＊	中外合作	中外合作经营企业进出境货物
603＊	外资企业	外商独资企业进出境货物
789＊	鼓励项目	国家鼓励发展的内外资项目进口设备
799＊	自有资金	外商投资额度外利用自有资金进口设备、备件、配件

（2）特殊情况的填报要求。加工贸易货物报关单应按照海关核发的《加工贸易手册》中批注的征免性质简称及代码填报。

1）保税工厂经营的加工贸易，根据《加工贸易手册》的规定填报“进料加工”或

"来料加工"。

2）外商投资企业为加工内销产品而进口的料件，属于非保税加工的，填报"一般征税"或其他相应征免性质。

3）加工贸易转内销货物，按实际情况填报（如一般征税、科教用品、其他法定等）。

4）料件退运出口、成品退运进口货物填报"其他法定"（代码0299）。

5）加工贸易结转货物，本栏目免予填报。

14. 备案号

本栏目填报进出境货物收发货人、消费使用单位、生产销售单位在海关办理加工贸易合同备案或征、减、免税备案审批等手续时，海关核发的《加工贸易手册》《征免税证明》或其他备案审批文件的编号。一份报关单只允许填报一个备案号。

（1）填报要求。

1）加工贸易项下货物，除少量低值辅料按规定不使用《加工贸易手册》及以后续补税监管方式办理内销征税的外，填报《加工贸易手册》中规定的编号。

使用异地直接报关分册和异地深加工结转出口分册在异地口岸报关的，本栏目应填报分册号；本地直接报关分册和本地深加工结转分册限制在本地报关，本栏目应填报总册号。

加工贸易成品凭《征免税证明》转为减免税进口货物的，进口报关单填报《征免税证明》的编号，出口报关单填报《加工贸易手册》中规定的编号。

对加工贸易设备之间的结转，转入和转出企业分别填制进、出口报关单，在报关单"备案号"栏目填报《加工贸易手册》中规定的编号。

2）涉及征、减、免税备案审批的报关单，填报《征免税证明》的编号。

3）涉及优惠贸易协定项下实行原产地证书联网管理（如香港CEPA、澳门CEPA）的报关单，填报原产地证书代码"Y"和原产地证书编号。

4）减免税货物退运出口，填报《海关进口减免税货物准予退运证明》的编号；减免税货物补税进口，填报《减免税货物补税通知书》的编号；减免税货物进口或结转进口（转入），填报《征免税证明》的编号；相应的结转出口（转出），填报《海关进口减免税货物结转联系函》的编号。

（2）备案号编号。海关给予的备案审批文件的编号是有规律的，备案号长度为12位：第1位是标记代码，第2～5位是备案地海关的关区代码（含义与进出境口岸栏目讲到的代码相同），第6位表示的是年份，第7～12位是序列号。

标记代码表示的是何种性质的备案，用不同的英文字母表示。标记代码很重要，通过它能够分析确定贸易方式、征免性质、征免方式、用途。备案号的标记代码如表3-8所示。

表3-8　　备案号的标记代码

首位代码	备案审批文件	首位代码	备案审批文件
B	加工贸易手册（来料加工）	RZ	减免税进口货物结转联系函
C	加工贸易手册（进料加工）	H	出口加工区电子账册
D	加工贸易不作价设备	J	保税仓库记账式电子账册
E	加工贸易电子账册	K	保税仓库备案式电子账册
F	加工贸易异地报关分册	Y	原产地证书
G	加工贸易深加工结转异地报关分册	Z	征免税证明
RT	减免税进口货物同意退运证明	RB	减免税货物补税通知书

注意：从备案号的第一位标记码中能够分析出"贸易方式""征免性质""征免方

式”“用途”的填写信息，它们之间是相互协调的，因此，备案号的标记代码（第1位）表示的含义很重要。

例如：万威微型电机大连有限公司持C09033401543加工贸易手册进口第一项塑料垫圈。该说明中明确给出了加工贸易手册的编号是C09033401543，则“备案号”栏应该填写：C09033401543。

15. 贸易国（地区）

本栏目填报对外贸易中与境内企业签订贸易合同的外方所属的国家（地区）。进口填报购自国，出口填报售予国。未发生商业性交易的，填报货物所有权拥有者所属的国家（地区）。

本栏目应按海关规定的《国别（地区）代码表》选择填报相应的贸易国（地区）或贸易国（地区）中文名称及代码。

无实际进出境的，填报“中国”（代码142）。

16. 起运国（地区）/运抵国（地区）

起运国（地区）填报进口货物起始发出直接运抵我国或者在运输中转国（地区）未发生任何商业性交易的情况下运抵我国的国家（地区）。

运抵国（地区）填报出口货物离开我国关境直接运抵或者在运输中转国（地区）未发生任何商业性交易的情况下最后运抵的国家（地区）。

不经过第三国（地区）转运的直接运输进出境货物，以进口货物的装货港所在国（地区）为起运国（地区），以出口货物的指运港所在国（地区）为运抵国（地区）。

经过第三国（地区）转运的进出境货物，如在中转国（地区）发生商业性交易，则以中转国（地区）作为起运国（地区）/运抵国（地区）。

本栏目应按海关规定的《国别（地区）代码表》选择填报相应的起运国（地区）或运抵国（地区）中文名称及代码。

无实际进出境的，填报“中国”（代码142）。主要国别（地区）代码如表3－9所示。

表3－9　　主要国别（地区）代码表

代码	中文名称	代码	中文名称
142	中国大陆	307	意大利
110	中国香港	331	瑞士
121	中国澳门	344	俄罗斯
143	台湾、澎湖、金门、马祖单独关税区	501	加拿大
132	新加坡	502	美国
133	韩国	601	澳大利亚
116	日本	609	新西兰
303	英国	701	国别（地区）不详
304	德国	702	联合国机构和国际组织
305	法国		

例1：我国某公司从新加坡某公司购买的货物在新加坡装船运到我国上海港，则起

运国（地区）为新加坡。

例 2：我国某公司从香港某公司购买的货物，在新加坡装船运到香港后卸下又换另外一条船装运运抵上海，则起运国（地区）为中国香港。

17. 装货港/指运港

装货港填报进口货物在运抵我国关境前的最后一个境外装运港。

指运港填报出口货物运往境外的最终目的港；最终目的港不可预知的，按尽可能预知的目的港填报。

（1）填报要求。本栏目应根据实际情况按海关规定的《港口代码表》选择填报相应的港口中文名称及代码。装货港/指运港在《港口代码表》中无港口中文名称及代码的，可选择填报相应的国家中文名称或代码。

（2）特殊情况的填报要求。

1）直接运输的货物，实际装货的港口就是运抵我国关境前的最后一个境外装运港，也即应填报的装货港。

2）货物在运输途中只要换装了运输工具，无论是否发生商业行为，装运港都发生了改变，应将中转港（即换装运输工具的港口）确定为装运港。装运港与中转有关，而与是否发生商业行为无关。

3）无实际进出境的，本栏目填报“中国境内”（代码 142）。

18. 境内目的地/境内货源地

境内目的地填报已知的进口货物在国内的消费、使用地或最终运抵地，其中最终运抵地为最终使用单位所在的地区。最终使用单位难以确定的，填报货物进口时预知的最终收货单位所在地。

境内货源地填报出口货物在国内的产地或原始发货地。出口货物产地难以确定的，填报最早发运该出口货物的单位所在地。

填报要求如下：

（1）自营进口的，按照进口公司所在地填写，委托进口的，按照委托所在地填写。

例 1：A 企业在北京市东城区，为自己公司进口物资，境内目的地应填写“11019 东城区”。如果 A 公司委托在朝阳区的 B 公司，境内目的地应填写“11059 朝阳区”。

（2）本栏目按海关规定的《国内地区代码表》选择填报相应的国内地区名称及代码，可在海关总署网站查到。若境内货源地填写错误，将无法退税。

（3）生产企业按照工厂所在地填写，外贸企业按照开票方所在地填写，如果有很多供货商开具发票，按照退税最多的（而不是开票金额最大的）发票开具人填写，其余的货源地填写在“备注”栏。

例 2：A 生产企业在北京市东城区，无论出口的是自产产品还是外购产品，境内货源地均填写“11019 东城区”。

例 3：B 外贸公司属于北京市东城区，供货商 C 在朝阳区，生产该批货物的工厂在丰台区，则 B 公司在报关的时候，境内货源地填写“11059 朝阳区”。

例 4：B 外贸公司属于北京市东城区，供货商 C 在丰台区，由于供货商不能开具发票，B 公司找到了位于朝阳区的 D 公司开具发票，则境内货源地填写“11059 朝阳区”。

例 5：B 外贸公司属于北京市东城区，出口一票货物，有三个供应商，供应商 C 位于朝阳区，供应商 D 位于丰台区，供应商 E 位于石景山区，供应商 C 开票可以退税 1 万元，供应商 D 开票可以退税 2 万元，供应商 E 开票可以退税 8 000 元，则境内货源地填写“11069 丰台区”，其余两个货源地填写在“备注”栏。

19. 许可证号

许可证号是指国务院商务主管部门及其授权发证机关签发的进、出口货物许可证的编号。《监管证件代码表》中的代码为“1”“4”“x”“y”的才是许可证。

本栏目填报以下许可证的编号：进（出）口许可证、两用物项和技术进（出）口许可证、两用物项和技术出口许可证（定向）、纺织品临时出口许可证。

许可证号的编号格式是：××-××-××××××。第1位、第2位代表年份，第3位、第4位代表发证机关（AA代表商务部许可证事务局发证，AB、AC代表许可证事务局驻各地特派员办事处发证），后6位为顺序号。

一份报关单只允许填报一个许可证号。应申领进（出）口许可证的货物，必须在此栏目填报，不得为空。不需要许可证的商品免填（可为空）。

例如，明示资料显示该批货物已申领监管证件，代码为“4”的编号为06－AA－204966，则根据代码为“4”可判断为出口许可证，许可证号栏填“06－AA－204966”。

20. 成交方式

成交方式是国际贸易中的贸易术语，也称价格术语，我国习惯称为价格条件。成交方式可以理解为买卖双方就成交的商品在价格构成、责任、费用和风险的分担，以及货物所有权转移界线的约定。

本栏目应根据进出境货物实际成交价格条款，按海关规定的《成交方式代码表》选择填报相应的成交方式代码。代码表中只有6种成交方式，但除了表3－10中的前3种外，其余3种早已不用。

无实际进出境的，进口填报“CIF”或其代码“1”，出口填报“FOB”或其代码“3”。

表3－10　成交方式及其代码表

代码	名称	代码	名称
1	CIF	4	C&I
2	CFR	5	市场价
3	FOB	6	垫仓

21. 运费

运费是指进出境货物从始发地至目的地的国际运输所需要的各种费用。该栏目的设置与填写主要是为了海关确定计算完税价格。

本栏目填报进口货物运抵我国境内输入地点起卸前的运输费用，出口货物运至我国境内输出地点装载后的运输费用。

填报要求：

（1）运费可按运费单价、总价或运费率三种方式之一填报，注明运费标记（运费标记“1”表示运费率，“2”表示每吨货物的运费单价，“3”表示运费总价），并按海关规定的《货币代码表》选择填报相应的币种代码。

（2）在进口货物报关单中，如果“成交方式”栏填写的是FOB，则“运费”栏一定要填写运费。而在其他的成交方式下，“运费”栏不填写。需要注意的是，“成交方式”栏填写FOB时，实际的成交方式可能是“EXW”“FCA”“FAS”“FOB”。具体如表3－11、表3－12所示。

表 3 - 11　　进口时成交方式与运费的填写对应表

成交方式	实际成交方式	运费	说明
CIF	CIP、CIF、D组术语	不填	CIF包含运保费
CFR	FFR、CPT	不填	CFR包含运费
FOB	EXW、FCA、FAS、FOB	填	FOB不包含运费

表 3 - 12　　出口时成交方式与运费的填写对应表

成交方式	实际成交方式	运费	说明
CIF	CIP、CIF、D组术语	填	CIF包含运保费
CFR	FFR、CPT	填	CFR包含运费
FOB	EXW、FCA、FAS、FOB	不填	FOB不包含运费

22. 保费

保费是指被保险人向保险人（保险公司）支付的进出境货物在国际运输过程中的保险费。

保费可按保险费总价或保险费率两种方式之一填报，注明保险费标记（保险费标记“1”表示保险费率，“3”表示保险费总价），并按海关规定的《货币代码表》选择填报相应的币种代码。

本栏目填报进口货物运抵我国境内输入地点起卸前的保险费用，出口货物运至我国境内输出地点装载后的保险费用。具体如表 3 - 13、表 3 - 14 所示。

表 3 - 13　　进口时成交方式与保险费的填写对应表

成交方式	实际成交方式	保费	说明
CIF	CIP、CIF、D组术语	不填	CIF包含运保费
CFR	FFR、CPT	填	CFR包含保险费
FOB	EXW、FCA、FAS、FOB	填	FOB不包含保险费

表 3 - 14　　出口时成交方式与保险费的填写对应表

成交方式	实际成交方式	保费	说明
CIF	CIP、CIF、D组术语	填	CIF包含运保费
CFR	FFR、CPT	不填	CFR不包含保险费
FOB	EXW、FCA、FAS、FOB	不填	FOB不包含保险费

23. 杂费

杂费就是海关审定完税价格时需要考虑的调整因素。设置和填报此栏就是为了海关在确定完税价格时在报关单中所有商品的合计总价上加上或者扣除相关费用。

本栏目填报成交价格以外的、按照《进出口关税条例》相关规定应计入完税价格或应从完税价格中扣除的费用。可按杂费总价或杂费率两种方式之一填报，注明杂费标记（杂费标记“1”表示杂费率，“3”表示杂费总价），并按海关规定的《货币代码表》选择填报相应的币种代码。

应计入完税价格的杂费填报为正值或正率，应从完税价格中扣除的杂费填报为负值或负率。无杂费时，本栏目免填。

24. 合同协议号

合同协议号是指买卖双方就买卖的商品所签订的合同或者协议的编号。

本栏目填报进出境货物合同（包括协议或订单）编号。未发生商业性交易的免予填报。

对于使用《征免税证明》和《加工贸易手册》进口的投资设备和加工贸易进口料件，本栏目填写的合同协议号应与《征免税证明》和《加工贸易手册》上备案的合同号码一致。

25. 件数

（1）含义。件数是指按包装种类计数货物的数量。对其理解应该结合包装种类的含义。

本栏目填报有外包装的进出境货物的实际件数。

（2）特殊情况的填报要求：

1）舱单件数为集装箱的，填报集装箱个数。

2）舱单件数为托盘的，填报托盘数。

3）本栏目不得填报零，裸装货物填报“1”。

26. 包装种类

包括种类是指运输过程中货物外表所呈现的状态，也就是货物运输外包装的种类。

本栏目应根据进出境货物的实际外包装种类，按海关规定的《包装种类代码表》选择填报相应的包装种类代码。

裸装及散装货物填写“裸装”或“散装”。件货应填报件货运输包装的种类及制作材料，不能仅填写“箱”“桶”等。

27. 毛重（千克）

毛重是指货物及其包装材料的重量之和。通常在计算运费时使用毛重。

净重是指毛重减去外包装材料后的重量。通常在计算价格中使用净重。净重通常等于法定重量。

本栏目填报所申报的进（出）口货物的实际毛重，计量单位为千克，不足1千克的填报“1”。1千克以上的，其小数点后保留4位，第5位及其后的数字省略。

例1：单证中是“GROSS WEIGHT 1.5MT”，则此栏应填“1 500”；

例2：单证中是“GROSS WEIGHT 0.4KG”，则此栏应填“1”。

28. 净重（千克）

净重是指货物的毛重减去外包装材料后的重量，即商品本身的实际重量。计量单位为千克，不足1千克的填报“1”。

本栏目的具体填法同毛重。

29. 集装箱号

集装箱又称货柜，是船舶、公路运输时经常使用的用于装载货物的柜子。

集装箱号（Container No.）是集装箱两侧标示的全球唯一的编号，通常前4位是字母，后跟一串数字。其构成规则是：箱主代号（3位字母）＋设备识别号“U”＋顺序号（6位数字）＋校验码（1位数字），如EASU9809490。

本栏目填报装载进出境货物（包括拼箱货物）集装箱的箱体信息。一个集装箱填一条，分别填报集装箱号、集装箱的规格和集装箱的自重。

该栏目应该填写集装箱号＋“/”＋规格＋“/”＋自重，多个集装箱的，第一个集装箱号等信息填报在“集装箱号”栏，其他依次按相同的格式填在“标记唛码及备注”栏。例如一个20尺的集装箱，箱号为“TEXU3605231”，自重是2 275千克，则“集装箱号”栏应填报“TEXU3605231/20/2275”。

对于非集装箱货物，本栏目填报“0”（不能为空）。

30. 随附单证

随附单证是指随进（出）口货物报关单一并向海关递交的单证或文件。提单、装箱单、发票、许可证等单证都是随附单证的范畴。

（1）填报要求。本栏目根据海关规定的《监管证件代码表》选择填报除许可证件以外的其他进出境许可证件或监管证件代码及编号。

本栏目分为随附单证代码和随附单证编号两栏，其中随附单证代码栏应按海关规定的《监管证件代码表》选择填报相应证件代码。编号栏应填报证件编号。

（2）特殊情况的填报要求。

1）合同、发票、装箱单、提单、许可证等必备的随附单证不在本栏目填报。

2）只填报监管证件代码表中除“进口许可证”“出口许可证”之外的监管证件代码及编号。

3）填报格式为监管证件代码＋“：”＋监管证件编号。

4）本栏目只填写一个监管证件的信息，多于一个监管证件的，其余的监管证件代码和编号填写（原产地证书按原产地证书的格式填写）在“标记唛码及备注”栏。

5）监管证件名称代码表中代码为“1”“4”“x”“y”的是许可证的代码，应填在许可证栏，不可填在此栏。加工贸易内销征税报关单，随附单证代码栏填写“c”，随附单证编号栏填写海关审核通过的内销征税联系单号。

31. 标记唛码及备注

标记唛码就是指运输的标志，是为方便收货人查找，便于在装卸、运输、储运过程中识别而设置。有关运输标志所包含的内容请参见国际贸易实务中有关运输标志的内容。

（1）填报要求。标记唛码在原始单据中能体现，只要把单据中除图形以外的文字、数字全部照样填报即可，填报时不能随意更改排列结构。

（2）特殊情况的填报要求。

1）受外商投资企业委托代理其进口投资设备、物品的，填写进出境企业名称。

2）与本报关单有关联关系的，同时在业务管理规范方面又要求填报的备案号，填报在电子数据报关单中的“关联备案”栏。

加工贸易结转货物及凭《征免税证明》转内销货物，其对应的备案号应填报在“关联备案”栏。

减免税货物结转进口（转入），报关单“关联备案”栏应填写本次减免税货物结转所申请的《海关进口减免税货物结转联系函》的编号。

减免税货物结转出口（转出），报关单“关联备案”栏应填写与其相对应的进口（转入）报关单“备案号”栏中《征免税证明》的编号。

3）与本报关单有关联关系的，同时在业务管理规范方面又要求填报的报关单号，填报在电子数据报关单中的“关联报关单”栏。

加工贸易结转类的报关单，应先办理进口报关，并将进口报关单号填入出口报关单的“关联报关单”栏。

办理进口货物直接退运手续的，除另有规定外，应当先填写出口报关单，再填写进口报关单，并将出口报关单号填入进口报关单的“关联报关单”栏。

减免税货物结转出口（转出），应先办理进口报关，并将进口（转入）报关单号填入出口（转出）报关单的“关联报关单”栏。

4）办理进口货物直接退运手续的，本栏目填报《进口货物直接退运表》或者《海关责令进口货物直接退运通知书》编号。

5）保税监管场所进出货物，在“保税/监管场所”栏填写本保税监管场所编码，其中涉及货物在保税监管场所间流转的，在本栏填写对方保税监管场所代码。

6）涉及加工贸易货物销毁处置的，填写海关加工贸易货物销毁处置申报表编号。

7）当监管方式为“暂时进出货物”（2600）和“展览品”（2700）时，如果为复运进出境货物，在进出境货物报关单的本栏内分别填报“复运进境”“复运出境”。

8）跨境电子商务进出境货物，在本栏目内填报“跨境电子商务”。

9）加工贸易副产品内销，在本栏内填报“加工贸易副产品内销”。

10）公式定价进口货物，应在报关单备注栏内填写公式定价备案号，格式为：公式定价＋备案编号＋“@”。同一报关单下有多项商品的，如需要指明某项或某几项商品为公式定价备案，则备注栏内应填写：公式定价＋备案编号＋“#”＋商品序号＋“@”。

11）获得《预审价决定书》的进出境货物，应在报关单备注栏内填报《预审价决定书》编号，格式为预审价（P＋2位商品项号＋决定书编号），若报关单中有多项商品为预审价，须依次写入括号中，如预审价（P01VD511500018、P02VD511500019）。

12）含预归类商品报关单，应在报关单备注栏内填写预归类“R-3-关区代码-年份-顺序编号”，其中关区代码、年份、顺序编号均为4位数字，如R-3-0100-2016-0001。

13）含归类裁定报关单，应在报关单备注栏内填写归类裁定编号，格式为“c”＋四位数字编号，如c0001。

14）申报时其他必须说明的事项填报在本栏目内。

32. 项号

项号是申报货物在报关单上商品排列的序号，一份报关单最多能打印5个项号，一项商品占一栏，如商品过多，可以另外附带3张报关单，即一份报关单最多可以打印20项商品。

（1）填报要求。本栏目分两行填报及打印。第一行填报报关单中的商品顺序编号；第二行专用于加工贸易、减免税等已备案、审批的货物，填报和打印该项货物在《加工贸易手册》或《征免税证明》等备案、审批单证中的顺序编号。

加工贸易项下进出境货物的报关单，第一行填报报关单中的商品顺序编号，第二行填报该项商品在《加工贸易手册》中的商品项号，用于核销对应项号下的料件或成品数量。

（2）第二行特殊情况的填报要求。

1）深加工结转货物，按照《加工贸易手册》中的进口料件项号和出口成品项号填报。

2）料件结转货物（包括料件、制成品和未完成品折料），出口报关单按转出《加工贸易手册》中进口料件的项号填报；进口报关单按转进《加工贸易手册》中进口料件的项号填报。

3）料件复出货物（包括料件、边角料），出口报关单按照《加工贸易手册》中进口料件的项号填报；如边角料对应一个以上料件项号时，填报主要料件项号。料件退换货物（包括料件，不包括未完成品），进出境报关单按照《加工贸易手册》中进口料件的项号填报。

4）成品退换货物，退运进境报关单和复运出境报关单按照《加工贸易手册》原出口成品的项号填报。

5）加工贸易料件转内销货物（以及按料件办理进口手续的转内销制成品、残次品、未完成品）应填制进口报关单，填报《加工贸易手册》进口料件的项号；加工贸易边角料、副产品内销，填报《加工贸易手册》中对应的进口料件项号。如边角料或副产品对应一个以上料件项号，填报主要料件项号。

6）加工贸易成品凭《征免税证明》转为减免税货物进口的，应先办理进口报关手续。进口报关单填报《征免税证明》中的项号，出口报关单填报《加工贸易手册》原出口成品项号，进、出口报关单货物数量应一致。

7）加工贸易货物销毁，本栏目应填报《加工贸易手册》中相应的进口料件项号。

8）加工贸易副产品退运出口、结转出口，本栏目应填报《加工贸易手册》中新增的变更副产品的出口项号。

9）经海关批准实行加工贸易联网监管的企业，按海关联网监管要求，企业需要申报报关清单的，应在向海关申报进出境（包括形式进出境）报关单前，向海关申报清单。一份报关清单对应一份报关单，报关单上的商品由报关清单归并而得。加工贸易电子账册报关单中项号、品名、规格等栏目的填制规范比照《加工贸易手册》。

33. 商品编号

本栏目填报的商品编号由10位数字组成，前8位为《海关进出口税则》确定的进出境货物的税则号列，同时是《海关统计商品目录》确定的商品编码，后2位为符合海关监管要求的附加编号。

34. 商品名称、规格型号

商品名称即商品品名，是进出境货物规范的中文名称。

商品规格型号是反映商品性能、品质的一系列指标，如等级、成分、规格等。

（1）填报要求。商品名称及规格型号应据实填报，并与进出境货物收发货人或受委托的报关企业所提交的合同、发票等相关单证相符。可参照《海关进出口商品规范申报目录》中对商品名称、规格型号的要求进行填报。本栏目分两行填报及打印。第一行填报进出境货物规范的中文商品名称，第二行填报规格型号。

（2）特殊情况的填报要求。

1）加工贸易等已备案的货物，填报的内容必须与备案登记中同项号下货物的商品名称一致。

2）对需要海关签发《货物进口证明书》的车辆，商品名称栏应填报车辆品牌＋排气量（注明cc）＋车型（如越野车、小轿车等）。进口汽车底盘不填报排气量。车辆品牌应按照《进口机动车辆制造厂名称和车辆品牌中英文对照表》中“签注名称”一栏的要求填报。规格型号栏可填报“汽油型”等。

3）由同一运输工具同时运抵同一口岸并且属于同一收货人、使用同一提单的多种进口货物，按照商品归类规则应当归入同一商品编号的，应当将有关商品一并归入该商品编号。商品名称填报一并归类后的商品名称；规格型号填报一并归类后商品的规格型号。

4）加工贸易边角料和副产品内销，边角料复出口，本栏目填报其报验状态的名称和规格型号。

5）进口货物收货人以一般贸易方式申报进口属于《需要详细列名申报的汽车零部件清单》（海关总署2006年第64号公告）范围内的汽车生产件的，应按以下要求填报：

商品名称填报进口汽车零部件的详细中文商品名称和品牌，中文商品名称与品牌之间用“/”相隔，必要时加注英文商业名称；进口的成套散件或者毛坯件应在品牌后加注“成套散件”“毛坯”等字样，并与品牌之间用“/”相隔。

规格型号填报汽车零部件的完整编号。在零部件编号前应当加注“S”字样，并与零部件编号之间用“/”相隔，零部件编号之后应当依次加注该零部件适用的汽车品牌和车型。

汽车零部件属于可以适用于多种汽车车型的通用零部件的，零部件编号后应当加注“TY”字样，并用“/”与零部件编号相隔。

与进口汽车零部件规格型号相关的其他需要申报的要素，或者海关规定的其他需要申报的要素，如功率、排气量等，应当在车型或“TY”之后填报，并用“/”相隔。

汽车零部件报验状态是成套散件的，应当在“标记唛码及备注”栏内填报该成套散件装配后的最终完整品的零部件编号。

6）进口货物收货人以一般贸易方式申报进口属于《需要详细列名申报的汽车零部件清单》范围内的汽车维修件的，填报规格型号时，应当在零部件编号前加注“W”，并与零部件编号之间用“/”相隔；进口维修件的品牌与该零部件适用的整车厂牌不一致的，应当在零部件编号前加注“WF”，并与零部件编号之间用“/”相隔。其余申报要求同上条。

35. 数量及单位

进出境货物报关单上的数量就是进出境商品的实际数量。

（1）填报要求。本栏目分三行填报及打印。

1）第一行应按进出境货物的法定第一计量单位填报数量及单位，法定计量单位以《海关统计商品目录》中的计量单位为准。

2）凡列明有法定第二计量单位的，应在第二行按照法定第二计量单位填报数量及单位。无法定第二计量单位的，本栏目第二行为空。

3）成交计量单位及数量应填报并打印在第三行。

（2）法定计量单位为“千克”的数量填报要求。

1）装入可重复使用的包装容器的货物，应按货物扣除包装容器后的重量填报，如罐装同位素、罐装氧气及类似品等。

2）使用不可分割包装材料和包装容器的货物，按货物的净重填报（即包括内层直接包装的净重），如采用供零售包装的罐头、化妆品、药品及类似品等。

3）按照商业惯例以公量重计价的商品，应按公量重填报，如未脱脂羊毛、羊毛条等。

4）采用以毛重作为净重计价的货物，可按毛重填报，如粮食、饲料等大宗散装货物。

5）采用零售包装的酒类、饮料，按照液体部分的重量填报。

（3）特殊情况的填报要求。

1）成套设备、减免税货物如需分批进口，货物实际进口时，应按照实际报验状态确定数量。

2）具有完整品或制成品基本特征的不完整品、未制成品，根据《商品名称及编码协调制度》归类规则应按完整品归类的，按照构成完整品的实际数量填报。

3）加工贸易等已备案的货物，成交计量单位必须与《加工贸易手册》中同项号下货物的计量单位一致，加工贸易边角料和副产品内销、边角料复出口，本栏目填报其报验状态的计量单位。

4）优惠贸易协定项下进出境商品的成交计量单位必须与原产地证书上对应商品的

计量单位一致。

5）法定计量单位为立方米的气体货物，应折算成标准状况（即摄氏零度及1个标准大气压）下的体积进行填报。

36. 原产国（地区）

原产国（地区）应依据《进出口货物原产地条例》《关于执行非优惠原产地规则中实质性改变标准的规定》以及海关总署关于各项优惠贸易协定原产地管理规章规定的原产地确定标准填报。同一批进出境货物的原产地（地区）不同的，应分别填报原产国（地区）。进出境货物原产国（地区）无法确定的，填报“国别不详”（代码701）。

本栏目应按海关规定的《国别（地区）代码表》选择填报相应的国家（地区）名称及代码。

37. 最终目的国（地区）

最终目的国（地区）填报已知的进出境货物的最终实际消费、使用或进一步加工制造国家（地区）。不经过第三国（地区）转运的直接运输货物，以运抵国（地区）为最终目的国（地区）；经过第三国（地区）转运的货物，以最后运往国（地区）为最终目的国（地区）。同一批进出境货物的最终目的国（地区）不同的，应分别填报最终目的国（地区）。进出境货物不能确定最终目的国（地区）时，以尽可能预知的最后运往国（地区）为最终目的国（地区）。

本栏目应按海关规定的《国别（地区）代码表》选择填报相应的国家（地区）名称及代码。

38. 单价

本栏目填报同一项号下进出境货物实际成交的商品单位价格。无实际成交价格的，本栏目填报单位货值。

39. 总价

本栏目填报同一项号下进出境货物实际成交的商品总价格。无实际成交价格的，本栏目填报货值。

40. 币制

本栏目应按海关规定的《货币代码表》选择相应的货币名称及代码填报，如《货币代码表》中无实际成交币种，需要将实际成交货币按申报日外汇折算率折算成《货币代码表》中列明的货币填报。

41. 征免

本栏目应按照海关核发的《征免税证明》或有关政策规定，对报关单所列每项商品选择海关规定的《征减免税方式代码表》中相应的征减免税方式填报。

加工贸易货物报关单应根据《加工贸易手册》中备案的征免规定填报；《加工贸易手册》中备案的征免规定为“保金”或“保函”的，应填报“全免”。

42. 特殊关系确认

本栏目根据《海关审定进出口货物完税价格办法》（以下简称《审价办法》）第十六条的规定，填报确认进出境行为中买卖双方是否存在特殊关系，有下列情形之一的，应当认为买卖双方存在特殊关系，在本栏目应填报“是”，反之则填报“否”：

（1）买卖双方为同一家族成员的。

（2）买卖双方互为商业上的高级职员或者董事的。

（3）一方直接或者间接地受另一方控制的。

（4）买卖双方都直接或者间接地受第三方控制的。

（5）买卖双方共同直接或者间接地控制第三方的。

（6）一方直接或者间接地拥有、控制或者持有对方5%以上（含5%）公开发行的有表决权的股票或者股份的。

（7）一方是另一方的雇员、高级职员或者董事的。

（8）买卖双方是同一合伙企业成员的。

买卖双方在经营上相互有联系，一方是另一方的独家代理、独家经销或者独家受让人，如果符合上述规定，也应当视为存在特殊关系。

43. 价格影响确认

本栏目根据《审价办法》第十七条的规定，填报确认进出境行为中买卖双方存在的特殊关系是否影响成交价格，纳税义务人如不能证明其成交价格与同时或者大约同时发生的下列任何一款价格相近的，应当视为特殊关系对进出境货物的成交价格产生影响，在本栏目应填报“是”，反之则填报“否”：

（1）向境内无特殊关系的买方出售的相同或者类似进口货物的成交价格。

（2）按照《审价办法》倒扣价格估价方法的规定所确定的相同或者类似进口货物的完税价格。

（3）按照《审价办法》计算价格估价方法的规定所确定的相同或者类似进口货物的完税价格。

44. 支付特许权使用费确认

本栏目根据《审价办法》第十三条的规定，填报确认进出境行为中买方是否存在向卖方或者有关方直接或者间接支付特许权使用费。特许权使用费是指进出境货物的买方为取得知识产权权利人及权利人有效授权人关于专利权、商标权、专有技术、著作权、分销权或者销售权的许可或者转让而支付的费用。如果进出境行为中买方存在向卖方或者有关方直接或者间接支付特许权使用费的情况，在本栏目应填报“是”，反之则填报“否”。

45. 版本号

本栏目适用于加工贸易货物出口报关单。本栏目应与《加工贸易手册》中备案的成品单耗版本一致，通过《加工贸易手册》备案数据或企业出口报关清单提取。

46. 货号

本栏目适用于加工贸易货物进出境报关单。本栏目应与《加工贸易手册》中备案的料件、成品货号一致，通过《加工贸易手册》备案数据或企业出口报关清单提取。

47. 录入员

本栏目用于记录预录入操作人员的姓名。

48. 录入单位

本栏目用于记录预录入单位名称。

49. 海关批注及签章

本栏目供海关作业时签注。

这里所述尖括号（〈〉）、逗号（,）、连接符（-）、冒号（:）等标点符号及数字，填报时都必须使用非中文状态下的半角字符。

课堂讨论

将学生分组，根据项目引入中的案例，每个小组准备好任务所需的单证，根据案例中的内容把报关单的主要内容填好。

项目考核

一、单项选择题

1. 进出口货物的完税价格，由海关以该货物的（　　）为基础审查确定。

A. 正常成交价格　　B. 正常到岸价格

C. 正常申报价格　　D. 成交价格

2. 海关规定的进口货物的进口日期应填写（　　）。

A. 申报货物的办理结关手续的日期

B. 向海关申报的进口日期

C. 运载货物的运输工具的申报进境日期

D. 申报货物进入海关监管仓库的日期

3. 登记手册的标记 B，代表（　　）加工贸易。

A. 备料　　B. 来料　　C. 进料　　D. 进口设备

4. 某进口货物的日期为 2016 年 2 月 16 日，报关单上正确的填写方式是（　　）。

A. 16.2.16　　B. 2016.02.16　　C. 02.16.13　　D. 16.02.2016

5. 经营单位中第五位数字“1”代表（　　）。

A. 经济特区　　B. 高新技术开发区

C. 保税区　　D. 出口加工区

6. SONY 牌电视机为日本品牌，其中显像管为韩国生产，集成电路板由新加坡生产，其他零件均为马来西亚生产，最后由韩国组装成整机。该公司向海关申报进口该批电视机时，原产地应填报为（　　）。

A. 日本　　B. 韩国　　C. 新加坡　　D. 马来西亚

7. 按照海关的规定，报关单位应当自接到海关现场交单或放行交单通知之日起（　　）内，向海关提交纸质报关单证办理海关手续。

A. 3 日　　B. 7 日　　C. 10 日　　D. 14 日

8. 韩国商人从北京购买地毯，陆运至香港，再空运经韩国到伦敦，其运抵国（地区）应为（　　）。

A. 韩国　　B. 香港　　C. 伦敦　　D. 英国

9. 海关规定在海关注册登记的 10 位经营单位代码的正确组成顺序为（　　）。

A. 地区代码、企业代码、顺序代码

B. 企业代码、地区代码、顺序代码

C. 顺序代码、企业代码、地区代码

D. 企业所在的省市代码、企业代码、顺序代码

10. 我国某外贸公司 A 与韩国公司 B 签订合同，合同规定：B 公司卖给 A 公司价值 4 000 美元的制作服装的辅料，A 公司用该辅料和我国的主料加工成价值 400 万美元的西服返销给 B 公司，报关单上的贸易方式为（　　）。

A. 进出口均为“进料加工”

B. 进口为“进料加工”，出口为“一般贸易”

C. 进出口均为“一般贸易”

D. 进口为“一般贸易”，出口为“进料加工”

二、多项选择题

1. 在填报报关单“总价”项目时，下列叙述正确的是（ ）。

A. 一般贸易货物应按合同上订明的实际价格填报

B. 退运进口的出口货物，应按该货物原出口价格填报

C. 免费赠送的货样、广告品，可以免予填报

D. 来料加工项下的成品出口时，只需填报工缴费

2. 在填制报关单时，海关根据进出口商品的不同情况，对商品数量的填报做出了一些规定，下列符合海关规定的是（ ）。

A. 数量和单位应以海关统计商品目录上规定的数量和单位填写

B. 与海关规定的数量和单位不一致的实际成交的数量和单位也应填在报关单上

C. 不能把整机和零件的数量加在一起填报数量

D. 不能把类似“一卷”“一箱”“一捆”等较笼统的数量和单位填在报关单上

3. 某公司从日本进口联合收割机 10 台及部分附件，分装 30 箱，发票注明每台单价为 CIF Shanghai US＄22 400，总价为 US＄22 400，附件不另计价格。进口货物报关单中以下栏目填报正确的为（ ）。

A. 成交方式：海运　　　　　　B. 件数：30

C. 商品名称：联合收割机及附件　　D. 单价：22 400

4. 在下列叙述中，符合原产地规则中实质性改变标准的是（ ）。

A. 货物经过加工后，海关进出口税则中的一级税则号已经有了改变

B. 货物经过加工后，增值部分占新产品总值的比例已经达到 30%及以上

C. 经重新包装整理后的货物

D. 经重新筛选并重新包装的货物

三、判断题

1. 企业经海关批准从保税仓库内提取一批货物内销到国内市场，由于该批货物原进入保税仓库时为空运进口，故在报关单运输方式栏应填报“航空运输”。（ ）

2. 一批精密仪表在大连机场海关申报出口并转关运输至北京出境，其出口报关单“出口口岸”栏应按实际申报海关所在地填报“大连机场”。（ ）

3. 中国仪器进出口公司从日本松下公司购得分属三个合同的六种不同规格精密仪器，同船一并运达。由于这些货物品种单一且数量不大，申报时可以使用一份进口货物报关单。（ ）

4. 某公司进口一批总重量为 1 万千克的饲料，该饲料的外包装为纸袋，单据上并没有标明扣除纸袋的净重。在这种情况下，可以将毛重作为净重来申报。（ ）

5. 某租赁有限公司从事国内租赁业务。该公司委托广州某对外贸易公司从日本进口 50 台水泥搅拌车，用于租借给国内的建筑公司。由广州某对外贸易公司对外订货，向海关办理进口报关手续时，该批用于租赁货物的贸易方式应填报“一般贸易”。（ ）

6. 报关单上“商品名称、规格型号”栏目，正确的填写内容应有中文商品名称、规格型号、商品的英文名称和品牌，缺一不可。（ ）

7. 转关运输中的“指运地”是指出口货物办理报关发运手续的地点。（ ）

8. 某化工进出口公司下属某厂以进料加工贸易方式进口原料一批，经海运抵港后，进口报关单的“备案号”栏应填报该货物的加工贸易手册的编号。（ ）

9. 进出口货物报关单是海关对进出口货物进行监管、征税、统计和开展稽查、调

查的重要依据，是加工贸易进出口货物核销、出口货物退税和外汇管理的重要凭证，也是查处进出口货物走私、违规的重要书面依据。(　　)

四、业务题

1. 请根据以下资料编制进口货物报关单。

【资料1】

ABC广州有限公司位于广州经济技术开发区，海关注册编号为440124××××，所申报商品位列B52084400153号登记手册备案料件第13项，法定计量单位为千克，货物于2016年7月16日运抵口岸，当日向黄埔海关新港办（关区代码为5202）办理进口申报手续。保险费率为0.27%。入境货物通关单编号为442100104064457。

【资料2】

ABC（GUANGZHOU）CO，LTD
NO.×× FENGHUA ROAD，GUANGZHOU，CHINA
COMMERCIAL INVOICE

CONSIGNEE：
ABC（GUANGZHOU）CO，LTD
NO.×× FENGHUA ROAD，GUANGZHOU，CHINA
INVOICE NO.：BL04060643
CONTRACT NO.：ABC-1001
SHIPPER：
ABC（HONGKONG）LTD.
ROOM ×××，SHATINGALLERIA
MEISTREET，FOTAN，N. T，HONGKONG
DATE：16/0716
REFERENCE NO.：HB184004
SHIPMENT FROM KUNSAN，KOREA TO HUANGPU CHINA VIA HONGKONG

SHIPPING MARKS	DESCRIPTION	QTY	UNIT PRICE	AMOUNT
N/M	“HI-QBRAND” ART PAPER 039-44	16 314KG 16ROLLS	0.804 0	CFR HUANGPU US$13 116.45
TOTAL：		16 314KG 16ROLLS		US$13 116.45

【资料3】

ABC（GUANGZHOU）CO，LTD
NO.×× FENGHUA ROAD，GUANGZHOU，CHINA
PACKING LIST

DATE：16/0704
TO：HUANGPU，CHINA
SHIPMENT FROM KUNSAN，KOREA TO HUANGPU CHINA VIA HONGKONG
VESSEL AND VOAGE　　　　NO.：穗德航 30/4Y0708
B/L NO.：SG40746

DESCRIPTION	QTY	WEIGHT	NETWEIGHT	MEASUREMENT
"HI-QBRAND" ART PAPER 039-44 H. S：48101300. 10	16 314KG 16ROLLS	16 362	16 314	
		16 362	16 314	

1×20′CONTAINER

TEXU2263978 TAREWGT 2 280KG

附件 1

仅供核对用

中华人民共和国海关进口货物报关单

预录入编号： 海关编号：

收发货人		进口口岸		进口日期	申报日期
消费使用单位		运输方式	运输工具名称		提运单号
申报单位		监管方式		征免性质	备案号
贸易国(地区)	起运国(地区)		装货港		境内目的地
许可证号	成交方式	运费		保费	杂费
合同协议号	件数	包装种类		毛重(千克)	净重(千克)
集装箱号	随附单证				
标记唛码及备注					

项号	商品编号	商品名称、规格型号	数量及单位	原产国(地区)	单价	总价	币制	征免

录入员 录入单位	兹申明对以上内容承担如实申报、依法纳税之法律责任	海关批注及签章
报关人员	申报单位(签章)	

2. 根据以下资料完成出口报关单填制。

【资料 1】

上海嘉华电子商贸有限公司（海关注册编号 3102912347）出口其合同项下的电子产品一批，该公司委托上海天宇报关行于 2014 年 12 月 30 日持出境货物通关单向浦东机场海关（2201）申报，12 月 31 日货物出口，核销单号：328765432，生产单位：江苏仁宝电脑工业有限公司，法定计量单位为台，商品编号：84716011。

【资料 2】

上海嘉华电子商贸有限公司

SHANGHAI JIAHUA ELECTRONICS CO.，LTD.

18 ZHONGSHAN ROAD，SHANGHAI，GHINA

INVOICE

TO：M/S FEWNO TRADING CO.，LTD，TURKEY　　NO. OF INVOICE：JHSH3489

DATE：DEC. 28，2014

SHIPPED PER BY FLIGHT/FM3345 From SHANGHAI to ISTANBUL on or about DEC. 31，2014

L/C No. D/P　　SALES CONFIRMATIONNO JHSH1103

ABW NO. 999-467844356

Description of Goods	Unit Price	Quantity	Amount
17″液晶显示器 19″液晶显示器	USD254. 00 USD289. 00	40 PCS 32 PCS	FCA SHANGHAI USD10 106. 00 USD9 248. 00 F：USD3 000. 00 1：3%

【资料 3】

上海嘉华电子商贸有限公司

SHANGHAI JIAHUA ELECTRONICS CO.，LTD.

18 ZHONGSHAN ROAD，SHANGHAI，GHINA

PACKING LIST

TO：M/S FEWNO TRADING CO.，LTD，TURKEY　　NO. OF INVOICE：JHSH3489

DATE：DEC. 28，2014

SHIPPED PER BY FLIGHT/FM3345 From SHANGHAI to ISTANBUL on or about DEC. 31，2014

L/C No. D/P　　SALES CONFIRMATIONNO JHSH1103

Country of Origin：CHINA

Marks & Nos.	Number and Kind of Packages Description Of Goods	Quantity	Gross Weight	Net Weight
N/M	17″液晶显示器 40 CTNS 19″液晶显示器 32 CTNS	40 PCS 32 PCS	400 KG 320 KG	320 KG 256 KG

附件 2

仅供核对用

中华人民共和国海关出口货物报关单

预录入编号： 海关编号：

<table>
<tr><td colspan="2">收发货人</td><td colspan="2">出口口岸</td><td colspan="2">出口日期</td><td>申报日期</td></tr>
<tr><td colspan="2">生产销售单位</td><td>运输方式</td><td colspan="2">运输工具名称</td><td colspan="2">提运单号</td></tr>
<tr><td colspan="2">申报单位</td><td colspan="2">监管方式</td><td>征免性质</td><td colspan="2">备案号</td></tr>
<tr><td>贸易国（地区）</td><td colspan="2">运抵国（地区）</td><td colspan="2">指运港</td><td colspan="2">境内货源地</td></tr>
<tr><td>许可证号</td><td>成交方式</td><td colspan="2">运费</td><td>保费</td><td colspan="2">杂费</td></tr>
<tr><td>合同协议号</td><td>件数</td><td colspan="2">包装种类</td><td>毛重（千克）</td><td colspan="2">净重（千克）</td></tr>
<tr><td>集装箱号</td><td colspan="6">随附单证</td></tr>
<tr><td colspan="7">标记唛码及备注</td></tr>
<tr><td colspan="7">项号 商品编号 商品名称、规格型号 数量及单位 最终目的国（地区） 单价 总价 币制 征免</td></tr>
<tr><td colspan="7"></td></tr>
<tr><td colspan="2">录入员 录入单位

报关人员</td><td colspan="3">兹申明对以上内容承担如实申报、依法纳税之法律责任

申报单位（签章）</td><td colspan="2">海关批注及签章</td></tr>
</table>

子项目二　进行申报

项目引入

大连力达设备有限公司从日本订购了一批板材，委托大连汇通国际物流有限公司报关。载货船舶于2016年8月19日申报进境，如果你是大连汇通国际物流有限公司的报关员，将如何完成此单报关业务？

请学生完成以下任务：

任务一　电子报关

任务二　现场申报

知识目标

1. 知道电子报关的方式；
2. 知道滞报金的计算；
3. 掌握电子报关的步骤；
4. 掌握报关日期、报关地点及报关期限的规定；
5. 熟悉进出境货物的报关程序。

技能目标

1. 能够为一般进出境货物进行电子报关；
2. 能够为一般进出境货物进行现场报关；
3. 能够根据货物到达时间准确算出报关的期限。

素质目标

1. 在确定报关期限时培养学生的时间观念以及统筹观念；
2. 在进行电子录入时培养学生的耐心；
3. 在小组学习中培养学生的团队合作意识。

任务分析与实施

任务一　电子报关

一、电子报关的含义

电子报关是指进出境货物的收发货人或其代理人利用现代通信和网络技术，通过微机、网络或终端向海关传递规定格式的电子数据报关单，并根据海关计算机系统反馈的审核及处理结果办理海关手续的报关方式。

进出境货物的收发货人或其代理人按照《海关进出口货物报关单填制规范》的有关要求，向海关传递报关单电子数据，并备齐随附单证。

二、电子报关的步骤

进出境货物的收发货人或其代理人先向海关计算机系统发送电子数据报关单；接收到海关计算机系统发送的“接受申报”电子报文后，凭以打印纸质报关单，随附必需的其他单证提交给海关。

三、电子报关的常见申报方式

(1) 终端申报方式。进出境货物收发货人或其代理人使用连接海关计算机系统的计算机终端录入报关单内容，直接向海关发送报关单电子数据。

(2) EDI申报方式。进出境货物收发货人或其代理人在微机中安装EDI申报系统，在该系统中录入报关单内容，由计算机转换成标准格式的数据报文并向海关计算机系统发送报关单电子数据。

(3) 网上申报方式。进出境货物收发货人或其代理人在微机中安装“中国电子口岸”系统，登录“中国电子口岸”网站，在联网申报系统中录入报关单内容，通过“中国电子口岸”系统向海关计算机系统发送报关单电子数据。

目前，在一般情况下，报关单位采用委托口岸录入单位的计算机终端向海关进行电子申报的情况较多。

我国海关已经在进出境货物通关作业中全面使用计算机进行信息化管理，成功开放并运用了多个电子通关系统。

报关申报系统是针对专业报关企业的特殊要求而开发的，通过该系统，报关企业可以方便地进行报关单的录入、申报、修改、复制、查询和统计等操作，从而有效提高报关企业的工作效率。

四、电子报关的具体操作

(一) 自理报关

自理报关企业可进行网上录入、申报、查询、打印报关单，以及网上查询海关回执等操作。

1. 自理报关单位录入业务流程

(1) 自理报关单位持报关单录入权操作员卡的操作员进入中国电子口岸“报关单录入”界面，可先下载本企业征免税证明、加工贸易手册或加工区备案清单，然后脱机录入报关单数据（数据暂存在本地数据库）。

(2) 录入并提交后将录入的报关单数据信息上传到数据中心，进入自理报关审核申报业务流程。

2. 自理报关审核申报业务流程

自理报关单位持报关单审核申报权操作员卡的操作员进入中国电子口岸的“报关单审核申报”界面，对报关单的逻辑性、填报的规范性进行审核，确保报关单可以向海关进行申报。若审核不通过，则需要将报关单下载到本地进行修改，修改后的报关单需重新上传到数据中心，并且要重新进行审核。审核通过后进入自理报关申报确认业务流程。

3. 自理报关申报确认业务流程

(1) 自理报关单位持报关单申报确认权操作员卡的企业管理人员进入中国电子口岸“报关单申报确认”界面，对报关单进行申报确认操作，经申报确认后的报关单通过公共数据中心上传到海关内部网。如果申报确认时认为报关单的填制不符合逻辑，则需要将报关单数据下载到本地进行修改，修改完毕之后将数据重新上传到数据中心，并且重新进行审核和申报确认。

（2）自理报关单位打印出经海关审核通过的报关单，并携带其他单证去海关办理其他通关手续。

（二）委托报关

受理委托报关的单位有：

（1）专门从事报关服务的企业，即专业报关企业。

（2）对外贸易仓储、国际运输工具、国际运输工具服务及代理等业务，兼营报关服务业务的企业，即代理报关企业。

受理委托报关的单位代办的报关手续单据包括：报关单录入时的备案数据下载协议、报关单审核委托书、报关单申报委托书或报关单审核申报和申报确认委托书。

通过报关单录入、申报子系统，进出境单位可在网上填写申报委托书或者备案数据下载协议，委托有权代理报关业务的单位代其办理某项报关业务，如报关单录入、报关单审核、报关单申报或报关单审核和申报。有权进行代理报关业务的单位可在网上接受并确认委托单位的报关委托申请，并在备案数据下载协议和报关委托书的授权范围内代理委托单位在网上办理相应的报关业务。

委托报关网上业务流程（在进行此项操作前，必须先按照网上报关委托业务的流程建立委托关系）如下所述。

1. 代理报关单录入业务流程

（1）代理报关单位持报关单录入权操作员卡的操作员进入中国电子口岸“报关单录入”界面，在备案数据下载协议的授权范围内下载本委托单位的征免税证明、加工贸易手册或加工区备案清单后，脱机录入报关单数据（数据暂存在本地数据库）。

（2）录入并提交，将录入的报关单数据信息上传到数据中心。

2. 代理报关审核申报业务流程

代理报关单位持报关单审核申报权操作员卡的操作员进入中国电子口岸的“报关单审核申报”界面，对报关单的逻辑性、填报的规范性进行审核，确保报关单可以向海关进行申报。若审核不通过，则需要将报关单下载至本地进行修改，修改后的报关单需重新上传到数据中心，并且要重新进行审核。审核通过后进入自理报关申报确认业务流程。

3. 代理报关申报确认业务流程

（1）代理报关单位持报关单申报确认权操作员卡的企业管理人员进入中国电子口岸“报关单申报确认”界面，对报关单进行申报确认操作，经申报确认后的报关单通过公共数据中心上传至海关内部网。如果申报确认时认为报关单的填制不符合逻辑，则需要将报关单数据下载到本地进行修改，修改完毕之后将数据重新上传到数据中心，并且重新进行审核和申报确认。

（2）代理报关单位打印出经海关审核通过的报关单，并携带其他单证去海关办理其他通关手续。

（三）转关运输提前录入、申报业务

报关单录入、申报子系统提供自理报关企业、专业报关企业、代理报关企业网上办理所需的转关运输提前录入、申报业务，但代理报关企业、专业报关企业应用该系统进行转关运输报关单、转关运输申报单的提前录入、申报时，必须事先通过本系统与委托方签订委托报关协议。

网上转关运输录入、申报业务流程为：

(1) 自理报关企业转关运输录入、申报网上业务流程与网上自理报关业务流程类同。

(2) 代理报关企业转关运输录入、申报网上业务流程与网上委托报关业务流程类同。

(四) 报关单清单录入申报业务

报关单清单录入、申报子系统的主要功能包括：报关单清单录入、申报；报关单清单的综合查询；海关回执的查询等。

网上报关单清单业务流程为：

(1) 报关单清单单位的录入员进入中国电子口岸“报关清单”页面，下载备案数据后，脱机录入报关单清单，录入完毕，将所录的报关单清单数据信息上传到数据中心。

(2) 报关单清单单位的操作员持操作员卡进入中国电子口岸“报关清单”页面，查询所上传报关单清单的回执信息。如该报关单清单回执状态为已通过，则下载已通过的报关单清单，以进行相关操作。

任务二 现场申报

报关人员通过中国电子口岸系统录入报关数据后，形成电子报关单，校验审核后点击“申报”按钮，完成报关单审核申报操作，海关的计算机系统对报关数据进行审核后会自动发送处理结果，海关显示的处理结果如表 3-15 所示。

表 3-15　海关显示的处理结果

显示结果	具体说明
等待处理	通知报关人员报关单据正在审核或者等待审核
现场交单	通知报关人员报关单据已经通过计算机审核，相关人员需要到隶属海关现场申报、接单审核、缴纳税费及递交随附单证等
放行交单	通知报关人员报关单据已经通过计算机审核，相关人员需要携带纸质单据到隶属海关办理放行手续

企业收到“现场交单”“放行交单”这样的处理结果，表示申报成功。之后，相关人员要准备现场申报相关资料。

一、申报地点

进出口货物的申报地点具体如表 3-16 所示。

表 3-16　不同货物的申报地点

货物类型	申报地点
一般进口货物	货物的进境地海关
一般出口货物	货物的出境地海关
转关进口货物	货物的指运地海关
减免税货物、暂时进出境货物转为实际进出境货物	货物所在地的主管海关
区域通关货物	属地申报、口岸验放

二、申报日期

进出口货物的申报日期具体如表 3－17 所示。

表 3－17　不同货物的申报日期

申报情况	申报日期
正常申报	海关接受申报数据的日期，即收到“等待处理”“现场交单”“放行交单”的报文或通知的日期
电子申报	海关计算机系统接收申报数据的日期
计算机检查遭退单	海关再次接受申报的日期
人工检查需修改	海关原来接收申报的日期
纸质报关或者先纸质报关后补电子报关	海关人员在报关单上做等级处理的日期

课堂讨论

请根据项目引入中的业务确定现场申报时间和申报地点。

三、申报期限

进出口货物的申报期限具体如表 3－18 所示。

表 3－18　不同货物的申报期限

货物类型	申报期限
进口货物	自运输工具进境之日起 14 日内
出口货物	货物抵达海关监管后、装货前 24 小时
电缆、管道、特殊方式的进出境货物	定期申报
备注： 货物进境后 3 个月未向海关申报，海关有权处理，如果货物是鲜活的、不宜长期保存的，海关可以根据实际情况有权提前处理。 申报期限的最后一天是法定节假日或者休息日，顺延至法定节假日或者休息日后的第 1 个工作日。	

四、滞报金

进口货物自进口之日起，在 14 日期限内未向海关申报的为超期申报，海关会按天收取滞报金，计征日期为运输工具申报进境之日起第 15 天。

《海关法》第三十条规定，超过三个月未向海关申报的，由海关依法变卖处理，不宜长期保存的，海关可以根据实际情况提前处理。将变卖款项扣除有关费用，如货物的运输、装卸和储存费用，进口关税和进口环节海关代征税，货物被提取变卖前已产生的滞报金，实际支出的费用（如委托拍卖机构的手续费），余款发还符合条件的当事人。滞报金的计算公式为：

滞报金＝完税价格×滞报天数×0.5‰

例如：北京某公司进口一批价值 5 000 美元的货物，从法国巴黎的戴高乐机场起飞，2016 年 10 月 29 日向北京申报进境，该公司于 11 月 18 日到北京机场海关申报，当日收到回执，那么该公司是否需要缴纳滞报金？如果需要缴纳滞报金，应缴纳多少？（1 美元＝6.86 人民币，12 日为周六）

分析：滞报金＝5 000×0.5‰×4×6.86＝68.6（元）。

课堂讨论

某外贸企业进口一台设备，装载该设备的运输工具于2016年9月16日向海关申报进境，该外贸企业于2016年10月12日向海关申报进口。

讨论：外贸企业到底滞报了几天？

五、修改申报内容或撤销申报

海关接受申报以后，报关单及随附单证的内容不得修改，申报也不得撤销。但是有正当理由的，经海关同意，可以修改申报内容或者撤销申报后重新申报。修改申报内容或撤销申报可以由进出境收发货人或者其代理人提出，也可以由海关提出。

（一）由进出境收发货人或者代理人提出修改申报内容或撤销申报

（1）由于报关员操作或者书写失误造成所申报的报关单内容有误，并且未发现有走私违规或者其他违法嫌疑的。

（2）出口货物放行后，由于装运、配载等原因造成原申报货物部分或者全部退关、变更运输工具的。

（3）进出境货物在装载、运输、存储过程中因溢短装、不可抗力的灭失、短损等原因造成原申报数据与实际货物不符的。

（4）根据贸易惯例先行采取暂时价格成交，实际结算时按商检品质认定或者国际市场实际价格付款方式需要修改申报内容的。

（5）由于计算机、网络系统等方面的原因导致电子数据申报错误的。

（6）其他特殊情况经海关核准同意的。

海关已经决定布控、查验的进出境货物，已填制的报关单不得修改或撤销。

（二）海关提出修改申报内容或撤销申报

由于进出境货物的收发货人或其代理人的申报错误构成违反《海关法》的，海关可以对进出境货物的收发货人或其代理人进行处罚。对其中违反海关监管规定的，进出境货物的收发货人或其代理人接受海关处罚后，可以申请修改申报内容或者撤销申报后重新申报。对其中构成走私，海关做出没收货物处罚的，不允许修改申报内容或者撤销申报后重新申报。修改或撤销需要填写申报表，如表3-19所示。

表3-19　　进出境货物报关单位修改/撤销申报表

报关单编号			
报关单类别	□进口　□出口	经营单位名称	
申请事项	□修改　□撤销	报关单位名称	
修改内容			
报关单数据项	原填报内容	应填报内容	核查情况（海关填写）
随附单证名称			
修改或撤销原因			
兹声明以上申请内容无讹，如有虚假，愿承担法律责任。			
申请单位（公章）：		申请人签字：	申请日期：
海关审核：		海关签章：	日期：

角色模拟

将学生分组，根据划分的报关员、海关、货主等角色进行模拟，根据课前准备的单证、资料文件现场签订报关委托协议。报关员审核相关资料，查收装货单，申报前看货取样，到中国电子口岸网站查询仓单信息，向海关现场提交相关单证，并进行申报，海关签字盖章。

项目考核

一、单项选择题

1. 进出口货物（　　）内未向海关申报的，海关可以依法变卖处理。

A. 30 日　　B. 3 个月　　C. 15 日　　D. 6 个月

2. 下列货物中，海关进出境监管现场放行就是结关的是（　　）。

A. 一般进出境货物　　B. 保税货物

C. 特定减免税进口货物　　D. 暂时进出境货物

3. 按照海关的规定，报关单位应当自接到海关“现场交单”或“放行交单”通知之日起（　　）内，向海关提交纸质报关单证办理海关手续。

A. 3 日　　B. 7 日　　C. 10 日　　D. 14 日

4. 出口货物的发货人或其代理人应在装载出口货物的运输工具办结海关手续之日起（　　）内，向海关申请签发黄色出口退税专用联，出口企业凭以办理退税手续。

A. 7 日　　B. 10 日　　C. 14 日　　D. 15 日

5. 一般进出口货物包括（　　）。

A. 一般贸易方式进口特定减免税货物

B. 准予保税进口的寄售代销货物

C. 承包工程项目进出口货物

D. 边境小额贸易进出口货物

6. 下列关于一般进出口货物特征的描述中，正确的是（　　）。

A. 报关单位向海关申报时应提交相应的进出口许可证件

B. 报关单位在向海关办理进出口手续时应按照海关的规定缴纳进出口税款

C. 对于进口货物，海关签印放行后即结束海关监管

D. 对于出口货物，在出口货物装货单上由海关签印放行后即结束海关监管

7. 下列关于进出口货物申报时限的表述中，正确的是（　　）。

A. 进口货物的申报时限为自装载货物的运输工具申报进境之日起 14 日内（最后一天是法定节假日的，顺延至节假日后的第 1 个工作日）

B. 出口货物的申报时限为货物运抵海关监管区后装货的 24 小时内

C. 经海关批准准予集中申报的进口货物，自装载货物的运输工具申报进境之日起一个月内办理申报手续

D. 经电缆、管道或其他特殊运输方式进出境的货物，报关单位应在货物进出境时向海关办理报关手续

8. 中国石油化工进出口公司从委内瑞拉进口原油 20 万吨，由一艘船舶装运进口，在进口报关时除应向海关提交《进口货物报关单》外，还应向海关提交的报关单证有（　　）。

A. 发票、装箱单、提货单　　　　B. 合同
C. 自动进口许可证　　　　　　　D. 进口许可证

二、判断题

1. 一般进出口货物是指一般贸易货物。（　）

2. 进口货物自装载货物的运输工具申报进境之日起超过 3 个月仍未向海关申报的，货物由海关提取并依法变卖处理。对于不宜长期保存的货物，海关可根据实际情况提前处理。（　）

3. 申报日期是指申报数据被海关接受的日期。如报关单位采用电子数据报关和纸质报关两种方式，则申报日期是指报关单位向海关提交纸质报关单证被海关接受的日期。（　）

4. 一般进出口货物是指在进出境环节缴纳了应征的进出口税费并办结了所有必要的海关手续，海关放行后不再进行监管，可以直接进入生产和流通领域的进出口货物。（　）

三、业务题

盘锦大成商贸有限公司与日本 LECLEC 公司于 2016 年 7 月 8 日在大连签订了出售户外家具的外贸合同并从日本进口相应的杂货品，委托大连三通国际物流有限公司办理进出境手续，货名为花园椅，其为铸铁底座的木椅，按规定出口时需要有动植物检验检疫证明，型号：TG0503，价格：USD58.00/PC FOB GuangZhou，数量：950 把，毛重：20KGS/PC，净重：18KGS/PC，包装：1PC/CTN，集装箱：1X20’，生产厂家：盘锦飞达家具厂，起运港：大连港，目的港：大阪，支付方式：不可撤销信用证。

具体工作任务如下：

（1）根据以上资料，请你为盘锦大成商贸有限公司整理一份销售合同及成交确认书。列明的合同条款有品名、规格、成交方式、装运港、目的港等，采用中英文对照方式。

（2）如果大连三通国际物流有限公司为盘锦大成商贸有限公司报关，如何办理异地报关手续？

（3）如果出口订舱的装船时间及进口到港时间都是 2016 年 9 月 8 日 10：00 AM，出口货物于 2016 年 9 月 4 日进入海关监管区，报关员应最迟何时在何地报关完毕？

（4）报关员办理出口以及货物进口手续的时候，在 8 月 20 日以电子数据报关单向海关申报，9 月 28 日货物到达港口向海关申报，报关员于 9 月 30 日才向海关申报，海关接受，货物超过报关期限，海关要征收滞报金，报关员应如何处理？

子项目三　配合查验

项目引入

2015 年 5 月 28 日，浙江某公司向杭州海关隶属义乌海关申报出口一批皮带、旅行包、帽子等小商品。在对该集装箱进行 X 光检查时，查验关员发现货物存在夹藏嫌疑，结合这票货物的报关单上清一色“无品牌”“无型号”的标注，查验关员敏锐地意识到这批货物存在较大的瞒报知识产权问题，该公司企图蒙混过关。经查验，发现夹带有“WORLD CUP 2014”商标的打火机 29 万多个。查验关员通过比对货物申报情况及机检图片，确定该批货物存在侵权风险。

在本子项目，学生要明确以下工作任务：

任务一　认知海关查验

任务二　企业如何配合海关查验

知识目标

1. 了解海关查验的内容以及目的；
2. 知道海关查验货物的方式；
3. 掌握海关查验货物的要求；
4. 熟悉海关查验货物的流程；
5. 熟悉企业如何配合海关查验。

技能目标

1. 能够准确填写海关查验记录；
2. 能够在海关查验过程中积极配合，并且熟悉货物的相关情况。

素质目标

1. 在查验过程中培养学生勤劳、能吃苦的精神；
2. 配合查验并和海关沟通，培养学生的沟通能力。

任务分析与实施

任务一　认知海关查验

海关查验是指海关在接受报关单位的申报后，为确定进出境货物的性质、原产地、货物状况、数量和价值是否与货物申报单上已填报的详细内容相符，依法对货物进行实际检查的行政执法行为。查验是国家赋予海关的一种依法行政的权力，也是通关过程中必不可少的重要环节。

一、查验目的

海关查验的目的，一是通过核对实际进出境货物与报关单证来验证申报环节所申报的内容与查验的单、货是否一致，通过实际的查验发现申报审单环节所不能发现的瞒报、伪报和申报不实等走私违规情况或其他进出境问题；二是验证申报审单环节提出的疑点，为征税、统计和后续管理提供可靠的监管依据。

二、查验地点

一般在海关监管区内的进出境口岸码头、车站、机场、邮局或海关的其他监管场所进行查验。对进出境大宗散货、危险品、鲜活商品、落驳运输的货物，经进出境收发货人或其代理人的申请，海关也可在作业现场予以查验放行。在特殊情况下，经进出境收发货人或其代理人申请，海关审核同意，也可派员到规定的场所以外的工厂、仓库或施工工地查验货物。

三、查验方式

海关可以进行彻底查验，也可以进行抽查。查验操作可以分为人工查验和设备查验。海关可以根据货物情况以及实际执法需要，确定具体的查验方式，如表 3 - 20 所示。

表 3 - 20　　查验方式

查验方式		具体内容
人工查验	外形查验	对货物的包装、标记、商标等进行验核。外形查验只适用于大型机器、大宗原材料等不易搬运、移动货物的查验。此外，海关还充分利用科技手段配合查验，如地磅和 X 光机等查验设施和设备
	开箱查验	将货物从集装箱、货柜车箱等箱体中取出并拆除外包装后，对货物实际状况进行验核
设备查验		以利用技术检查设备为主对货物实际状况进行验核

海关查验部门自受理查验时起，到实施查验结束、反馈查验结果最多不得超过 48 小时，对出口货物应于查验完毕后半个工作日内予以放行。查验过程中，发现有涉嫌违规等行为的，不受此时限限制。

课堂讨论

当海关对已经报关的进出境货物进行查验时，收发货人或其代理人必须到场，并按海关要求负责搬运、拆装箱等工作。海关能不能在未经收发货人或其代理人同意的情况下自行开箱验货或者提取货样？

四、查验记录

海关查验进出境货物以后，要填写一份查验记录。查验记录由海关执行查验任务的关员填写，查验记录的内容一般包括查验时间、地点、进出境货物的收发货人或其代理人的名称以及申报货物的情况。查验关员需要查验货物的运输包装情况，货物的名称、规格、型号、原产国别、自然属性［品质、新旧程度、数（重）量、进出境时的状态（原材料、半成品、整机、全套组装件、全套散件等）］，提取货样情况以及查验结论等。查验关员和陪同查验的报关员应在查验记录上签写全名。

查验记录是进出境货物现场查验的真实反映，是海关和进出境货物收发货人或其代理人共同认可的正式记录和书证，能为海关征税、统计和后续管理提供可靠依据，也是海关查处违规案件、处理纳税争议的有力证据。

五、查验要求

海关在查验时有以下要求：

第一，货物的收发货人或其代理人必须到场，并按海关的要求负责货物的搬移、拆装箱和重封货物的包装等工作。

第二，海关认为必要时，可以开验、复验或提取货样，货物管理人员应当到场作为见证人。

第三，查验申请人提供往返交通工具和住宿，并支付有关费用，同时按海关的规定交纳规费。

另外，我国《海关法》规定，海关在查验进出境货物时，若损坏被查验的货物，应当赔偿实际损失。此时，由海关关员如实填写《查验货物、物品损坏报告书》并签字，一式两份，查验关员和当事人各留一份。双方共同商定货物的受损程度或修理费用，以海关审定的完税价格为基数确定赔偿金额。赔款一律用人民币支付。根据我国《海关法》的规定，除海关特准的货物以外，进出境货物在收发货人缴清税款或者提供担保后，可由海关签章放行。

课堂讨论

海关检查完一批贵重的精密仪器，交给发货人或其代理人时，发货人或其代理人未发现货物有损坏，但后来发现了货损且证实是由海关造成的，发货人或其代理人要求海关赔偿。讨论：这种做法对么？为什么？

任务二　企业如何配合海关查验

一、海关查验操作流程

步骤一：海关确定查验后，由现场接单关员打印《查验通知单》，必要时制作查验关封交报关员。

步骤二：安排查验计划。由现场海关查验受理岗位安排查验的具体时间，一般当天安排第二天的查验计划。

步骤三：海关查验货物时，进口货物的收货人、出口货物的发货人或其授权报关员应当到场，并负责协助搬移货物、开拆和重封货物的包装。海关认为必要时，可以开验、复验或者提取货样。

步骤四：查验结束后，由陪同人员在《查验记录单》上签名、确认。

二、企业配合查验工作

海关查验货物时，进出境货物收发货人或其代理人应该在场，报关员配合海关查验，具体应该做如下工作：

第一，按照海关的要求搬运货物、开箱、封箱及重封货物。

第二，事先了解申报货物的情况，如实回答查验人员的询问，并提供相关资料。

第三，协助海关提取货样，收取海关的取样清单。

第四，查验结束后确认签字。

三、查验过程中货物损坏、包装破损导致短量的赔偿

查验时，不属于海关赔偿的范围有：搬运货物、开箱、封箱不慎造成损坏的；易腐、易失效物品在海关正常工作时间内变质失效的；正常磨损；查验之前已经损坏的；不可抗力造成的损失；正常查验时未提出异议，之后发现损坏的，海关不负责赔偿。

对进出境货物的报关，海关经过审核报关单据，查验实际货物，并依法办理了征收

税费手续或减免税手续后，在有关单据上签盖放行章，货物的所有人或其代理人才能提取或装运货物。值得注意的是，口岸海关对进出境货物的放行意味着：对一般贸易进出境货物，海关监管结束；对需要转为海关以其他方式继续监管的货物，货物进入另一种方式的海关监管；对需要转至另一设关地点的货物，甲海关监管结束，乙海关监管开始。

角色模拟

报关员为货物进行申报完毕后，海关下达查验通知，确定查验方式为抽查，学生小组根据划分的报关员、海关、货主等角色进行模拟，拿好上个任务完成的单证、资料文件到现场，报关员根据海关查验通知，到口岸办理实际货物查验手续，现场配合海关查验货物，根据相关情况判断货物损坏赔偿情况。由海关关员进行提问，报关员回答海关关员提出的问题，货物查验合格后海关放行并盖章，报关员签章。

项目考核

一、不定项选择题

1. 下列情形中，海关可以复验的是（　　）。

A. 经初次查验未能查明货物的真实属性，需要对已查验货物的某些性状做进一步确认的

B. 货物涉嫌走私违规，需要重新查验的

C. 进出境货物收发货人对海关查验结论有异议，提出复验要求并经海关同意的

D. 其他海关认为必要的情形

2. 进出境货物收发货人或其代理人配合海关查验的工作主要包括（　　）。

A. 负责搬运货物、开箱、封箱

B. 回答提问，提供有关单证

C. 对需要做进一步检验、化验或鉴定的货样，收取海关开具的取样清单

D. 签字确认查验记录

3. 因海关关员的责任造成被查验货物损坏的，进出境货物收发货人或其代理人可以要求海关赔偿。下列情况中，海关将不予赔偿的是（　　）。

A. 海关正常查验所产生的不可避免的磨损

B. 搬运货物、开箱、封箱不慎造成损坏的

C. 因海关关员的责任造成被查验货物损坏的直接经济损失以外的其他经济损失

D. 海关查验时进出境货物收发货人或其代理人对货物是否受损坏未提出异议，事后发现货物有损坏的

4. 关于进出境货物报关，下列说法正确的是（　　）。

A. 进口货物的收货人经海关同意，可以在申报前查看货物或者提取货样

B. 所有的进出境货物必须经过海关彻底查验后才能放行

C. 对于鲜活、易腐、易烂等不宜长期保存的货物，经收发货人或其代理人申请，海关可以优先安排实施查验

D. 海关正常查验时产生的不可避免的磨损，不属于海关的赔偿范围

二、判断题

1. 对进口汽车、摩托车，报关员应向海关申请签发进口付汇证明书，进口货物收货人凭以向国家交通管理部门办理牌照申领手续。(　　)

2. 海关的赔偿范围仅限于实施查验过程中由于海关关员的责任造成被查验货物损坏的直接经济损失。(　　)

3. 进出口货物有违法嫌疑的，海关可以在进出境货物收发货人或其代理人不在场的情况下，对进出境货物进行开拆包装查验。(　　)

4. 已经参加过货物查验的查验人员，可以参加对同一票货物的复验。(　　)

5. 海关不得查验已查验过的货物。(　　)

6. 海关可以进行彻底查验，也可以进行抽查。(　　)

7. 特殊情况下，海关可以派员到监管区外进行查验。(　　)

8. 海关关员在查验过程中，对造成被查验货物损坏的间接经济损失也要负赔偿责任。(　　)

9. 对于一般进出口货物，海关进出境现场放行即等于结关。(　　)

子项目四　进行商品归类

项目引入

上海五矿浦东公司（组织机构代码：3122210095）代理上海空调有限公司（位于浦东新区）进口镀锌板（属于法检和自动进口许可管理）。该货物于 2016 年 8 月 19 日进口，2016 年 8 月 30 日，五矿浦东公司持相关证件向上海浦江海关申报。海关法定计量单位为千克，运费为 USD 19/MT，保险费率为 0.25%。报关员进行报关申报，首先要确定该货物的商品编码，那么，如何确定商品编码呢?

在本子项目，学生需要完成以下任务：

任务一　商品归类遵守的协调制度

任务二　商品归类总规则

任务三　我国商品的预归类

任务四　商品归类的基本操作

知识目标

1. 知道商品归类遵守的协调制度；
2. 掌握商品归类规则；
3. 理解我国商品的预归类制度。

技能目标

1. 能灵活运用商品归类遵守的协调制度；
2. 能熟练运用商品归类规则进行商品归类；
3. 能正确进行我国商品的预归类。

素质目标

1. 在商品归类过程中，需要学生缜密地分析商品的归类要素，培养学生的逻辑思维能力；

2. 严格按照归类规则、制度进行归类，培养学生遵守规则的意识。

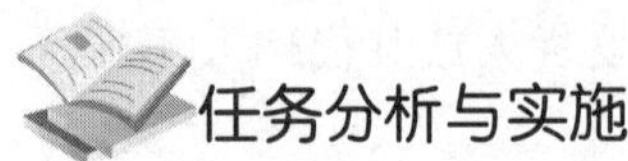

任务分析与实施

任务一　商品归类遵守的协调制度

一、商品归类

（一）商品归类的定义

《中华人民共和国海关进出口货物商品归类管理规定》（以下简称《商品归类管理规定》）第二条对“商品归类”进行了定义。

商品归类是指在《商品名称与编码协调制度公约》（以下简称《协调制度公约》）商品分类目录体系下，以《中华人民共和国进出口税则》（以下简称《进出口税则》）为基础，按照《进出口税则商品及品目注释》（以下简称《商品及品目注释》）、《中华人民共和国进出口税则本国子目注释》（以下简称《本国子目注释》）以及海关总署发布的关于商品归类的行政裁定、商品归类决定的要求，确定进出口货物商品编码的活动。

（二）商品归类的作用

商品归类工作不仅是海关开展税收征管、实施贸易管制、进行进出口统计和查缉走私等工作的重要基础，也是进出口企业办理各项进出口报关相关业务的重要基础。某一进出口货物的商品编码一经确定，则其适用的关税税率、法定计量单位、监管证件等也就确定下来，因此无论是对于海关还是对于进出口货物收发货人，商品归类均有着重要的意义。我国相关法律规定纳税义务人具有自行确定进出口货物商品编码并正确申报的义务。商品归类是报关从业人员必须掌握的重要技能。

（三）商品归类的依据

纳税义务人应当对其申报的进出口货物进行商品归类，并归入相应的税则号列，海关应当依法审核确定该货物的商品归类。我国进出口商品归类的法律依据具体包括：

（1）我国进出口商品分类目录采用《协调制度公约》商品分类目录体系。

（2）《进出口税则》中的归类总规则、类注、章注、子目注释以及品目条文、子目条文。

（3）《商品及品目注释》。

（4）《本国子目注释》。

（5）海关总署下发的关于商品归类的行政裁定和商品归类决定以及海关总署转发的WCO（世界海关组织）归类等。

此外，《海关法》第四十二条和《进出口关税条例》第三十二条都明确规定，海关可以要求纳税义务人提供确定商品归类所需的有关资料；必要时，海关可以组织化验、检验，并将海关认定的化验、检验结果作为商品归类的依据。

二、协调制度的产生与发展

《协调制度公约》（HS）是指原海关合作理事会（1995 年更名为世界海关组织）在《海关合作理事会商品分类目录》（CCCN）和联合国制定的《国际贸易标准分类目录》（SITC）的基础上，参照国际上主要国家的税则、统计、运输等分类目录而制定的一个多用途的国际贸易商品分类目录。经国务院批准，我国海关自 1992 年 1 月 1 日起开始采用《协调制度公约》，使进出口商品归类工作成为我国海关最早实现与国际接轨的执法项目之一。

早在 1853 年布鲁塞尔召开的国际经济大会上就决定以统一的国际关税目录作为国际统计目录的基础，参与国开始了统一商品分类目录的努力。1913 年在布鲁塞尔召开了第二届国际商业统计会议，批准制定了一个统一的统计目录。1927 年召开的世界经济会议上提出要制定一个统一的海关税则目录，并于 1937 年完成定稿，被命名为《日内瓦目录》。该目录共分 21 类、86 章和 991 个品目。第二次世界大战后，西欧一些国家成立了欧洲海关同盟研究小组，在《日内瓦目录》的基础上拟定了《布鲁塞尔税则目录》，并于 1959 年正式实施。该目录共分 21 类、99 章和 1 011 个品目。1974 年该目录改称为《海关合作理事会商品分类目录》（CCCN），逐渐成为众多国家制定本国海关税则的基础。同时，1948 年至 1950 年，联合国统计委员会也研究制定了《国际贸易标准分类目录》，供各国进行外贸统计时使用，该目录共分 10 类、63 章、233 组和 3 041 个基本项目。

由于不同的商品分类目录，其分类体系、结构和编码不完全一致，给国际贸易带来了很多不便，为此，联合国欧洲经济委员会于 1970 年向海关合作理事会建议成立一个研究小组，负责研究商品分类目录。该研究小组向海关合作理事会提交了研究报告，指出编制《协调制度公约》是可行的。海关合作理事会于 1973 年批准了该报告并成立了一个协调制度委员会，负责编写《协调制度公约》并起草有关实施的文本。经过多年努力，在 CCCN 和 SITC 以及其他一些国际商品分类目录的基础上编制的《协调制度公约》于 1983 年 5 月定稿，1983 年 6 月，《商品名称及编码协调制度的国际公约》及其附件《协调制度公约》在海关合作理事会第 61、62 届会议上获得通过，并于 1988 年 1 月 1 日正式生效，成为缔约方制定本国海关税则和外贸统计目录的基础。

1987 年，《协调制度公约》的缔约方仅有 32 个，而截至目前，实际采用《协调制度公约》的国家和地区已达到 200 多个，全球贸易总量 98%以上的货物都是根据《协调制度公约》进行分类。WTO 成员都采用《协调制度公约》作为贸易谈判的共同贸易语言；WTO 的许多产品协议，如 ITA 产品、民用航空产品、药品等均已采用《协调制度公约》编码；大多数发达国家和地区的 WTO 关税减让表也根据《协调制度公约》来制定。此外，《协调制度公约》也为 WCO 和 WTO 制定共同发展的新国际原产地规则提供了基础。

协调制度委员会定期对《协调制度公约》进行全面的重审和修订。这种健全的自我完善机制使得《协调制度公约》能够不断适应科学技术的发展和贸易格局的改变，维护自身的权威性和科学性。

三、协调制度的基本结构

为适应国际贸易及商品的发展，世界海关组织每 4～6 年对《协调制度公约》进行一次较大范围的修改。《协调制度公约》自1988年1月1日正式实施起至今已经过五次修订，从而形成了1988年、1992年、1996年、2002年、2007年和2012年六个版本，其中2012年版的HS共有5 250个六位数编码。

从总体结构上讲，《协调制度公约》目录与《海关合作理事会商品分类目录》基本一致，其将国际贸易涉及的各种商品按照生产部类、自然属性和不同功能和用途等分为21类、97章。《协调制度公约》主要是由税（品）目和子目构成[税（品）目号中第1～4位称为税（品）目，从第5位开始称为子目]，为了避免各税（品）目和子目所列商品发生交叉归类，在许多类、章下加有类注、章注和子目注释，设在类、章之首，是解释税（品）目、子目的文字说明，同时将归类总规则作为指导整个《协调制度公约》商品归类的总原则。

（一）商品编码表

《协调制度公约》是一部系统的国际贸易商品分类目录，所列商品名称的分类和编排是有一定规律的。从类来看，它基本上是按社会生产的分工（或称生产部类）分类的，将属于同一生产部类的产品归在同一类里。如农业在第一、二类；化学工业在第六类；纺织工业在第十一类；冶金工业在第十五类；机电制造业在第十六类等。从章来看，基本上是按商品的属性或用途来分类。第1～83章（第64～66章除外）基本上是按商品的自然属性来划分，每章则是按照动物、植物、矿物质来先后排列的。如第1～5章是活动物和动物产品；第6～14章是活植物和植物产品；第50章和第51章是蚕丝、羊毛及其他动物毛；第52章和第53章是棉花、其他植物纺织纤维和纸纱线；第54章和第55章为化学纤维。商品之所以按自然属性分类，是因为其种类、成分或原料比较容易区分，也因为商品价值的高低往往取决于构成商品本身的原材料。第64～66章和第84～97章是按货物的用途或功能来划分的，如第64章是鞋、第65章是帽、第84章是机械设备、第85章是电气设备、第87章是汽车、第89章是船舶等。这样分类的原因：一是这些物品由各种材料或多种材料构成，难以将这些物品作为哪一种材料制成的物品来分类。如鞋、帽，有可能是皮的，也可能是布的或塑料的，有些还可能是由几种材料构成的。如运动鞋，其外底是橡胶的，鞋内底是泡沫塑料的，鞋面底是泡沫塑料的，鞋面是帆布的等。二是商品的价值主要体现在生产该物品的社会必要劳动时间上。如一台机器，其价值的高低一般主要是看生产这台机器所耗费的社会必要劳动时间，而不是看机器用了多少贱金属等。从目的排列看，一般也是按动物、植物、矿物质顺序排列，而且更为明显的是，原材料先于产品，加工程度低的产品先于加工程度高的产品，列名具体的品种先于列名一般的品种。如在第44章内，品目4403是原木；4404至4408是经简单加工的木材；4409至4413是木的半制品；4414至4421是木的制成品。

商品编码的前四位数码表示品目，其中前两位表示货品所在章，后两位表示此货品在该章的序次。如品目01.05，表示该货品在第1章，是第五个品目。一些品目则被细分为一级子目，一级子目再被细分为二级子目。一级子目用五位数码表示，第五位数码通常表示它在所属品目中的序号；二级子目用六位数码表示，第六位数码通常表示它所属一级子目的序号。如0105.12，表示该货品属于第1章第五个品目第一个一级子目中的第二个二级子目。没有设一级子目或二级子目的品目，第五位或第六位数码用“0”表示。如0205.00，表示第2章第五个品目下没有一级子目和二级子目。需要说明的是，未列明商品的第五位或第六位数码用9表示，不代表它在该级子目的实际序位，其间的空序号是为在保留原有编码的情况下适用日后新增添的商品而设置。还需要注意的是，数字 9 被未列明零件占用时，数字 8 表示未列明整机。例如：8509.90 为家用电动器具零件；8509.80 为未列明其他家用电动器具。

由于 HS 经过多次修改，目前的 HS 目录中某些品目或某些子目已被删除，例如第 5 章中原第三个品目（05.03）和第九个品目（05.09）、第 14 章中原第二个品目（14.02）和第三个品目（14.03）等已被删除，又如第 26 章的第一级子目 2620.50 也已被删除，所以 HS 编码的连续性特点已被打破。

（二）类注、章注和子目注释

HS 的注释有三种，即位于类标题下的类注、位于章标题下的章注、位于类或章标题下的子目注释。这些注释也是商品归类的依据，它与品目条文和子目条文具有同等法律效力。注释通常有以下几种表述方法：

（1）排他列举类、章、品目或子目所不包括的商品。排他列举在 HS 的注释中极为常见，如第 2 章章注列举了该章不包括的肉及杂碎。

（2）典型列举，即列出有代表性的商品来说明类、章、品目或子目的商品范围。如第 12 章的章注一用列举形式限定了品目 12.07 含油子仁及果实的范围；第 44 章子目注释中罗列了大量的热带木。

（3）列出技术指标来限定某些特定的商品范围。如第 11 章的章注二和章注三，对归入该章的谷物细粉和粗粉规定了技术指标。

（4）为重要的名词做出解释。如第十一类的子目注释一，解释了该类子目中使用的九个名词。

（5）阐述某些商品的归类规则。如第十一类的类注二，规定了由多种材料混纺的货品的归类原则。

上述注释因为具有法律效力而被称为法定注释，它与《商品名称及编码协调制度注释》不同，前者内容受到《协调制度公约》的约束，后者仅作为最有权威的解释存在，但不具有法律约束力。此外，各国还可以根据本国的需要增加补充注释，其效力仅受本国法律约束。

（三）归类总规则

HS 有六条归类总规则，也是具有法律效力的归类依据，它们适用于品目条文、子目条文以及有关的注释无法解决商品归类的情况，是指导整个协调制度商品归类的总原则。关于归类总规则的具体内容详见本子项目的任务二。

四、进出口税则、海关统计商品目录与协调制度

我国《进出口税则》和《海关统计商品目录》是以《协调制度公约》为基础，结合我国实际进出口情况编制而成的。

进出口税则又称为海关税则，是一国通过一定的立法程序制定和公布实施的进出口货物和物品应税和免税的关税税率表。我国《进出口税则》的结构与协调制度目录结构基本相同，是由税则号列-货品名称-税率表、注释和归类总规则组成的。

我国《进出口税则》与协调制度的不同之处是：《进出口税则》在表中增设了税率栏，并将 HS 的商品编码改称为税则号列，而且我国《进出口税则》的税则号列为八位数编码，其中前六位数码与 HS 的商品编码完全一致，第七位、第八位编码是我国增设的子目。具体如表 3－21 所示。

表 3-21 进出口商品编码表（部分）

商品编码	商品名称	商品编码	商品名称
01.01	马、驴、骡：	0103.9110	——重量在 10 千克以下
	—马：	0103.9120	——重量在 10 千克及以上，但在 50 千克以下
0101.2100	——改良种用		
0101.2900	——其他	0103.9200	——重量在 50 千克及以上
	—驴：	01.04	绵羊、山羊：
0101.3010	——改良种用		—绵羊：
0101.3090	——其他	0104.1010	——改良种用
0101.9000	—其他	0104.1090	——其他
01.02	牛：		—山羊：
	—家牛：	0104.2010	——改良种用
0102.2100	——改良种用	0104.2090	——其他
0102.2900	——其他	01.05	家禽，即鸡、鸭、鹅、火鸡及珍珠鸡：
	—水牛：		
0102.3100	——改良种用		—重量不超过 185 克：
0102.3900	——其他		——鸡：
	—其他：	0105.1110	——改良种用
0102.9010	——改良种用	0105.1190	——其他
0102.9090	——其他		——火鸡：
01.03	猪：	0105.1210	——改良种用
0103.1000	—改良种用	0105.1290	——其他
	—其他：		
	——重量在 50 千克以下		

例如，鳗鱼苗的编码为 03019210，表示的信息如表 3-22 所示。

表 3-22 编码信息

编码	0	3	0	1	9	2	1	0
位数	1	2	3	4	5	6	7	8
含义	章号		顺序号		一级子目	二级子目	三级子目	四级子目

其中，第五位编码表示它所在税（品）目下所含商品一级子目的顺序号；第六位编码表示它所在税（品）目下所含商品二级子目的顺序号；第七位编码表示它所在税（品）目下所含商品三级子目的顺序号；第八位编码表示它所在税（品）目下所含商品四级子目的顺序号。若第五至八位出现数字 9，则它不一定代表在该级子目的实际顺序号，而是代表未具体列示的商品。

我国《海关统计商品目录》与我国的《进出口税则》的结构基本相同，只是将《进出口税则》中的税率栏改换为计量单位栏，税则号列栏改称商品编码栏。《海关统计商品目录》共分 22 大类、99 章，其中前 97 章的内容与《进出口税则》完全相同，增设的第 22 类的标题为“特殊交易品及未分类商品”，在该大类项下分列了第 98 章与第 99 章。

我国海关进出口商品分类目录的基本内容如下：

第 1 类　活动物；动物产品（第 1～5 章）

第 2 类　植物产品（第 6～14 章）

第 3 类　动、植物油、脂及其分解产品；精制的食用油脂；动、植物蜡（第 15 章）

第 4 类　食品；饮料、酒及醋；烟草、烟草及烟草代用品的制品（第 16～24 章）

第 5 类　矿产品（第 25～27 章）

第 6 类　化学工业及其相关工业的产品（第 28～38 章）

第 7 类　塑料及其制品；橡胶及其制品（第 39～40 章）

第 8 类　生皮、皮革、毛皮及其制品；鞍具及挽具；旅行用品、手提包及类似品；动物肠线（蚕胶丝除外）制品（第 41～43 章）

第 9 类　木及木制品；木炭；软木及软木制品；稻草、秸秆、针茅或其他编结材料制品；篮筐及柳条编结品（第 44～46 章）

第 10 类　木浆及其他纤维状纤维素浆；回收（废碎）纸或纸板；纸、纸板及其制品（第 47～49 章）

第 11 类　纺织原料及纺织制品（第 50～63 章）

第 12 类　鞋、帽、伞、杖、鞭及其零件；已加工的羽毛及其制品；人造花；人发制品（第 64～69 章）

第 13 类　石料、石膏、水泥、石棉、云母及类似材料的制品；陶瓷产品；玻璃及其制品（第 70 章）

第 14 类　天然或养殖珍珠、宝石或半宝石、贵金属、包贵金属及其制品；仿首饰；硬币（第 71 章）

第 15 类　贱金属及其制品（第 72～83 章）

第 16 类　机器、机械器具、电气设备及其零件；录音机及放声机、电视图像、声音的录制和重放设备及其零件、附件（第 84～85 章）

第 17 类　车辆、航空器、船舶及有关运输设备（第 86～89 章）

第 18 类　光学、照相、电影、计量、检验、医疗或外科用仪器及设备，精密仪器及设备；钟表；乐器；上述物品的零件、附件（第 90～92 章）

第 19 类　武器、弹药及其零件、附件（第 93 章）

第 20 类　杂项制品（第 94～96 章）

第 21 类　艺术品、收藏品及古物（第 97 章）

任务二　商品归类总规则

归类总规则作为《协调制度公约》的重要组成部分，是进出口商品归类必须遵循的原则和方法。归类总规则是为保证每个商品，甚至是层出不穷的新商品都能始终归入同一个品目或子目，避免商品归类引起争议而制定的商品归类应遵循的原则。归类总规则位于《协调制度公约》的部首，共由六条构成，它们是指导并保证商品归类统一的法律依据。这里值得注意的是：归类总规则的使用顺序为规则一优先于规则二，规则二优先于规则三，必须按顺序使用。下面我们逐一介绍这六条归类总规则。

一、归类总规则一

条文内容：

类、章及分章的标题，仅为查找方便而设；具体法律效力的归类，应按品目条文和有关类注或章注确定，如品目、类注或章注无其他规定，按以下规则确定。

规则含义：

类、章及分章的标题，仅为查找方便而设，本身不是归类依据，归类的法律依据应该是品目条文和类注、章注，如果按品目条文及相关的章注、类注无法确定归类，则依次按规则二、三、四、五、六来归类。

例 1：第 1 类为活动物、动物产品，根据章注，流动马戏团、动物园或其他类似巡回展出用的活动物，不包括在第 1 类里面。

例 2：第 15 类的标题为“贱金属及其制品”，但许多贱金属制品不归入第 15 类，如铜纽扣归入 9606，铝拉链归入 9607。

二、归类总规则二

条文内容：

（一）品目所列货物，应视为包括该项货品的不完整品或未制成品，只要在进口或出口时该项不完整品或未制成品具有完整品或制成品的本质特征；还应视为包括该货品的完整品或制成品（或按本款可作为完整品或制成品归类的货品）在进口或出口时的未组装件或拆散件。

（二）品目所列材料或物质，应视为包括该材料或物质与其他材料或物质混合或组合的物品。品目所列某种材料或物质构成的货品，应视为包括全部或部分由该种材料或物质构成的货品。由一种以上材料或物质构成的货品，应按规则三归类。

规则含义：

规则二（一），所有列出某一物品的品目范围不仅包括完整的物品，还应扩大到包括如下物品：

（1）不完整品（是否缺少关键部件）。如缺少电池的笔记本电脑，仍然按照笔记本电脑的基本特征进行归类。

（2）未制成品（主要看其是否具有制成品的特征）。如齿轮毛坯，虽需要进一步加工方可成为制成品，但是它已具有制成品的大概形状或轮廓，则可以判断为具有齿轮的基本特征。

（3）未组装件或拆散件（尚未组装或已拆散）。如组装木制家具，为了方便搬运拆开了，也应按家具归类，而不是木板。

规则二（一）要点：只要具备完整品或制成品的本质特征，就按完整品或制成品归类。

规则二（二）有两层含义：

（1）该规则是针对混合及组合材料或物质，以及由两种材料或物质构成的货品进行归类。规定品目所列材料或物质，应该扩大到该材料或物质中可以加入其他材料或物质，但是条件是加入材料或物质并不改变原来材料或物质或其所构成货品的基本特征。例如，品目“天然软木制品”应该包括天然软木制成的或者天然软木和其他材料制作成的物品，但涂蜡的热水瓶软木塞子（涂了蜡，加入了其他材料）仍然归入品目“天然软木制品”，因为涂蜡并未改变软木塞子（天然软木）的基本特征。

（2）由一种以上材料或物质构成的货品，或者看起来可归入两个或两个以上品目的，应按规则三归类。

三、归类总规则三

条文内容：

当货品按规则二（二）或由于其他原因看起来可归入两个或两个以上品目时，应按以下规则归类：

（一）列名比较具体的品目，优先于列名一般的品目。但是，如果两个或两个以上品目都仅述及混合或组合货品所含的某部分材料或物质，或零售的成套货品中的某些货品，即使其中某个品目对该货品描述得更为全面、详细，这些货品在有关品目的列名应视为同样具体。

（二）混合物、不同材料构成或不同部件组成的组合物以及零售的成套货品，如果不能按照规则三（一）归类时，在本款可适用的条件下，应按构成货品基本特征的材料或部件归类。

（三）货品不能按照规则三（一）或（二）归类时，应按号列顺序归入其可归入的最末一个品目。

规则含义：

（1）只有规则一和规则二都不能用的时候才能用规则三。

（2）在运用规则三时，必须按其中（一）、（二）、（三）款的顺序逐条运用。

例1：自行车轮胎似乎可归入40.11和87.14，但40.11对其描述得很具体，称之为“新的充气橡胶轮胎”，而87.14只是说“摩托车、自行车的零件”，因此自行车轮胎应归入40.11。

例2：碗装的方便面，由面饼、调味包、塑料小叉构成，这个商品就属于混合物，由于面饼构成了这个商品的基本特征，所以应该按面归类。

例3：成套的理发工具，由一个手动的理发推剪、一把木梳、一把剪刀、一把刷子组成，装于一只塑料盒中。归类时，查阅类、章注释，并无提到这类商品的具体列名，因此根据规则三（二），在这个商品中最具有主要特征的货品是手动理发推子和剪刀，所以应该归入8214.9000。

四、归类总规则四

条文内容：

根据上述规则无法归类的货品，应归入与其最相类似的货品的品目。

规则含义：

对于应用规则一至规则三仍无法归类的货品，只能用最相类似的货品的品目来替代，即将报验货品与类似货品加以比较以确定其与哪种货品最相类似。这里的“最相类似”指名称、特征、功能、用途、结构等因素，需要综合考虑才能确定。

五、归类总规则五

条文内容：

除上述规则外，本规则适用于下列货品的归类：

（一）制成特殊形状仅适用于盛装某个或某套物品并适合长期使用的照相机套、乐器盒、枪套、绘图仪器盒、项链盒及类似容器，如果与所装物品同时进口或出口，并通常与所装物品一同出售的，应与所装物品一并归类，但本款不适用于本身构成整个货品基本特征的容器。

（二）除规则五（一）规定的以外，与所装货品同时进口或出口的包装材料或包装容器，如果通常是用来包装这类货品的，应与所装货品一并归类，但明显可重复使用的包装材料和包装容器可不受本款限制。

规则含义：

规则五是一条关于包装物品归类的专门条款。规则五（一）仅适用于同时符合以下各条规定的容器：

（1）制成特定形状或形式，专门盛装某一物品或某套物品的，专门设计的，有些容器还制成所装物品的特殊形状。

（2）适合长期使用的，容器的使用期限与所盛装某一物品使用期限是相称的，在物品不使用期间，这些容器还起保护作用。

（3）与所装物品一同报验，单独进口或出口的容器应归入相应的品目。

（4）通常与所装物品一同出售。

（5）包装物本身并不构成整个货品的基本特征。

规则五（二）仅适用于同时符合以下规定的包装材料及包装容器：

（1）规则五（一）以外的。

（2）通常用于包装有关货品的。

（3）与所装物品一同报验，单独进口或出口的容器应归入相应的品目。

（4）不属于明显可重复使用的。

例如：装有首饰的首饰盒与首饰一起归入品目 7113；装有望远镜的望远镜盒一并与望远镜归入品目 9005；银制的茶叶罐装入茶叶，这个茶叶罐相对于茶叶来说比较贵重，那么就构成了这个货品的基本特征，因此应按照银制品归入 7114.1100，而不是按茶叶来归类。

六、归类总规则六

条文内容：

货品在某一品目项下各子目的法定归类，应按子目条文或有关的子目注释以及以上各条规则来确定，但子目的比较只能在同一数级上进行。除条文另有规定的以外，有关的类注、章注也适用于本规则。

规则含义：

本规则是关于子目应当如何确定的一条原则，子目归类首先按子目条文和子目注释确定；如果按子目条文和子目注释无法确定归类，则上述各规则同样适用于子目的确定；除条文另有规定的以外，有关的类注、章注也适用于子目的确定。在具体确定子目时，还应当注意以下两点：

（1）确定子目时，一定要按先确定一级子目，再确定二级子目，然后确定三级子目，最后确定四级子目的顺序进行。

（2）确定子目时，应遵循“同级比较”的原则，即一级子目与一级子目比较，二级子目与二级子目比较，依此类推。

例 1：每平方米重 180 克的全棉染色平纹布，先确定该商品的四位数的税（品）目号为 5208，然后比较其所属的五位数级子目所列名称哪个更为具体，应归入五位数号 5208.3，最后比较其所属六位数级子目的条文，确定本品应归入 5208.32。

例 2：羽毛球拍，归类时按运动用品先确定归入第 95 章，再按一般体育运动或户外游戏用品确定归入品目 95.06，然后根据归类总规则六的规定，将其归入子目 9506.5900 中。

归类总规则对于正确进行商品归类是极其重要的。但是，仅仅熟练掌握归类总规则，而未熟练掌握各类、章的结构及类、章的归类规则，未熟练掌握商品知识特别是作为归类要点的商品知识，则仍然不能进行正确归类。

课堂讨论

将学生分成小组，以小组为单位讨论以下内容：解决商品归类的具有法律效力的依据有归类总规则、类注、章注、子目注释，它们的先后顺序是怎样的？

任务三　我国商品的预归类

一、海关预归类

海关预归类，是指进出口货物在实际进出口前，海关注册登记的进出口货物经营单位（简称申请人）以海关规定的书面形式向海关提出申请并提供商品归类所需的资料，必要时提供样品，海关依法做出具有法律效力的商品归类决定的行为。

预归类申请应当向拟实际进出口货物所在地的直属海关提出。由直属海关制发《中华人民共和国海关商品预归类决定书》（以下简称《决定书》），《决定书》仅在直属关区内适用。

（一）预归类申请的提出

申请人可以在货物实际进出口的45日前，向直属海关申请就其拟进出口的货物进行预归类。应由申请人填写《中华人民共和国海关商品预归类申请书》（以下简称《申请书》）（见表3－23），以书面形式提交进出口地海关（包括直属海关）。进出口地海关应于接收申请的三天内交直属海关并由直属海关按有关规定决定是否受理。若接收申请的海关与申请人所在地海关不在同一直属海关关区，申请人应凭所在地直属海关开具的证明提出申请。申请人所在地直属海关在确认申请人申请预归类的同一种商品未向两个或两个以上海关提出预归类申请后，即开具允许异地申请的证明。

表3－23　　预归类申请表

（　　）关预归类申请　　号

申请人：	
企业代码：	
通信地址：	
联系电话：	
商品名称（中、英文）：	
其他名称：	
商品描述（规格、型号、结构原理、性能指标、功能、用途、成分、加工方法等）：	
进出口计划（进出口日期、口岸、数量等）：	
随附资料清单（有关资料请附后）：	
此前如就相同商品持有海关商品预归类决定书的，请注明决定书编号：	
申请人（章） 年　月　日	海关（章）： 签收人： 接收日期：　　　年　月　日

一份《申请书》只应包含一项商品；申请人对多项商品申请预归类的，应逐项提出。申请人不得就同一种商品向两个或两个以上海关提出预归类申请。

《申请书》应载明下列内容：

（1）申请人的名称、地址、在海关注册的企业代码、联系人姓名及电话等。

（2）申请预归类商品的中英文名称（其他名称）。

（3）申请预归类商品的详细描述，包括商品的规格、型号、结构原理、性能指标、功能、用途、成分、加工方法等。

（4）预计进出口日期及进出口口岸。

申请人应按海关要求提供足以说明申报情况的资料，如进出口合同复印件、照片、说明书、分析报告、平面图等，必要时应提供商品样品。申请所附文件如为外文，申请人应同时提供外文原件及中文译文。

《申请书》一式两份，申请人和做出决定的海关各执一份。《申请书》必须加盖申请单位印章，所提供资料与申请书必须加盖骑缝章。

申请人应对其所提供资料的真实性负责，不得向海关隐瞒或向海关提供影响预归类准确性的倾向性资料。如实际进出口货物与《决定书》所述及的商品不相符，申请人应承担法律责任，并按《海关法》的有关规定处理。申请人可向海关申请对其进出口货物所涉及的商业秘密进行保密。在《决定书》的有效期内，若申请人对归类决定持有异议，可向做出决定的海关提出复核。

（二）预归类申请的受理

预归类申请由各直属海关受理并做出决定。海关总署负责审查由直属海关上报的疑难商品或有归类争议的商品的预归类申请并做出决定。

海关根据有关规定对预归类申请进行审查，对不能满足预归类条件的申请，海关可不予受理。

申请预归类的商品应为申请人实际或计划进出口的货物，如所提申请与实际进出口无关，海关可不予受理。

（三）预归类决定书

海关做出预归类决定后，以《决定书》的形式通知申请人。《决定书》一式两份，一份交申请人持有，另一份由做出预归类决定的海关留存。

《决定书》应包括以下内容：

（1）申请人的名称、地址、在海关注册的企业代码等。

（2）申请日期。

（3）商品中英文名称。

（4）商品详细描述。

（5）海关商品归类编码。

（6）签发日期及海关签章。

（四）预归类决定书的使用

直属海关做出的预归类决定在本关区范围内有效，海关总署做出的预归类决定在全国范围内有效。《决定书》自海关签发之日起 1 年内有效。《决定书》只限申请人使用。持有《决定书》的申请人在该决定的有效期内进出口《决定书》中所述及的货物时，应向进出口地海关递交《决定书》。海关应以查验等方式核对实际进出口货物与《决定书》所述及商品的一致性。

海关在做出预归类决定后，不得随意更改。因海关原因需要改变预归类决定的，由直属海关发出《变更通知书》，原《决定书》自《变更通知书》送达之日起失效。由以下原因造成预归类决定改变的，原《决定书》即行失效：

（1）因申请人提供的商品资料不准确或不全面，造成原预归类决定需要改变的。

（2）因申请人补充资料或提交新资料，海关需要按新提交的预归类申请重新审核，造成原《决定书》失效的。

（3）因国家政策调整、法律及法规变化引起预归类决定改变的，申请人可持原《决定书》到原申请地海关申请换发。

（4）由其他原因引起《决定书》失效产生的问题，按《海关法》《进出口关税条例》和其他法规性文件的有关规定处理。

二、预归类服务

预归类服务是指进出口商品预归类单位受在海关注册登记的进出口货物经营单位的

委托，按照《海关进出口货物商品归类管理规定》的规定，对其拟进出口货物预先确定商品归类，并出具预归类意见书的活动。

此服务将以商品为单元的预归类意见书从平台上传至海关总署系统，为企业通关提供便利。

（一）预归类师

预归类服务人员（又称预归类师）是经预归类专业技能培训，专门从事进出口商品预归类服务的人员。简单来说，是为报关企业进行商品预归类的专业技术人员，因预归类的专业技术性较强，一般在职报关人员都对预归类望而生畏，所以应运而生这个专业岗位。

有意愿从事进出口货物预归类服务的人员，需参加中国报关协会统一组织的预归类专业技能培训及资格考试，并通过考试取得预归类服务人员资格证，可受聘于预归类服务单位开展预归类服务工作，也可受聘于符合条件即将申请预归类服务单位资质的企业。报名参加培训考试的人员应当符合下列条件：

（1）具有中华人民共和国国籍或持有有效港澳居民来往内地通行证的港澳居民或台湾居民来往大陆通行证的台湾居民。

（2）年满 18 周岁，具有完全民事行为能力。

（3）具有大专及以上学历，具备一定的进出口商品知识。

（4）遵守国家法律、行政法规，恪守职业道德，服从行业管理，具有较强的工作责任心和业务素质。

（5）熟悉国家有关进出口政策、法规、税则和海关的相关管理规定。

（二）预归类服务单位

预归类服务单位是指经中国报关协会评估并授予“预归类服务单位”资质，从事进出口货物预归类服务的单位。已取得“预归类服务单位”资质的企业如表 3-24 所示。

表 3-24　预归类服务单位

关区	序号	单位
天津	1	天津渤海报关有限公司
	2	天津宏利伟业国际货运代理有限公司
	3	天津津通报关有限公司
	4	天津市永诚世佳国际货运代理有限公司
	5	天津中铁青源国际货运代理有限公司
	6	天津华贸柏骏国际物流有限公司
	7	天津丰田物流有限公司
	8	天津经济技术开发区报关行
	9	天津振华报关行有限公司
大连	10	大连舸裔特国际物流有限公司
	11	大连经济技术开发区经纬服务中心
	12	大连蓝海报关有限公司
	13	大连圣大报关有限公司
	14	辽宁竞大国际物流有限公司
	15	大连万顺达国际物流有限公司
	16	大连忠进国际货运有限公司
	17	大连通达货运有限公司
	18	大连诚源企业管理有限公司
	19	大连瑞新国际物流有限公司

续前表

关区	序号	单位
上海	20	泰纳国际贸易咨询（上海）有限公司
	21	安悦（上海）管理咨询有限公司
	22	北京康捷空国际货运代理有限公司上海分公司
	23	上海及时达物流有限公司
	24	上海劲达报关有限公司
	25	上海科思达网络信息咨询服务有限公司
	26	上海美设国际货运有限公司
	27	上海申景报关有限公司
	28	上海外联发国际货运有限公司
	29	上海万历报关有限公司
	30	上海万三龙预归类咨询事务所有限公司
	31	上海威盛报关有限公司
	32	上海心海国际物流有限公司
	33	上海欣海报关有限公司
	34	上海兴亚报关有限公司
	35	上海亚东国际货运有限公司
	36	上海综合保税区商务咨询有限公司
	37	上海华松报关服务有限公司
	38	上海经贸国际货运实业有限公司
	39	上海中外运报关有限公司
	40	上海经贸虹桥报关有限公司
	41	上海亚东报关有限公司
	42	上海泓明国际货运有限公司
南京	43	南京中外运报关有限公司
	44	江苏宏康通关物流有限公司
	45	江苏宏坤供应链管理有限公司
	46	江苏凯通国际物流有限公司
	47	江苏众诚国际物流有限公司
	48	苏州工业园区报关有限公司
	49	苏州伟中报关有限公司
	50	无锡佳达国际货运代理有限公司
广州	51	广州市海通科技服务公司
	52	佛山市口岸报关有限公司
	53	佛山市顺德报关有限公司
	54	威时沛运货运（广州）有限公司
	55	广东中衡报关有限公司
	56	广州市花都区口岸报关行
	57	广州市挚联报关报检有限公司
深圳	58	东莞市东华报关报检服务有限公司
	59	深圳市华商联物流报关有限公司
	60	深圳市华商联报关报检有限公司
	61	深圳市普路通供应链管理股份有限公司
	62	广东汕头报关服务公司

欲开展预归类服务的单位应向中国报关协会申请预归类服务资质，中国报关协会依

《预归类服务管理办法》进行评估，对符合条件的授予预归类服务单位资质，颁发资质牌匾和证书。预归类服务单位的资质牌匾和证书由中国报关协会统一监制，在全国范围内有效。预归类服务单位取得资质后，方可开展预归类服务。中国报关协会评估预归类服务单位，原则上每年组织一次，并事前发布通告，可根据社会需求增加或减少。

预归类服务单位应当具备下列资质和条件：

（1）具备境内企业法人资格条件。

（2）取得预归类服务人员资格证的不少于 5 人，中西部企业不少于 3 人。

（3）加入行业自律组织，成为中国报关协会会员，可同时成为地方报关协会会员，服从行业管理。

（4）有符合从事预归类服务所必需的固定办公场所和上网设施。

（5）无发生走私犯罪，或在 1 个自然年度内无两次以上走私行为受到海关行政处罚，无因此被撤销预归类服务资质的。

（6）符合中国报关协会行业管理所规定的其他条件。

预归类服务单位应该严格按照《预归类服务操作规范》的要求，在预归类服务系统中开展业务，与委托方签署进出口货物预归类服务委托协议，对所属预归类服务人员的预归类服务行为承担相应的法律责任。预归类服务单位要接受中国报关协会的年度考核，若未通过考核，将会受到相应的处理，直至被撤销预归类服务资质。

（三）预归类服务系统

预归类服务系统是开展预归类服务的全国性统一网络平台（如图 3 - 4 所示），即全国预归类服务平台（http：// www. hscode. net）。

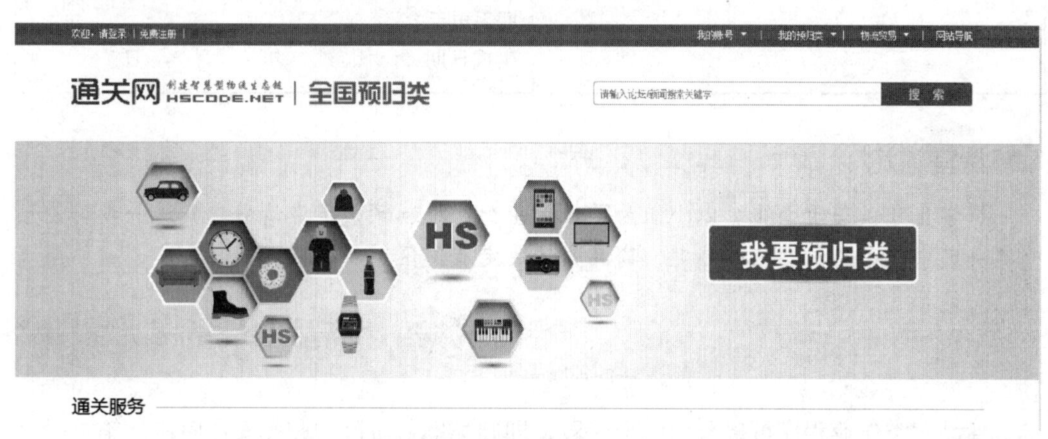

图 3 - 4　预归类服务系统界面

预归类委托人可通过预归类服务系统发布需求信息，并指定某一预归类服务单位为其提供预归类服务。预归类单位可通过预归类服务系统接受预归类委托人委托，与委托人签订进出口货物预归类服务委托协议，为其提供预归类服务，并出具进出口货物预归类服务意见书（以下简称预归类意见书）。

（四）预归类意见书

正常情况下，预归类服务单位应当自签订进出口货物预归类服务委托协议后，自预归类服务单位接到委托人交付齐全的材料之日起，10 个工作日内完成预归类服务，签发预归类服务意见书（见表 3 - 25）交给委托人，并由持有中国报关协会颁发的预归类服务资格证的人员进行复核或终审确认发送海关。预归类服务单位发现商品归类错误时，应立即在预归类服务系统里对该份预归类意见进行撤销标注，并书面通知预归类服务委托人终止使用该预归类意见书，同时将预归类意见书收回。

表 3－25　　进出口货物预归类服务意见书

预归类单位：　　预归类意见书编号：

<table>
<tr><td colspan="2">委托方：</td></tr>
<tr><td colspan="2">委托方企业海关注册代码：</td></tr>
<tr><td colspan="2">委托方通信地址：</td></tr>
<tr><td>委托方联系人：</td><td>联系电话：</td></tr>
<tr><td colspan="2">商品中文名称：</td></tr>
<tr><td colspan="2">规格型号：</td></tr>
<tr><td colspan="2">商品英文名称：</td></tr>
<tr><td colspan="2">其他名称：</td></tr>
<tr><td colspan="2">随附委托协议编号：</td></tr>
<tr><td colspan="2">状态：</td></tr>
<tr><td colspan="2">受理时限：</td></tr>
<tr><td colspan="2">商品描述：（此处需有商品属性定性，列举决定归类要素，如货物型号、成分及用途等）</td></tr>
<tr><td>归类结论及依据或理由：</td><td>预归类服务单位签章：
复审人：
终审人：
联系电话：
生成日期：　　年　月　日</td></tr>
</table>

课堂讨论

将学生分成若干小组，以小组为单位讨论如何填制预归类申请书，并进一步讨论预归类决定书、商品归类行政裁定、商品归类决定有何区别。

任务四　商品归类的基本操作

商品归类作业程序可以分为两个阶段，即归类准备阶段和归类操作阶段。第一阶段的主要任务是收集商品归类所需信息，为归类操作做好准备；第二阶段的主要任务是按照归类总规则确定的归类方法，配合运用其他归类依据逐步缩小查找范围，最终将商品准确归入《进出口税则》某一编码。

一、归类准备

本阶段的主要任务是对商品归类信息进行汇总和归纳整理。

商品归类信息是正确归类的前提。商品归类的对象是进出口货物，通常，对每一个货物都可以从不同的角度入手得到很多信息。根据内容不同，这些信息可以分为商品供求信息、商品技术信息、商品管理信息、商品生产经营环境信息和商品消费信息等。其中，很多信息对于归类并无用处，只有能够确定商品归类的信息才对商品归类作业有意义，掌握必要的商品归类信息是正确进行商品归类的前提、基础和保证。因此，从事商品归类作业很重要的一步就是从纷繁复杂的商品信息中收集商品归类所需的信息。对于作为归类对象的进出口货物，一般应了解其名称（学名、别名等）、原材料（组分及含量等）、结构、规格、性能、制造原理、加工状况（方式、过程、程度等），以及功能和用途等相关信息，还应了解与易混淆商品的相互区别等知识。

获取商品归类信息的途径如下所述。

（一）通过单证资料获取

从事商品归类作业时，通常呈现在归类工作人员面前的往往不是一道列明若干商品归类信息的归类题，而是一系列包括合同、发票、产品说明书等与归类相关、甚至无关的资料。因此，归类工作人员需要从这一系列资料中找到与归类有关的商品信息，从与商品相关的单证资料中获取归类信息是最主要的途径。例如，可以从发票中获取商品名称、规格型号、用途、成分、含量等信息；再如，从产品说明书中获取商品功能、原理、作用等信息。此外，待实施商品归类作业时，有可能还需要补充其他相关归类信息。

（二）通过看货取样获取

对于有些进出口商品，仅凭书面资料无法获得足以确定其归类的信息，这时可以采用看货取样的方式来获取归类信息。例如，看货时看到的外包装有时可起到前述某些书面资料的作用；又如，通过查看某些商品的内部结构来获取商品的工作原理、性能指标等信息；再如，通过化验的方式获得化工品的化学成分等信息。

（三）其他途径

可以获取商品归类相关信息的其他途径一般包括请教生产厂家、查询专业书籍、浏览相关网站等。

二、归类操作

（一）确定品目

（1）根据资料分析商品特性（如组成、结构、加工、用途等）。

（2）根据 HS 的分类规律初步分析该商品可能涉及的章和品目（可能有几个）。

（3）查找涉及的几个有关品目的品目条文。

（4）查看所涉及的品目所在章和类的注释，检查相关章注和类注有无特别的规定。

（5）有几个品目可归入而不能确定时，运用规则二、规则三（主要是规则三）。

通过以上步骤，一般即可确定该商品品目归类。

（二）确定子目

查阅所需品目的一杠子目条文和适用的注释，如可见该商品归类规定，则确定一杠子目（五位数级），如无规定，则运用适当修改后的归类总规则一至五确定一杠子目。依次重复前述程序，确定二、三、四杠子目（六、七、八位数级子目），最终完成归类操作。应注意，只有同一数级的子目才能进行比较。当然，确定到无冒号的子目条文后（该子目未被拆分），在商品编码栏可查到与上述条文对应的编码，即完成确定子目编码的最终操作。

例 1：确定食用调和油（含大豆油 60%、花生油 20% 、菜子油 15%、棕榈油 5%）的品目。

（1）该商品为植物油，由几种不同植物材料的油脂混合而成，属于混合的植物食用油。

(2) 该商品的归类可以考虑第 15 章“动、植物油、脂及其分解产品；精致的食用油脂”。

(3) 在第 15 章查找合适的品目，该商品符合品目 1517“本章各种动、植物油、脂及其分离品混合制成的食用油、脂或制品”的规定（注意不能归入品目 1507“豆油及其精制品”，因为该商品是混合油而不是单独的豆油）。

(4) 查看第 15 章章注，没有其他规定，故归入品目 1517。

例 2：确定猪肉制的婴儿均化食品（罐头装，重量 250 克）的子目。

(1) 该商品应该归入品目 1602 项下。在确定其子目时，查一级子目条文，发现该商品同时符合两个一级子目 1602.1000“均化食品”和 1602.4000“猪的”规定。

(2) 查看第 16 章子目注释一“子目 1602.10 的‘均化食品’，是指用肉、食用杂碎或动物血经精细均化制成供婴幼儿食用或营养用的零售包装食品（每件净重不超过 250 克）。归类时该子目优先于品目 1602 的其他子目”，该商品符合该子目注释的规定，并且根据该规定，子目 1602.1000 优先于子目 1602.4000，所以该商品应该归入子目 1602.1000。

例 3：确定重量为 1 000 克的活火鸡（供食用）的商品编码。

(1) 找到所在的类、章。火鸡是活动物，归第 1 类第 1 章。

(2) 查阅类注、章注，均未做说明。（即查阅第 1 类的类注和第 1 章的章注，不属于该章不包括的情形，因此可归入第 1 章）

(3) 查阅相应章中品目条文，如可见该商品，则确定品目。（即查阅第 1 章四位数品目号列及其黑体字。活火鸡属于家禽类，在 0105 就可以找到家禽）

(4) 进一步确定它的 8 位数编码，即 0105.9994。

课堂讨论

将学生分组，以小组形式讨论下列问题：美国一外商订购了某公司一批农用拖拉机，同时订购了一批配套用简单装载设备。该业务员在填写这些装载设备的 HS 编码时，没有填为“8432.8090（农业、园艺及运动场地滚压机…… 其他）”，而填为“8429.5100（机动推土机、侧产推土机、机铲装载机）”。这样填写会带来什么后果？有没有其他更好的填写方式？为什么？

项目考核

一、单项选择题

1. 下列叙述正确的是（　　）。

A. 在进行商品税则分类时，列名比较具体的税目优先于一般列名的税目

B. 在进行商品税则分类时，混合物可以按照其中的一种成分进行税则归类

C. 在进行商品税则分类时，商品的包装容器应该单独进行税则归类

D. 从后归类的原则是商品税则归类的普遍适用原则

2. 在进行商品税则分类时，对看起来可归入两个或两个以上税号的商品，在税目条文和注释均无规定时，其归类次序为（　　）。

A. 基本特征、最相类似、具体列名、从后归类

B. 具体列名、基本特征、从后归类、最相类似

C. 最相类似、具体列名、从后归类、基本特征

D. 具体列名、最相类似、基本特征、从后归类

3. 下列货品属于HS归类总规则中所规定的“零售的成套货品”的是（　　）。

A. 一个礼盒，内有一瓶咖啡、一瓶咖啡伴侣、两只塑料杯子

B. 一个礼盒，内有一瓶白兰地酒、一个打火机

C. 一个礼盒，内有一包巧克力、一个塑料玩具

D. 一碗方便面，内有一块面饼、两包调味品、一把塑料小叉

二、填空题

在下列各题括号内填写该商品在《进出商品名称及编码》中的8位编码。

（1）冷大马哈鱼（　　　）

（2）硬粒小麦（　　　）

（3）未经过化学改性的精制豆油（　　　）

（4）氯化钠（符合化学定义）（　　　）

（5）石油原油（　　　）

（6）元明粉（精制硫酸钠，分子式为 Na_2SO_4）（　　　）

（7）酪蛋白（　　　）

（8）初级形状的聚丙烯（　　　）

（9）褐色磨木浆（桦木）（　　　）

（10）山羊绒（未梳）（　　　）

三、判断题

根据《报关员国家职业标准（试行）》，报关的业务体系由报关单证准备与管理、报关作业实施与管理、报关核算、进出口商品归类与原产地确定、报关事务管理、海关行政救济事务管理及培训指导七个业务单元或业务功能模块构成。（　　）

四、业务题

请对连衣裙裁剪片（布料：纯棉机织印花布，幅宽110厘米，170克/平方米）进行品目归类。

子项目五　缴纳税费

项目引入

报关员安迪跟随经理为一票货物报关，具体内容是：大连捷达汽车国际贸易有限公司从日本进口排气量为300毫升、装有往复式活塞内燃发动机的摩托车10辆，以每辆3 500美元CFR上海价格条件成交，由买方自行投保，支付保险费185美元。海关以成交价格并计入保险费估定该进口货物的完税价格。经查阅进口税则获知，该商品税目税号为8711.3010，进口关税最惠国税率为45%，进口环节增值税税率为17%，进口环节消费税税率为10%，当时的计征汇率为1美元=6.80元人民币。经理让安迪确定完税价格，同时计算出这票货物的进口关税税额、进口增值税税额、进口消费税税额。安迪有些迷茫，不知道如何完成经理布置的相关工作。请同学们带着安迪的困惑，以小组的形式帮安迪完成相关工作。

在本子项目，学生需要完成以下任务：

任务一　确定完税价格

任务二 确定进口货物原产地与适用的税率
任务三 进出境货物税费计算
任务四 进出境货物税费的减免、缴纳和退补

知识目标

1. 知道进出境货物完税价格的审定、纳税义务人应履行的权利和义务；
2. 知道税率的适用原则；
3. 掌握进出境货物税费的计征方法；
4. 掌握进出境关税的种类；
5. 熟悉进出境货物关税、增值税、消费税、滞纳金等相关税费的计算；
6. 熟悉进出境货物税费的退还、追征、补征。

技能目标

1. 能够根据货物特征核算应税货物的完税价格；
2. 能够计算进出境货物的税费；
3. 能够正确应用进出境货物完税价格的估价方法；
4. 能够处理进出境货物税费的退补。

素质目标

1. 在计算进出境货物税费时培养学生细致认真的工作习惯；
2. 在缴纳税费时培养学生诚实守信的态度。

任务分析与实施

任务一 确定完税价格

一、审定一般进口货物完税价格

进出境货物完税价格是对进出境货物征收关税及进口环节增值税的基础，是对进出境货物计征应缴税款时所使用的价格，也称为海关价格。我国海关审价的法律依据包括《海关法》(法律)、《进出口关税条例》(行政法规)、《海关审定进出口货物完税价格办法》及《海关进出口货物征税管理办法》(部门规章)。

海关依照六种价格依次对一般进出境货物进行完税价格的审定，如图 3-5 所示。

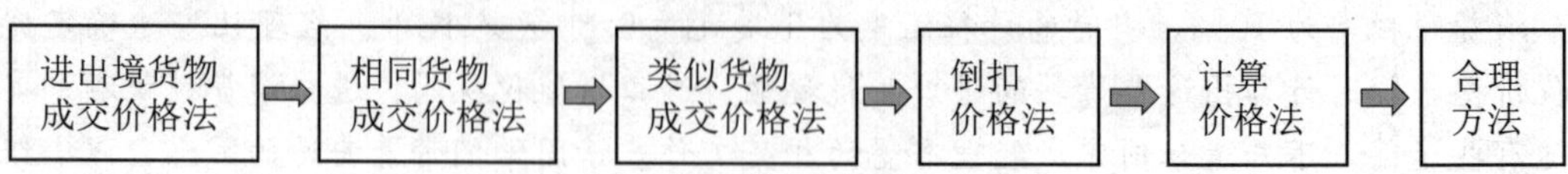

图 3-5 一般进出境货物完税价格的审定方法

(一) 进出境货物成交价格法

1. 成交价格

《海关审定进出口货物完税价格办法》规定的完税价格是海关以进口货物的成交价格为基础审查确定，并且应该包括货物运抵我国境内起卸前的运输及相关费用、保险费等（CIF 价）。

成交价格是指卖方向我国境内销售货物时买方为进口该货物向卖方实付、应付的，并按有关规定调整后的价款总额，包括直接支付的价款和间接支付的价款。成交价格不完全等同于贸易中实际发生的发票价格，需要按照有关规定进行调整。

成交价格包括三层含义：

(1) 买方购买货物并支付货款，卖方转移所有权。

(2) 成交价格不是发票上的价格，需要按照有关规定进行调整。

(3) 买方支付价款给卖方及第三方的目的是购买商品，支付价款包括已经支付和将要支付的货款和相关费用。

2. 成交价格的调整因素

在确定成交价格时，有些项目是计入项目，有些项目是扣除项目。计入项目包括买方承担的费用，与进口货物有关，但未计入发票总价；扣除项目包括不是买方承担的费用，与进口货物有关，计入发票总价。具体如表 3-26 所示。

表 3-26　　成交价格的调整因素

因素	项目	项目解释
计入项目	除购货佣金以外的佣金和经纪费	购货佣金是买方支付给采购代理人的，不计入； 销售佣金是卖方支付给销售代理人的，若转嫁给买方，应计入经纪费； 买方支付给经纪人的劳务费用应计入
	与进口货物为一个整体的容器费，属于同一税则号	
	包装费、材料费、劳务费	
	协助的价值（买方以免费或低于成本价的方式向卖方提供）	进口货物所包含的材料、部件、零件和类似货物的价值； 在生产进口货物过程中使用的工具、模具和类似货物的价值； 在生产进口货物过程中消耗的材料的价值； 在境外完成的为生产该货物所需的工程设计、技术研发、工艺及制图等工作的价值
	特许权使用费	买方为取得特许权（专利权或分销权等）而支付的费用
	返回给卖方的转售收益	
扣除项目	厂房、机械或者设备等货物进口后发生的建设、安装、装配、维修或者技术援助费用，保修费用除外	
	货物运抵境内输入地点起卸后发生的运输及相关费用、保险费	
	进口关税、进口环节税及国内税	
	为在境内复制进口货物而支付的费用	
	境内外技术培训及境外考察费用	
	符合条件的利息费用	利息费用是买方为购买进口货物融资而产生的； 有书面融资协议的； 利息费用单独列明的； 利率不高于融资当时利率水平且与进口货物的实付、应付价格非常接近的

3. 成交价格需要满足的条件

(1) 买方对进口货物的处置和使用不受限制，也存在虽受限制但不影响价格的情形，具体如表 3-27 所示。

表 3-27 买方对进口货物处置和使用限制的情形

完税价格审定不适用成交价格法	完税价格审定依然适用成交价格法
进口货物只能用于展示或者免费赠送的； 进口货物只能销售给指定第三方的； 进口货物加工为成品后只能销售给卖方或者指定第三方的； 其他经海关审查，认定买方对进口货物的处置或者使用受到限制的。	国内法律、行政法规或规章规定的限制； 对货物转售地域的限制； 对货物价格无实质影响的限制。

(2) 进口货物的价格不应受到某些条件或因素的影响而导致该货物的价格无法确定。有下列情形的，视为进口货物的价格受到了使该货物成交价格无法确定的条件或者因素的影响：进口货物的价格是以买方向卖方购买一定数量的其他货物为条件而确定的；进口货物的价格是以买方向卖方销售其他货物为条件而确定的；其他经海关审查，认定货物的价格受到使该货物成交价格无法确定的条件或者因素影响的。

(3) 卖方不得直接或间接从买方处获得因转售、处置或使用进口货物而产生的任何收益，除非上述收益能够被合理确定。

(4) 买卖双方之间的特殊关系不影响价格。

课堂讨论

大连汇通国际物流有限公司购买了一批机械设备，成交条件为 CIF 大连，该批货物的发票列示内容如下：机械设备 600 000 美元，运保费 5 000 美元，卖方佣金 25 000 美元，培训费 2 000 美元，设备调试费 2 000 美元。

讨论：该批进口货物的完税价格是多少？

(二) 相同货物或者类似货物成交价格法

1. 相同货物、类似货物

相同货物或类似货物成交价格法，即以与被估货物同时或大约同时向我国境内销售的相同或类似货物的成交价格为基础，审查确定进口货物完税价格的方法。“同时或大约同时”是指进口货物接受申报之日的前后各 45 天内。相同货物和类似货物的对比具体如表 3-28 所示。

表 3-28 相同货物和类似货物的对比

相同货物	类似货物
与进口货物在同一国家或地区生产	与进口货物在同一国家或地区生产
除表面微小差异外，在物理性质、质量和信誉等所有方面都相同的货物	有相似的特征、材料及相同的功能，在商业中可以互换的货物

2. 采用这个方法需要具备的五大要素

(1) 货类同：必须与进口货物相同或者类似。

(2) 产地同：必须与进口货物在同一个国家或者地区生产。

(3) 同时进：必须与进口货物同时或者大约同时进口。

(4) 数量同：必须与进口货物的数量相同或者大致相同。

(5) 低价格：当存在很多价格时要选择最低的价格。

(三) 倒扣价格法

1. 倒扣价格法

倒扣价格法是指以进口货物、相同或类似进口货物在境内第一环节的销售价格为基础，扣除境内发生的有关费用来估定完税价格的方法。“第一环节”是指有关货物进口后进行的第一次转售，并且转售者与境内买方之间不能有特殊关系。

2. 倒扣价格法的理解

(1) 销售价格应具备的条件：

1) 在被估货物进口时或大约同时，以该货物或类似货物在境内销售的价格为基础；

2) 按照该货物进口时的状态销售的价格；

3) 在境内第一环节销售的价格；

4) 向境内无特殊关系方销售的价格；

5) 按照该价格销售的货物合计销售总量最大。

(2) 倒扣价格法的核心要素：

1) 按进口时的状态销售；

2) 时间要素是进口时或大约同时，即被估货物申报日前后各 45 天或各 90 天；

3) 合计的货物销售总量最大。

(3) 倒扣价格法的倒扣项目：

1) 该货物的同级或同种类货物在境内第一环节销售时通常支付的佣金或利润和一般费用；

2) 货物运抵境内输入地点之后的运输及相关费用、保险费；

3) 进口关税、进口环节税及其他国内税；

4) 加工增值税，如果将货物经过加工后在境内转售的价格作为倒扣价格的基础，则必须扣除加工增值部分。

(四) 计算价格法

计算价格法与倒扣价格法正好相反，是逐渐往上加，它是以生产国或地区的生产成本作为基础价格来估定完税价格的方法。

1. 计算价格的构成项目

(1) 生产该货物所使用的原材料价值和进行装配或其他加工的费用。

(2) 向境内销售同等级或者同种类货物通常的利润和一般费用（包括直接费用和间接费用）。

(3) 货物运抵我国境内输入地点起卸前的运输费用及相关费用、保险费。

2. 注意事项

(1) 应纳税人的要求，经过海关同意可以与倒扣价格法颠倒次序使用。

(2) 采用这种方法，依据境外生产商提供的有关生产资料时，海关在征得同意后可以到境外核实有关资料。

(五) 合理方法

合理方法是指不能依据上述几项方法时，根据公平、统一、客观的估价原则，以客观量化的数据资料为基础审查确定完税价格的方法。

在运用合理方法估价时，禁止使用下列六种价格：

(1) 境内生产的货物在境内销售的价格。

(2) 两种价格中较高的价格。

(3) 货物在出口地市场的销售价格。

(4) 以计算价格法规定之外的价值或者费用计算的相同或者类似货物的价格。

(5) 出口至第三国或地区的货物的销售价格。

(6) 最低限价或武断、虚构的价格。

二、审定特殊进口货物完税价格

特殊进口货物是一些以特殊的贸易方式或交易方式进口的货物。这里所讲的“特殊”并不是指货物本身，而是指特殊的贸易方式或交易方式。

(1) 加工贸易、出口加工区、保税区进口料件和制成品的估价方法。具体如表 3-29 所示。

表 3-29　　加工贸易、出口加工区、保税区进口料件或制成品的一般估价法

贸易方式		货物类型	完税价格
加工贸易	进料加工	需要征税	以该料件申报进口时的成交价格为基础
		保税料件	以料件原进口成交价格为基础确定。料件原进口成交价格不能确定的，海关以接受内销申报的同时或大约同时进口的与料件相同或类似的货物的进口成交价格为基础确定
		制成品（残次品、副产品）	以料件原进口时的价格估定。制成品因故转为内销时，以制成品所含料件原进口时的价格确定
		边角料、副产品	以海关审查确定的内销价格作为完税价格
	来料加工	料件或制成品（残次品）	以料件申报内销时的价格估定。来料加工的料件原进口时是没有成交价格的，因此以进口料件申报内销时的价格确定
		边角料、副产品	以海关审查确定的内销价格作为完税价格
出口加工区		料件	以相同或者类似货物成交价格为基础确定完税价格
		制成品、残次品	以制成品申报内销时的价格确定
		边角料、副产品	以海关审查确定的内销价格作为完税价格
保税区		进口料件或制成品（包括残次品）	以申报内销时的价格估定。如果内销的制成品中含有从境外采购的料件，以从境外购入的料件原进口时的价格确定
		进料加工制成品（含境内采购料件）	以制成品所含的从境外购入的料件原进口成交价格为基础确定
			料件原进口成交价格不能确定的，海关以接受内销申报的同时或大约同时进口的与料件相同或类似的货物进口成交价格为基础确定
		来料加工制成品（含境内采购料件）	海关以接受内销申报的同时或大约同时进口的与料件相同或类似的货物进口成交价格为基础确定
		边角料、副产品	以海关审查确定的内销价格作为完税价格

(2) 出境修理和出境加工复运进境货物的估价方法。具体如表 3-30 所示。

表 3-30　　出境修理和出境加工复运进境货物的估价方法

货物类别	完税价格	
	完税价格规定期限内（6 个月）正常运回	规定期限内未正常运回
出境修理复运进境货物	根据境外修理费和料件费审查确定	按一般进口货物审单完税价格确定
出境加工复运进境货物	根据境外加工费、料件费、复运进境的运输及相关费用、保险费审查确定	按一般进口货物审单完税价格确定

(3) 其他进出境货物的估价方法。具体如表 3－31 所示。

表 3－31　　其他进出境货物的估价方法

货物类别	适用情况	完税价格
暂时进境货物	应纳税的	按一般进口货物的完税价格确定
	留购的	以海关审查确定的留购价格作为完税价格
租赁进口货物	以租金方式支付的	以租金为完税价格
	留购的	以海关审查确定的留购价格作为完税价格
	一次性纳税的	可申请以规定估价方法确定的完税价格或以租金总额作为完税价格
减免税货物	经批准可以出售、转让、移作他用的货物	补税时征收，以该货物原进口时的价格扣除折旧部分价值作为完税价格
	完税价格＝海关审定的该货物原进口时的价格×(1－征、补税时实际进口的月数÷监管年限×12)	
无成交价格货物	易货贸易、寄售、捐赠、赠送	不适用成交价格法的，应采用其他几种方法确定完税价格
软件介质	介质本身的价值或成本与所载软件价值分列	以介质本身的价值或成本为基础审查确定完税价格

课堂讨论

运往境外加工的货物，离岸价格和加工后进境的到岸价格都无法获取，此时应当怎样确定该批货物的完税价格?

三、审定出口货物完税价格

(一) 出口货物完税价格与成交价格

出口货物完税价格由海关以该货物的成交价格为基础审查确定，包括货物运至我国境内输出地点装载前的运输及相关费用、保险费。

出口货物的成交价格是指货物出口销售时，卖方为出口该货物向买方直接收取或间接收取的价款总额。

不计入出口货物完税价格的税收、费用包括：

(1) 出口关税。

(2) 在货物价款中单独列明的货物运至我国境内输出地点装载后的运费及相关费用、保险费。

(3) 在货物价款中单独列明由卖方承担的佣金。

(二) 出口货物的其他估价方法

出口货物成交价格不能确定的，海关与纳税义务人进行磋商，依次以下列价格确定货物的完税价格：

(1) 同时或者大约同时向同一国家或者地区出口的相同货物的成交价格。

(2) 同时或者大约同时向同一国家或者地区出口的类似货物的成交价格。

(3) 根据境内生产相同或者类似货物的成本、利润和一般费用（包括直接费用和间接费用）、境内发生的运输及相关费用、保险费计算的价格。

(三) 按照合理方法估定的价格

出口货物完税价格的计算公式如下：

出口货物完税价格＝FOB（中国境内口岸）－出口关税
＝FOB（中国境内口岸）÷(1＋出口关税税率)

四、海关估价中的价格质疑程序和价格磋商程序

（一）价格质疑程序

价格质疑程序如图 3－6 所示。

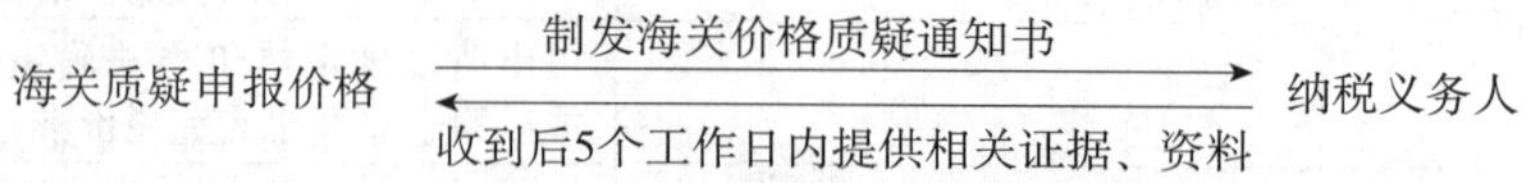

图 3－6 海关估价中的价格质疑程序

第一步：当确定完税价格后，海关对申报价格的真实性和准确性有异议时，向纳税义务人或其代理人制发海关价格质疑通知书，并将其书面告知纳税义务人。

第二步：纳税义务人或其代理人自收到海关价格质疑通知书之日 5 个工作日内，特殊情况可以申请延期，延期不得超过 10 个月，以书面形式提供相关资料证明申报属实。

（二）价格磋商程序

价格磋商是指海关在使用除成交价格法以外的估价方法时，在保守商业秘密的基础上，与纳税义务人交换彼此掌握的用于确定完税价格的数据资料的行为。价格磋商程序如图 3－7 所示。

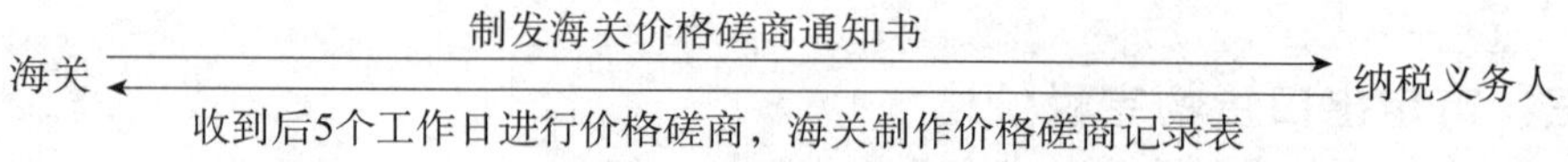

图 3－7 海关估价中的价格磋商程序

第一步：海关制发海关价格磋商通知书，并将其送交纳税义务人。

第二步：纳税义务人自收到海关价格磋商通知书后 5 个工作日内进行价格磋商，海关制作价格磋商记录表。

（三）免除价格质疑和价格磋商的情形

符合下列条件的，经纳税义务人书面申请，海关可以不进行价格质疑和价格磋商程序：

（1）同一合同项下分批进出境的货物，海关对其中一批货物已经估价的。

（2）进出境货物的完税价格在人民币 10 万元以下或者关税及进口环节税总额在人民币 2 万元以下的。

（3）进出境货物属于危险品、鲜活品、易腐品、易失效品、废品、旧品等。

任务二 确定进口货物原产地与适用的税率

一、确定原产地规则

（一）原产地规则

各国为了适应国际贸易的需要，并为执行本国关税及非关税方面的国别歧视性贸易措施，必须对进出境商品的原产地进行确定，这一标准就是原产地规则。WTO 的《原

产地规则协议》是指一国（地区）为了确定货物的原产地而实施的普遍适用的法律、法规和行政决定。

（二）原产地规则类别

1. 优惠原产地规则

优惠原产地规则是一国为了实施国别优惠政策而制定的法律、法规，是根据优惠贸易协定通过双边、多边协定形式或者本国自主形式制定的一些特殊的原产地认定标准。该规则具有排他性，优惠范围以原产地为受惠国的进口产品为限。

2. 非优惠原产地规则

非优惠原产地规则是一国为满足实施其海关税则和其他贸易措施的需要，由本国立法自主制定的原产地规则，也称自主原产地规则。

优惠原产地规则与非优惠原产地规则适用的情况如表 3－32 所示。

表 3－32　　原产地规则适用的情况

优惠原产地规则	《亚太贸易协定》	适用国家有中国、韩国、印度、斯里兰卡、孟加拉国、老挝、蒙古
	《中国-东盟全面经济合作框架协议》	适用国家有中国、越南、泰国、新加坡、马来西亚、印度尼西亚、文莱、缅甸、老挝、柬埔寨、菲律宾
	《内地与香港关于建立更紧密经贸关系的安排》（香港 CEPA）	适用内地与香港
	《内地与澳门关于建立更紧密经贸关系的安排》（澳门 CEPA）	适用内地与澳门
非优惠原产地规则	最惠国待遇、反倾销、反补贴、保障措施、数量限制、关税配额、原产地标记或贸易统计、政府采购	

注：根据《内地与香港关于建立更紧密经贸关系的安排》（香港 CEPA）和《内地与澳门关于建立更紧密经贸关系的安排》（澳门 CEPA）及其相关补充协议，海关总署制定了《2017 年 7 月 1 日起香港 CEPA 项下新增零关税货物原产地标准表》《2017 年 7 月 1 日起香港 CEPA 项下修订零关税货物原产地标准表》《2017 年 7 月 1 日起澳门 CEPA 项下新增零关税货物原产地标准表》和《2017 年 7 月 1 日起澳门 CEPA 项下修订零关税货物原产地标准表》。

3. 原产地认定标准

（1）优惠原产地认定标准。优惠原产地认定标准有完全获得标准、税则归类改变标准、区域价值成分标准、制造加工工序标准、直接运输规则、其他标准。

1）完全获得标准。它是指货物完全是在一个国家（地区）生产或制造的。此标准包括四部分，如表 3－33 所示。

表 3－33　　完全获得标准

完全获得标准	在该成员境内收获或采集的植物产品
	在该成员境内出生和饲养的活动物
	在该成员领土或领海开采的矿产品
	其他符合相应优惠贸易协定项下完全获得标准的货物

2）税则归类改变标准。它是指原产于非成员国或地区的材料在出口成员国或者地区境内进行制造、加工后所得货物在 HS 中的税则归类发生了变化。

3）区域价值成分标准。它是指出口货物船上交货价格（FOB）扣除该货物生产过程中该成员国或者地区非原产材料价格后，所余价款在出口货物船上交货价格中所占的百分比。部分贸易协定的区域价值成分标准如表 3-34 所示。

表 3-34　部分贸易协定的区域价值成分标准

优惠原产地规则	区域价值成分标准
《亚太贸易协定》	成员国提供的材料要达到 45%及以上，则认定原产国为受惠国；孟加拉国提供的材料比例达到 35%及以上，则认定原产国为孟加拉国
《中国-东盟全面经济合作框架协议》	产品中的原产于任一成员国的成分不低于该货物 FOB 的 40%；或者原产于东盟自由贸易区的货物的成分占 40%及以上，并且最后的工序是在成员国境内完成，则认定原产国为东盟成员国
CEPA 项下的港澳产品	要求港澳产品的增值标准为 30%及以上，则原产地为香港、澳门
特别关税优惠待遇	受惠国对非受惠国原材料生产的货物，其增值部分不低于所得货物 FOB 的 40%

4）制造加工工序标准。它是指赋予加工后所得货物基本特征的主要工序。

5）直接运输规则。直接运输是指优惠贸易协定下进口货物从该协定成员国或者地区直接运输至中国境内，途中未经过该协定成员国或者地区以外的其他国家和地区。直接运输需要符合的条件如表 3-35 所示。

表 3-35　直接运输需要符合的条件

直接运输需要符合的条件	经过其他国家或地区时未做除使货物保持良好状态所必须处理以外的其他处理
	在其他国家或地区停留的时间未超出相应优惠贸易协定规定的期限
	在其他国家或地区停留时，处于该国或地区的海关监管之下

6）其他标准。它是指除上述标准外，成员国或者其他地区一致同意采用的确定货物原产地的其他标准。

（2）非优惠原产地认定标准。我国的非优惠原产地认定标准主要包括完全获得标准、实质性改变的确定标准。

1）完全获得标准。完全获得标准是对于完全在一国（地区）获得的产品，如农产品或矿产品，各国（地区）的原产地认定标准基本一致，即以产品的种植、开采或生产国（地区）为原产国（地区）。

2）实质性改变的确定标准。实质性改变的确定标准适用于非优惠原产地贸易措施下两个及两个以上国家（地区）参与生产或制造的货物，以最后完成实质性改变的国家（地区）为原产地。

（三）进口货物原产地规则的申报要求

进口货物原产地规则的申报要求包括：

（1）进口货物收货人填制报关单，申明适用协定或特惠税率后提交原产地证书、商业发票、运输单证；经过其他国家运输的，还需提交有关证明。

（2）若未提交（1）中的原产地证书或证明，可进行补充申报，海关按照协定或特惠税率收取等值保证金后放行货物。

（3）若海关要对原产地证书的真实性进行审查，在按照最惠国税率或普通税率或其他税率收取等值保证金后放行货物。

针对具体的规则框架协议的相应要求如表 3－36 所示。

表 3－36　针对具体的规则框架协议的相应要求

优惠原产地规则	申报要求
《亚太贸易协定》	纳税义务人要提交政府指定机构签发的原产地证书正本，将其作为报关的随附单证
《中国-东盟全面经济合作框架协议》	进口的时候向申报地海关申明该货物适用中国-东盟协定税率，并提交政府指定机构签发的原产地证书正本，将其作为报关的随附单证
香港 CEPA 和澳门 CEPA	纳税义务人应当主动向申报海关申明该货物适用零关税税率，并提交符合 CEPA 项下规定的有效原产地证书，将其作为报关的随附单证
《中国-巴基斯坦自由贸易区原产地规则》	纳税义务人应主动向海关申报适用中巴自贸协定税率，并在有关货物进境报关时向海关提交巴基斯坦指定的政府机构签发的原产地证书
“特别优惠关税待遇”项下受惠进口货物	纳税义务人应主动向进境地海关申明有关货物享受特别优惠关税，并提交出口受惠国原产地证书签发机构签发的由该国海关出口时加盖印章的原产地证书
《中智自贸协定》	提交智利外交部国际经济关系总司在货物出口前签发的或者出口后 30 天内签发的原产地证书正本，价格不超过 600 美元且不属于为规避有关规定而出口的货物，免交原产地证书

二、适用税率

（一）税率适用的原则

出口税则中出口税率适用的原则是出口暂定税率优先于出口税率。

进口税则中税率分为最惠国税率、协定税率、特惠税率、普通税率、关税配额税率、暂定税率。

当一种货物同时适用多种税率时，选择的基本原则是“从低计征”，特殊情况除外。

几种税率适用的进口货物范围如表 3－37 所示。

表 3－37　进口税率及其适用范围

税率	适用的进口货物范围
最惠国税率（适用范围最广）	原产于最惠国待遇条款下的 WTO 成员； 签订最惠国待遇条款的国家或地区的货物； 原产于我国境内的货物
协定税率	原产于与我国签订关税优惠条款的区域性贸易协定的国家或地区的货物
特惠税率	原产于与我国签订含有特殊关税优惠条款的贸易协定的国家或地区的货物
普通税率（税率最高）	上述国家以外的和原产地不明的进口货物
关税配额税率	适用于相对数量限制的进口货物

（二）税率适用的时间

进口货物税率适用的时间是海关接受该货物申报进口或出口之日，具体情况如表 3－38 所示。

表 3-38　　税率适用的时间

货物类别	适用的税率
先行申报	适用载货运输工具申报进境之日之税率
进口转关运输	适用指运地海关接受该货物申报进口之日之税率。海关核准先行申报的，适用载货运输工具运抵指运地之日之税率
出口转关运输	适用起运地海关接受该货物申报进口之日之税率
集中申报的进口货物	适用每次货物进口时海关接受该货物申报进口之日之税率
超期未报依法变卖的货物	适用载货运输工具申报进境之日之税率
纳税义务人违反规定需追征的税费的货物	适用该行为发生之日实施的税率；行为发生之日不能够确定的，适用海关发现之日实施的税率
其他情形	适用海关接受纳税义务人再次填写报关单申报办理纳税及有关手续之日实施的税率。其他情形包括：保税货物经批准不复运出境的；保税仓储货物内销的；经批准转让或者移作他用的减免税货物；暂准进出境货物内销的；租赁进口货物分期缴纳税款的

课堂讨论

大连汇通国际物流有限公司从韩国进口一批医疗用的设备仪器，成交价格为 CIF 大连 20 000 美元/台。设 1 美元=6.3 元人民币，最惠国税率为 5%，普通税率为 17%，《亚太贸易协定》规定的税率为 4.5%。讨论：该批货物的原产地是哪个国家？适用于哪个优惠原产地规则及税率？

任务三　进出境货物税费计算

进出境货物税费是货物在进出口环节中由海关依法征收的关税、消费税、增值税等税费。依法缴纳税费是纳税义务人基本的义务。我国进出境货物税费的主要内容如图 3-8所示。

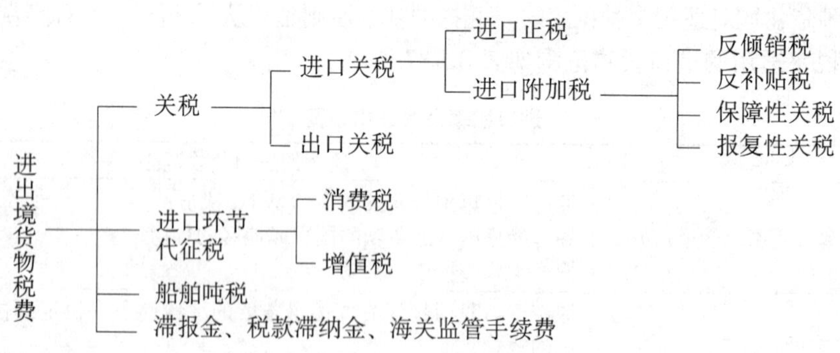

图 3-8　进出境货物税费的主要内容

一、关税

关税是海关代表国家，按有关的关税政策与公布的税法及进出境税则，对准许进出关境的货物和物品向纳税义务人征收的一种流转税。

关税的征收主体是国家，海关代表国家向纳税义务人征收。关税的课税对象是进出关境的货物和物品。关税的纳税义务人是进出境货物的收发货人、进出境物品的所有人。

海关征收的关税，以及后面要讲的进口环节增值税、进口环节消费税、船舶吨税、滞纳金等税费一律以人民币计征，起征点为人民币 50 元。完税价格、税额采用四舍五入法计算至分，成交价格及有关费用以外币计价的，按货物适用税率之日的计征汇率折合为人民币计算完税价格。

海关每月使用的计征汇率为上一个月第三个星期三（如遇节假日则顺延至第四个星期三）中国人民银行外汇折算价，元位后数字采用四舍五入法，保留 4 位小数。

（一）进口关税

进口关税分为进口正税和进口附加税。进口正税是指按照《海关进出口税则》中规定的进口税率征收的关税；进口附加税的征收具有临时性，包括反倾销税、反补贴税、保障性关税等。

1. 进口关税的含义

进口关税是一国海关以进境货物和物品为课税对象所征收的关税。它是一种重要的经济保护手段，以货物、物品的价格作为计税标准。

2. 计征方法及计算

目前，我国进口关税分为从价税、从量税、复合税、滑准税等。

（1）从价税。它以应征税额占货物价格的百分比作为税率，以货物、物品的价格作为计税标准，价格和税额成正比例关系。我国对进口货物征收进口关税主要采用从价计税标准。其计算公式为：

应征进口关税＝进口货物完税价格×进口从价税税率

计算步骤如下：

第一步，确定商品税则归类。

第二步，确定货物的完税价格（即确定货物的 CIF 报价）。

第三步，根据汇率适用原则将外币换算为人民币。

第四步，按照公式计算应该征收的税款。

例如：大连三通国际物流有限公司从加拿大购进柴油船用发动机两台，成交价格为 CIF 境内目的地口岸 680 000.00 美元。经批准，该发动机进口关税税率减按 1%计征。已知适用中国银行的外汇折算价为 1 美元＝6.571 8 元人民币，计算应征进口关税。

计算步骤如下：

第一步，确定税则归类，该发动机归入税号 8408.1000。

第二步，适用最惠国税率 5%，减按 1%计征。

第三步，审定 CIF 价格为 680 000 美元。

第四步，将外币价格折算成人民币，为 4 468 824.00 元。

第五步，计算应征税款。

应征进口关税＝完税价格×进口关税税率＝4 468 824.00×1%＝44 688.24（元）

（2）从量税。它是以货物和物品的计量单位为计税标准，按每一计量单位的应征税额征收的关税。适用商品有冻鸡、原油、啤酒等。其计算公式为：

应征进口关税＝进口货物数量×单位税额

计算步骤如下：

第一步，按照归类原则确定税则归类，将应税货物归入适当的税号。

第二步，根据原产地规则和税率适用规定，确定应税货物所适用的税率。

第三步，确定应税货物实际进口量。

第四步，如计征进口环节增值税，根据审定完税价格的规定，确定应税货物的 CIF 价格。

第五步，根据汇率适用规定，将外币折算成人民币（完税价格）。

第六步，按照计算公式正确计算应征税款。

例如：大连汇通国际物流有限公司从香港购进原产于日本的柯达彩色胶卷 50 400 卷（宽度 35 毫米，长度不超过 2 米），成交价格为 CIF 境内某口岸 10.00 元港币/卷，已知适用中国银行的外汇折算价为 1 元港币＝0.843 1 元人民币，以规定单位换算表折算，规格“135/36”1 卷＝0.057 75 平方米。计算应征进口关税（原产地日本适用最惠国税率为 22 元/平方米）。

计算步骤如下：

第一步，确定税则归类，彩色胶卷归入税号 3702.5410。

第二步，原产地日本适用最惠国税率 22.00 元/平方米。

第三步，确定应税货物实际进口量：50 400×0.057 75＝2 910.6（平方米）。

第四步，审定完税价格为 504 000 港币，将外币总价格折算成人民币为 424 922.4 元（计征进口环节增值税时需要）。

第五步，计算应征税款。

应征进口关税＝进口货物数量×单位税额＝2 910.6×22.00＝64 033.2（元）

（3）复合税。它是同时使用从价、从量两种标准计税，将两者之和作为应征税额征收的关税。适用商品有摄像机、非家用型摄录放一体机、部分数字照相机等。其计算公式为：

应征进口关税＝货物数量×单位税额＋完税价格×关税税率

计算步骤如下：

第一步，确定税则归类。

第二步，根据完税价格审定办法确定应税货物的完税价格。

第三步，确定应税货物所适用的关税税率。

第四步，根据汇率适用原则，将外币折算成人民币。

第五步，按照计算公式正确计算应征税款。

例如：大连三通国际物流有限公司从日本购进该国企业生产的广播级电视摄像机 50 台，其中有 25 台成交价格为 CIF 境内某口岸 4 000 美元/台，其余 25 台成交价格为 CIF 境内某口岸 5 200 美元/台，已知适用中国银行的外汇折算价为 1 美元＝6.571 8 元人民币，计算应征进口关税。

计算步骤如下：

第一步，确定税则归类，该批摄像机归入税号 8525.8012。

第二步，货物原产地为日本，关税税率适用最惠国税率。经查，关税税率为：完税价格不高于 5 000 美元/台的，关税税率为单一从价税率 35%；完税价格高于 5 000 美元/台的，关税税率为 3%，加 12 960 元从量税。

第三步，成交价格分别合计为 100 000 美元（每台 4 000 美元的有 25 台）和 130 000美元（每台 5 200 美元的有 25 台）。

第四步，将外币价格折算成人民币，分别为 657 180.00 元和 854 334.00 元。

第五步，按照计算公式分别计算进口关税。

25 台单一从价进口关税＝完税价格×关税税率

＝657 180.00×35％＝230 013.00（元）

复合进口关税＝货物数量×单位税额＋完税价格×关税税率

＝25×12 960＋854 334.00×3％＝324 000.00＋25 630.02

＝349 630.02（元）

50 台合计进口关税＝从价进口关税税额＋复合进口关税税额

＝230 013.00＋349 630.02＝579 643.02（元）

（4）滑准税。采用滑准税，按产品的价格高低分档制定税率，再根据商品的价格变动增减税率，价格上涨，低税率；价格下跌，高税率。适用产品有关税配额外进口的棉花。其计算公式为：

从价计征应征进口关税＝完税价格×暂定关税税率

从量计征应征进口关税＝进口货物数量×暂定关税税率

计算步骤如下：

第一步，确定税则归类。

第二步，根据完税价格审定办法，确定应税货物的完税价格。

第三步，确定应税货物所适用的关税税率。

第四步，根据汇率适用原则，将外币折算成人民币。

第五步，按照计算公式正确计算应征税款。

例如：大连某加工生产企业内销一批配额外未梳棉花 1 吨，原产地为美国，成交价格为 CIF 大连 1 096.52 美元/吨。企业已向海关提交由国家发展改革委员会授权机构出具的“关税配额外优惠关税税率进口棉花配额证”，经海关审核确认后，征收滑准税。已知适用中国银行的外汇折算价为 1 美元＝6.571 8 元人民币，计算应征进口关税。

计算步骤如下：

第一步，确定税则归类，未梳棉花归入税号 5201.0000。

第二步，确定完税价格和关税税率，审定完税价格为 1 096.52×6.571 8＝7 206.11（元/吨），折算后每千克为 7.206 元，将此完税价格与 11.397 元/千克作比较，鉴于 7.206 元/千克低于 11.397 元/千克，该进口货物适用最惠国税率，根据“当配额外进口棉花完税价格低于 11.397 元/千克时，暂定关税税率按公式计算，当公式计算值高于 40％时，取值 40％”的规定，计算该货物的暂定关税税率。

第三步，确定暂定关税税率。

暂定关税税率＝8.686÷完税价格＋2.526％×完税价格－1

＝8.686÷7.206＋2.526％×7.206－1＝0.387

该滑准税税率为 38.7％，小于 40％，故按照实际计算的关税税率计征关税。

第四步，计算应征税款。

应征进口关税＝完税价格×暂定关税税率

＝7 206.11×38.7％＝2 788.76（元）

3. 进口附加税

进口附加税包括反倾销税、反补贴税、保障性关税等。在我国目前征收的进口附加税主要是反倾销税。

（1）反倾销税。就是对倾销商品所征收的进口附加税。当进口国因外国倾销某种产品，国内产业受到损害时，征收相当于出口国国内市场价格与倾销价格之间差额的进口税。其计算公式为：

反倾销税税额＝完税价格×适用的反倾销税税率

计算步骤如下：

第一步，按照归类原则确定税则归类，将应税货物归入适当的税号。

第二步，根据反倾销税有关规定，确定应税货物所适用的反倾销税税率。

第三步，根据审定完税价格的有关规定，确定应税货物的完税价格。

第四步，根据汇率适用规定，将外币折算成人民币。

第五步，按照计算公式正确计算应征反倾销税税款。

例如：大连三通国际物流有限公司从德国购进厚度为 0.7 毫米的冷轧板卷一批，成交总价为 120 401.95 美元，已知该批冷轧板卷需要征收反倾销税，适用中国银行的外汇折算价为 1 美元＝6.571 8 元人民币，计算应征的反倾销税。

计算步骤如下：

第一步，确定税则归类，厚度为 0.7 毫米的冷轧卷板归入税号 7209.1790。

第二步，该批冷轧卷板适用的反倾销税税率为 14％。

第三步，审定成交价格为 120 401.95 美元。

第四步，将外币价格折算成人民币，为 791 257.54 元。

第五步，计算应征税款。

反倾销税税额＝完税价格×反倾销税税率

＝791 257.53×14％＝110 776.05（元）

（2）反补贴税。反补贴税是指对进口商品使用的一种超过正常关税的特殊关税，目的在于抵消国外竞争者得到奖励和补助产生的影响，从而保护进口国的制造商。

（3）保障性关税。当某类商品进口量剧增，对我国相关产业带来巨大威胁或损害时，按照 WTO 制定的有关规则，可以启动一般保障措施，即在与有实质利益的国家或地区进行磋商后，在一定时期内提高该项商品的进口关税或采取数量限制措施，以保护国内相关产业不受损害。这种关税即保障性关税。

（二）出口关税

出口关税是指以出境货物和物品为课税对象所征收的关税。为了鼓励出口，我国一般不征收出口关税，征收出口关税的目的是限制、调控某些商品的过度、无序出口，特别是防止本国一些重要自然资源和原材料的无序出口。

我国出口关税主要以从价税为计征标准。适用出口税率的出口货物有暂定税率的，应当适用暂定税率。除法律、法规明确规定可以免征出口关税的外，对外商投资企业出口的应税商品，一律照章征收出口关税。其计算公式为：

应征出口关税＝出口货物完税价格×出口关税税率

其中：

出口货物完税价格＝FOB（中国境内口岸）÷(1＋出口关税税率)

计算步骤如下：

第一步，按照归类原则确定税则归类，将应税货物归入适当的税号。

第二步，根据审定完税价格的有关规定，确定应税货物的成交价格。

第三步，根据汇率适用规定，将外币折算成人民币。

第四步，按照计算公式正确计算应征出口关税税款。

例如：大连三通国际物流有限公司从广州出口一批硅铁，申报成交价格为FOB广州黄埔港9 060.25美元，其适用中国银行的外汇折算价为1美元＝6.571 8元人民币，计算出口关税。

计算步骤如下：

第一步，确定税则归类，该批硅铁归入税号7202.2100，出口税率为25%。

第二步，审定FOB为9 060.25美元。

第三步，将外币价格折算成人民币，为59 542.15元。

第四步，计算应征税款。

应征进口关税＝[成交价格÷(1＋进口关税税率)]×进口关税税率
＝[59 542.15÷(1＋25%)]×25%
＝47 633.72×25%
＝11 908.43（元）

二、进口环节代征税

（一）消费税

消费税是以消费品的流转额作为征税对象的一种税收，是政府针对消费品征收的税项，可向批发商或零售商征收。消费税是典型的间接税。

在对货物普遍征收增值税的基础上，选择少数消费品再征收一道消费税，目的是调节产品结构，引导消费方向，保证国家财政收入。

（1）以从价定率办法计算税额，采用价内税的计税方法，即计税价格中包含消费税税额。计算公式为：

消费税组成计税价格＝(关税完税价格＋关税税额)÷(1－消费税税率)

消费税应纳税额＝组成计税价格×消费税税率

（2）从量征收的消费税的计算公式为：

消费税应纳税额＝应征消费税的消费品数量×消费税单位税额

（3）实行从量、从价复合征收的消费税是上述两种征税方法的结合。其计算公式为：

消费税组成计税价格＝(关税完税价格＋关税＋进口数量×消费税定额税率)÷(1－消费税比例税率)

消费税应纳税额＝(进口关税完税价格＋进口关税税率)÷(1－消费税比例税率)×消费税比例税率＋应征消费税消费品数量×消费税单位税额

计算步骤如下：

第一步，按照归类原则确定税则归类，将应税货物归入适当的税号。

第二步，根据有关规定，确定应税货物所适用的消费税税率。

第三步，根据审定完税价格的有关规定，确定应税货物的CIF价格。

第四步，根据汇率适用规定，将外币折算成人民币（完税价格）。

第五步，按照计算公式正确计算消费税税款。

例如：大连三通国际物流有限公司进口德国产啤酒3 800升（988升＝1吨），经海关审核，其成交价格总值为CIF境内某口岸1 672.00美元，其适用中国银行的外汇折算价为1美元＝6.571 8元人民币，计算应征的进口环节消费税。

计算步骤如下：

第一步，确定税则归类，啤酒归入税号 2203.0000。

第二步，啤酒适用的消费税为从量税，进口完税价格大于 370 美元/吨的，消费税税率为 250 元/吨；进口完税价格小于 370 美元/吨的，消费税税率为 220 元/吨。

第三步，计算进口啤酒数量：3 800÷988＝3.846（吨）。

第四步，计算完税价格单价：1 672÷3.846＝434.74（美元/吨）（进口完税价格＞370 美元/吨），则适用的消费税税率为 250 元/吨。

第五步，计算应征消费税。

应征消费税＝应征消费税消费品数量×消费税单位税额

＝3.846×250＝961.50（元）

（二）增值税

增值税是将商品（含应税劳务）在流转过程中产生的增值额作为计税依据而征收的一种流转税。从计税原理上说，增值税是对商品生产、流通、劳务服务中多个环节的新增价值或商品的附加值征收的一种流转税。

增值税是对销售货物或者提供加工、修理修配劳务以及进口货物的单位和个人就其实现的增值额征收的一个税种。增值税已经成为中国最主要的税种之一，增值税收入占中国全部税收收入 60%以上，是最大的税种。其计算公式为：

应纳税额＝增值税组成计税价格×增值税税率

增值税组成计税价格＝进口关税完税价格＋进口关税税额＋消费税税额

计算步骤如下：

第一步，按照归类原则确定税则归类，将应税货物归入适当的税号。

第二步，根据有关规定，确定应税货物所适用的增值税税率。

第三步，根据审定完税价格的有关规定，确定应税货物的 CIF 价格。

第四步，根据汇率适用规定，将外币折算成人民币（完税价格）。

第五步，按照计算公式正确计算关税税款。

第六步，按照计算公式正确计算消费税税款、增值税税款。

例如：大连三通国际物流有限公司进口一批货物，经海关审核，其成交价格为 1 239.50 美元，其适用中国银行的外汇折算价为 1 美元＝6.571 8 元人民币。已知该批货物适用的关税税率为 12%，消费税税率为 10%，增值税税率为 17%。计算应征增值税税额。

计算步骤如下：

第一步，将外币价格折算成人民币：1 239.50×6.571 8＝8 145.75（元）。

第二步，计算应征关税税额。

应征关税＝完税价格×关税税率

＝8 145.75×12%＝977.49（元）

第三步，计算应征消费税税额。

应征消费税＝[（完税价格＋关税税额）÷（1－消费税税率）]×消费税税率

＝[（8 145.75＋977.49）÷（1－10%）]×10%

＝10 136.93×10%

＝1 013.69（元）

第四步，计算应征增值税税额。

应征增值税＝（完税价格＋关税税额＋消费税税额）×增值税税率

=(8 145.75+977.49+1 013.69)×17%
=10 136.93×17%
=1 723.28（元）

三、船舶吨税

（一）含义

船舶吨税是由海关在设关口岸对进出、停靠我国港口的国际航行船舶征收的一种使用税，用于航道设施的建设。

需要注意的是，征收了船舶吨税的船舶不再征收车船税，对已经征收车船税的船舶，不再征收船舶吨税。

船舶吨税的税率分为：

（1）优惠税率，与我国签有互惠协议的国家或地区，香港、澳门籍船舶适用船舶吨税优惠税率。

（2）普通税率，与我国未签有互惠协议的国家或地区的船舶适用普通税率。

（二）征收范围

（1）在我国港口行驶的外国籍船舶。

（2）外商租用（期租除外）的中国籍船舶。

（3）中外合资海运企业自有或租用的中、外国籍船舶。

（4）我国租用的外国籍国际航行船舶。

课堂讨论

下列几种船舶，哪种应征收船舶吨税？

（1）在青岛港口航行的日本油轮。

（2）在厦门港口航行的台湾货轮。

（3）航行于广州港口、被马来西亚商人以期租的方式租用的中国籍船舶。

（4）航行于国外兼营国内沿海贸易、被中国商人租用的韩国籍船舶。

（三）计算公式

船舶吨位的计算采用四舍五入的原则，半吨以下免征尾数，半吨以上按照一吨征收。船舶吨税征收方法分 90 天期缴和 30 天期缴，可自行选择。计算船舶吨税的公式为：

净吨位=船舶有效容积×吨÷立方米

应纳船舶吨税=注册净吨位×船舶吨税税率（元/净吨）

船舶吨税启征日如表 3－39 所示。

表 3－39　船舶吨税启征日

抵达地	启征日
进境后直接抵达口岸	以船舶应申报之日起计算
进境后驶达锚地	以船舶抵达锚地之日起计算
进境后直接靠泊	以靠泊之日起计算

例如：有一艘英国籍净吨位为 8 800 吨的轮船，船名为“卡迪萨克”，停靠在我国境内某港口装卸货物。纳税人自行选择 30 天期缴纳船舶吨税，计算应征的船舶吨税。

净吨位 8 800 吨的轮船 30 天期的优惠税率为 3.00 元/净吨。计算船舶吨税如下：

船舶吨税＝注册净吨位×船舶吨税税率（元/净吨）

＝8 800×3.00＝26 400.00（元）

四、滞纳金

按照规定，海关征收的关税、进口环节增值税和消费税、船舶吨税，进出境货物的纳税义务人应当自海关填发税款缴款书之日起 15 日内缴纳；如纳税义务人或其代理人逾期缴纳税款，由海关自缴款期限届满之日起至缴清税款之日止，按日加收滞纳税款 0.5‰的滞纳金。纳税义务人应当自海关填发滞纳金缴款书之日起 15 日内向指定银行缴纳滞纳金。

在实际计算纳税期限时，应从海关填发税款缴款书之日的第二天起计算。缴纳期限的最后一日是星期六、星期天或法定节假日的，关税缴纳期限顺延至周末或法定节假日过后的第一个工作日。如果税款缴纳期限内含有星期六、星期天或法定节假日，则不予扣除。滞纳天数从缴纳期限最后一日的第二天起，按照实际滞纳天数计算，滞纳期限内的星期六、星期天或法定节假日一并计算。

相关计算公式为：

关税滞纳金＝滞纳关税税额×0.5‰×滞纳天数

进口环节税滞纳金＝滞纳的进口环节税税额×0.5‰×滞纳天数

计算步骤如下：

第一步，确定滞纳天数。

第二步，分别计算应缴纳的关税、进口环节消费税和增值税的滞纳金额。

例如：大连三通国际物流有限公司从香港购进日本丰田皇冠牌轿车一批，已知对该货物应征关税为 352 793.52 元，应征进口环节消费税为 72 860.70 元，应征进口环节增值税为 247 726.38 元。海关于 2016 年 9 月 3 日填发海关专用缴款书，该公司于 2016 年 9 月 29 日缴纳税款。计算应征的滞纳金。

首先确定滞纳天数，然后分别计算应缴纳的关税、进口环节消费税和增值税的滞纳金，对其中滞纳金额超过起征点 50 元人民币的，予以征收。

税款缴款期限为 2016 年 9 月 18 日，9 月 19 日—9 月 29 日为滞纳期，共滞纳 11 天。

按照计算公式分别计算进口关税、进口环节消费税和增值税的滞纳金。

关税滞纳金＝滞纳关税税额×0.5‰ ×滞纳天数

＝352 793.52×0.5‰×11＝1 940.36（元）

消费税滞纳金＝滞纳消费税税额×0.5‰×滞纳天数

＝72 860.70×0.5‰×11＝400.73（元）

增值税滞纳金＝滞纳增值税税额×0.5‰×滞纳天数

＝247 726.38×0.5‰×11＝1 362.50（元）

任务四　进出境货物税费的减免、缴纳与退补

一、进出境货物税费的减免

根据《海关法》《进出口关税条例》的规定，关税的减免分为法定减免税、特定减免税（政策性减免）、临时减免税。

（一）法定减免税

法定减免税是指我国《海关法》《进出口关税条例》和《进出口税则》中所规定的给予进出境货物的减免税。进出境货物属于法定减免税的，进出境人或其代理人无须事先向海关提出申请，海关征税人员可凭有关证明文件和报关单证按规定予以减免税，海关对法定减免税货物一般不进行后续管理，也不作减免税统计。

法定减免税的货物具体包括：

（1）关税税额在人民币50元以下的一票货物。

（2）无商业价值的广告品和货样。

（3）外国政府、国际组织无偿赠送的物资。

（4）海关放行前遭受损坏或者损失的货物。

（5）进出境运输工具运载途中必需的燃料、物料和饮食用品。

（6）中华人民共和国缔结或者参加的国际条约规定减征、免征关税的货物、物品。

（7）法律规定减征、免征关税的其他货物、物品。

（二）特定减免税（政策性减免）

特定减免税具有针对性，主要针对特定地区（保税区和出口加工区）、特定企业（主要为外商投资企业，包括外资企业、中外合资企业、中外合作企业）、特定用途（国内投资项目、利用外资项目、科教用品项目、残疾人专用品）。

特定减免税货物的适用情况如表3－40所示。

表3－40　　特定减免税货物的适用情况

特定减免税类别	适用情况
外商投资企业进口物资	属于国家鼓励发展产业外商投资项目，在投资额内进口除《外商投资项目不予免税的进口商品目录》所列商品以外的自用设备，免进口关税和进口环节增值税；按照合同随设备进口的技术及配套件、备件，免征进口关税和进口环节增值税
	属于国家鼓励发展产业的外商投资企业、外商研究开发中心以及先进技术型、产品出口型的外商投资企业，在企业投资额以外的自有资金内，对原有设备更新和维修，进口国内不能生产的设备、配套的技术、配件、备件，可以免征进口关税和进口环节增值税
国内投资项目进口设备	属于国家重点鼓励发展产业的国内投资项目，在投资额内进口的自用设备，除《国内投资项目不予免税的进口商品目录》所列商品外，可以免征进口关税和进口环节增值税；按照合同随设备进口的技术及配套件、备件，免征进口关税和进口环节增值税
贷款项目物资	按照合同随设备进口的技术及配套件、备件，免征进口关税和进口环节增值税
特定区域物资	保税区、出口加工区等特定区域进口的区内生产性基础项目所需的机器、设备和基建物资可以免税；区内进口企业自用的生产、管理设备和自用合理数量的办公用品及其所需的维修零配件，生产用燃料，建设生产厂房、仓储所需的物资、设备可以免税；行政管理机构自用合理数量的管理设备和办公用品及其所需的维修零配件，可以免税

续前表

特定减免税类别	适用情况
科教用品	从事科学研究开发的机构和国家教委承认学历的全日制大专院校，不以营利为目的，在合理数量范围内进口国内不能生产的科学研究和教学用品，并且直接用于科学研究或者教学的，可以免征进口关税和进口环节增值税、消费税
残疾人专用品	民政部直属企事业单位和省、自治区、直辖市民政部门所属福利机构和康复机构进口的残疾人专用物品，免征进口关税和进口环节增值税、消费税
救灾捐赠物资	外国民间团体、企业、港澳居民和台湾同胞等无偿向我国境内受灾地区（限于新华社对外发布和《中国灾情信息》公布的受灾地区）捐赠的直接用于救灾的物资，在合理数量内，免征关税和进口环节增值税、消费税
扶贫慈善捐赠物资	对境外捐赠人无偿向受赠人捐赠的直接用于扶贫、慈善事业的物资，免征进口关税和进口环节增值税

（三）临时减免税

临时减免税是指法定减免税和特定减免税以外的其他减免税，即由国务院根据《海关法》，针对某个单位、某类商品、某个项目或某批进出境货物的特殊情况，需要对该进出境应税货物特别给予的关税减免。临时减免税具有集权性、临时性、局限性、特殊性的特点，一般是“一案一批”。

二、进出境货物税费的缴纳

（一）缴款地点

进出境货物税费应在进出境地向海关缴纳，经批准也可适用属地缴纳原则。

（二）缴款方式

纳税义务人持税款缴款书或者海关专用缴款书到银行柜台办理税费支付手续，或向签约的银行办理网上交付税费手续。

（三）缴纳凭证

（1）税款：纳税义务人凭海关专用缴款书向银行缴纳。

（2）滞纳金：纳税义务人凭海关专用缴款书缴纳。

三、进出境货物税费的退补

（一）进出境货物税费的退还

1. 退税范围

（1）已征税进口货物，因品质或规格原因原状退运出境。

（2）已征税出口货物，因品质或规格原因原状退运进境。

（3）已征税出口货物，因故未装运申请退关。

（4）已征税放行的短装、短卸进出口货物，如发货人、承运人或保险人对短少部分退赔相应款项，可退短少部分的已征税额。

（5）已征税放行的质变、残损、规格不符的进出口货物，如发货人、承运人或保险人退赔款项，可退该部分已征税额。

（6）海关误征多缴的。

2. 退税的期限及要求

纳税人发现多缴税款，自缴税之日起 1 年内，可书面要求海关退还多缴税款并加算银行同期活期存款利息，进口增值税已予抵缴的不予退还，滞纳金不予退还。计息标准为退还书填发日的利率。海关受理后 30 日内查实，纳税人收到通知后，3 个月内办理退税手续。退税率是当初征税日的税率。

3. 退税凭证

退税凭证是收入退还书。

（二）税款追征和补征

1. 追征和补征税款的范围

（1）货物放行后，海关发现少征或漏征的。

（2）因纳税人违规少征或漏征的。

（3）货物监管期内因故改变用途，按照规定需要补征的。

2. 追征和补征税款的期限、要求

（1）放行后，海关发现少征或漏征税款的，自缴税日或放行日起 1 年内，补征税款。

（2）纳税人违规少征或漏征税款的，自缴税日或放行日起 3 年内，追征税款，并加征少征或漏征税款 0.5‰的滞纳金（缴税日或放行日至发现日）。

（3）对于监管货物，因纳税人违规造成少征或漏征税款的，处理同（2）。

上述补征税款的缴款书填发后，如果 15 日内不补交，则继续征缴滞纳金。

3. 追征和补征税款凭证

追征和补征税款的凭证为海关专用缴款书。

（三）延期纳税

进出境前，纳税义务人向申报纳税所在地直属海关提出延期纳税申请，附缴税计划和相关材料；实际进出境时，要求先放行的，应提供税款担保；延期不得超过 6 个月，期间不交滞纳金；若逾期，则自延期届满日至缴税日止按 0.5‰缴纳滞纳金。

（四）加工贸易保税货物缓税利息

加工贸易保税货物在规定期限（包括延长期）内全部出口的，退保证金及利息；内销的，加征缓税利息。

1. 征收规定

（1）缓税利息的利率为中国人民银行公布的 6 个月至 1 年短期贷款年利率。

（2）逾期未核销手册的内销征税，收取缓税利息。

（3）因国家政策调整导致到期合同不予延期、按内销处理的，按上一年度的活期存款利率征收缓税利息。

银行保证金台账实转，如缓税利息大于保证金的利息，则中国银行在海关税款缴款书上签注后退单，海关重新开具两份缴款书，一份是将台账保证金利息全部转为缓税利息，另一份是补足不足部分的缴款书。

2. 计息期限

（1）加工贸易保税料件或制成品经批准内销：自合同项下首批料件进口日起至海关填发缴款书日止。

（2）未经批准内销：自首批料件进口日起至内销日止，内销日无法确定的，为发现日。

(3) E账册项下的料件、制成品内销：自账册最近一次核销日的次日起至缴款单签发日止，若账册核销日为空，则为电子账册的首批料件进口日。

3. 计算公式

缓税利息＝补征税款×计息期限×银行存款活期年利率/360

(五) 强制执行

超过缴税期限3个月，海关强制扣缴和变价抵扣。

(1) 强制扣缴。海关自行或通过法院从纳税人开户行或其他金融机构强制扣缴应纳税款，缴入中央国库。

(2) 变价抵扣。变价抵扣应税货物或财产，适用于纳税义务人银行账户中存款不够或没有存款的情况。

应注意，强制扣缴或变价抵扣的税款常含有滞纳金。

项目考核

一、单项选择题

1. 进出境货物的完税价格，由海关以该货物的（　　）为基础审查确定。

A. 正常成交价格　　B. 正常到岸价格

C. 正常申报价格　　D. 成交价格

2. 上海振华汽车贸易公司从日本进口排气量为90毫升的摩托车100台，成交价格CIF上海100 000日元/台，并且经上海海关审定。假设摩托车适用的关税税率为70%，增值税税率为17%，消费税税率为10%，外汇牌价为100日元＝6.853 1元人民币（中间价）。进口该摩托车应该缴纳的增值税税款为（　　）人民币。

A. 198 054.59元　　B. 103 557.95元

C. 220 060.65元　　D. 68 530元

3. 根据最新规定，下列（　　）应计入进口货物的完税价格。

A. 为在境内复制进口货物而支付的费用

B. 境内外技术培训及境外考察费用

C. 进口关税、进口环节海关代征税及其他国内税

D. 加工机械进口后的保修费用

4. 我国增值税的基本税率为17%，但对于一些关系到国计民生的重要物资，增值税税率较低，为13%。在下列选项中，增值税不是13%的是（　　）。

A. 粮食、食用植物油　　B. 石油、柴油、汽油

C. 图书、报纸、杂志　　D. 饲料、化肥、农药、农机、农膜

5. 下列关于补税的范围及适用税率的叙述中，不正确的是（　　）。

A. 属于保税性质的来料加工、进料加工的进口料件，如经批准转为内销的，应适用海关申报转内销当天的税率

B. 暂进口货物转为正式进口货物需补税时，应按转为正式进口日期所实施的税则税率征税

C. 海关查获的走私进口货物需补税时，应按走私之日所实施的税则税率补税

D. 由于税则归类的变化，完税价格的审定有误或因其他工作差错而需要补征税款时，应按原征税日实施的税则税率补税

6. 某公司进口货物，到岸价格折合人民币20 000元，该批货物适用的关税税率为30%，

经有关单位批准关税减半征收（按 15%计征），则海关应征收的监管手续费为（　　）人民币。

A. 15 元　　B. 25 元

C. 30 元　　D. 45 元

7. 进出境货物的收发货人或其代理人应在（　　）向指定的银行缴纳税款。

A. 海关填发关税缴款书之日起 15 日内（包括星期六、星期日和法定节假日）

B. 海关填发关税缴款书次日起 15 日内（包括星期六、星期日和法定节假日）

C. 海关填发关税缴款书之日起 7 日内（包括星期六、星期日和法定节假日）

D. 海关填发关税缴款书次日起 7 日内（包括星期六、星期日和法定节假日）

二、多项选择题

1. 对金融租赁进口货物，纳税义务人会选择（　　）。

A. 一次性按货价即完税价格缴纳税款

B. 按货物的完税价格分期缴纳税款

C. 按租金总额缴纳税款

D. 按租金分期缴纳税款

2. 关于税率适用原则，下列表述正确的有（　　）。

A. 适用协定税率进口货物，属于我国实施反倾销或反补贴范围内的，仍适用协定税率

B. 进口货物到达前，经海关核准先行申报的，应当适用装载该货物的运输工具申报进境之日实施的税率

C. 进口转关运输货物，应适用指运地海关接受该货物申报进口之日实施的税率

D. 保税货物经过批准不复运出境的，应适用海关接受纳税义务人再次填写报关单申报办理纳税手续之日实施的税率

3. "完全获得标准"是确定货物原产地的重要标准。根据这一标准，完全在一个国家生产或制造的进口货物包括（　　）。

A. 从该国领土上或领海内开采的矿产品

B. 从该国收集的只适用于做加工制造的废碎料和旧物品

C. 从该国领土上或领海内开采的石油

D. 从该国船只上卸下的海洋捕捞物，以及由该国船只在海上取得的其他产品

4. 根据《中华人民共和国消费税暂行条例》的规定，在下列进口商品中，按从量定额办法计征消费税的是（　　）。

A. 粮食白酒　　B. 薯类白酒

C. 黄酒　　D. 啤酒

三、判断题

1. 以 CIF 价格成交的出口货物，另付外商 2%的佣金，其完税价格＝$(CIF-I-F)\times(1-2\%)/(1+出口税率)$。（　　）

2. 海关征税时，以人民币计征，凡以外币计价的货物，海关应以申报进口时国家外汇管理部门公布的基准价（买卖中间价）折算成人民币计征关税。（　　）

3. 某单位进口一批货物，海关征税放行后，货主发现部分货物不符合合同规定的标准，退运索赔后不再进口，要求海关退还退运货物已纳税款。海关按照《进出口关税条例》的有关规定，退运出口时不征收出口税，但是已征进口税不退。（　　）

4. 某外商投资企业进口一批设备，海关免税放行。一年后海关发现该企业已将此设备出售给非享受免税待遇的单位，因为已超过了补税期限，所以海关不应补征税款。( )

5. 长沙某单位进口一批货物，以 CIF 皇岗的价格成交，经海关核准，转关运输到长沙海关办理申报纳税手续。长沙海关征税时应将皇岗至长沙的运输费用和保险费计入完税价格。( )

四、业务题

1. 国内某公司从香港进口轿车 10 辆，成交价格 FOB 国内某口岸 25 800 美元，运费 1 000 美元，保险费 500 美元，已知应征关税 20 000 元，进口消费税 6 800 元，进口增值税 12 000 元。海关 2016 年 11 月 8 日填发海关专用缴款书，该公司 2016 年 12 月 8 日缴纳税款。计算应征多少滞纳金。

2. 某公司从德国进口奔驰豪华小轿车一辆，成交价格为 50 000 美元 CIF 上海，当时海关的计征汇率为 1 美元＝6.8 元人民币，该型号的小轿车的最惠国税率为 25%，消费税税率为 15%。该公司应缴纳多少消费税？

3. 某进出口公司进口某批不用征收进口消费税的货物，经海关审核其成交价格总值为 CIF 境内某口岸 827.00 美元。已知该批货物适用的关税税率为 35%，增值税税率为 17%，其适用中国银行的外汇折算价为 1 美元＝6.571 8 元人民币。该公司应缴纳多少增值税？

子项目六　提取装运货物

项目引入

大连中江商贸有限公司与新加坡某公司以 CIF 大连的成交方式，签订进口机械设备的贸易合同，大连中江商贸有限公司委托大连汇通国际物流有限公司进行报关，双方签订了保关协议。大连汇通国际物流有限公司完成了对这票货物的申报、查验、缴税手续，凭完税凭证向海关申请放行。海关放行货物，海关在进出口报关单上盖验讫章并退单，收发货人或者其代理人凭此到外汇管理局指定银行办理付汇核销，收发货人或者其代理人派车领取货物。根据此情景完成以下任务：

任务一　海关放行

任务二　签发证明联

1. 知道海关放行与结关；
2. 掌握提取和装运货物的现场作业流程；
3. 熟悉海关签发的证明；
4. 熟悉一般进出境货物出口退税操作。

1. 能够为一般进出境货物办理结关手续；

2. 能够办理结关货物的后续工作。

素质目标

1. 能安排进出境货物的时间、确认进出境日期，学生要有时间观念；
2. 从事整个报关工作要有工作责任心，并且具有一定的沟通谈判技巧。

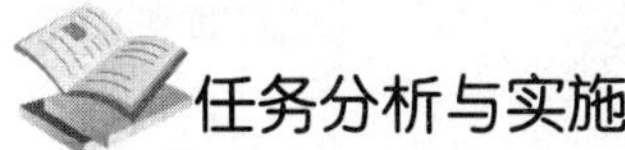

任务分析与实施

任务一　海关放行

一、海关进出境现场放行和货物结关

（一）海关进出境现场放行

1. 含义

海关进出境现场放行是指海关在接受进出境货物申报、查验货物，并在纳税义务人缴纳关税后，在货运单据上签印放行。

进出境企业或其代理人必须凭海关签印的货运单据才能提取或发运进出境货物。未经海关放行的海关监管货物，任何单位和个人不得提取或发运。

（1）由海关在提货凭证或出口装货凭证上加盖海关放行章。

（2）实行无纸通关的海关，货物的收发货人根据海关发出的海关放行报文，自行打印放行凭证。

经上述过程后，海关对进出境货物做出结束海关进出境现场监管的决定，允许进出境货物离开海关监管场所。

2. 海关放行的基本形式

海关放行的基本形式如表 3－41 所示。

表 3－41　海关放行的基本形式

基本形式	具体内容
征税放行	应由海关的税收部门按照《进出口关税条例》和《海关进出口税则》的规定，并采用“一票一证”的方式对货物收发货人征收关税和代征税，然后签印放行
担保放行	进出境货物的担保是担保人因进出境货物税款或某些证件不能及时备齐而向海关申请先予放行时，以向海关缴纳保证金或提交保证函的法定方式向海关保证在一定期限内履行其在通关活动中承诺的义务的法律行为。进出境货物担保的形式有两种：缴纳保证金和提交保证函。担保期不得超过20天
信任放行	对被海关授予“信得过企业”称号的各类企业给予通关便利，采取集中报关、预先报关、信任放行等优惠措施

（二）货物结关

货物结关是指进口货物、出口货物和转运货物进入一国海关关境或国境必须向海关申报，办理海关规定的各项手续，履行各项法规规定的义务；只有在履行各项义务，办理海关申报、查验、征税、放行等手续后，才能放行货物，货主或申报人才能提货。

对于进出境货物，办结海关手续、结束海关监管表示已经履行完与进出境有关的一切义务。

应注意：

(1) 放行=结关：一般进出境货物，海关放行后就可以进入生产和流通领域，放行就是结关。

(2) 放行≠结关：保税货物、暂准进口货物、特定减免税货物，放行并不等于结关，海关在一定时期内还需要进行监管，故放行并不等于结关。

课堂讨论

下列哪种货物不适用于海关后续管理？

(1) 外商在经贸活动中赠送的进口货物。

(2) 进料加工进口料件。

(3) 进境展览品。

(4) 香港影视公司拍摄电影、电视剧用的暂时进口的摄制仪器。

二、提取或装运货物

(一) 含义

提取货物是指当进口货物到港后，进口货物收货人或其代理人签收海关加盖海关放行章戳记的进口提货凭证，凭以到货物进境地的港区、机场、车站或邮局等地的海关监管区，办理提取进口货物的手续。

装运货物是指当出口货物到港后，出口货物发货人或其代理人签收海关加盖海关放行章戳记的出口装货凭证，凭以到货物出境地的港区、机场、车站或邮局等地的海关监管区，办理将货物装上运输工具离境的手续。

(二) 现场作业流程

(1) 确认船舶到港。

(2) 预约提货时间。

(3) 提取或装运货物前，需要按照相关要求缴纳相应税费。

(4) 办理场站手续。

(5) 凭加盖有海关放行章戳记的提货凭证提取或者装运进口货物。

(6) 持出卡口证明，将货物运离海关卡口。

任务二　签发证明联

报关人员办理完结关手续，需要海关签发证明的，可以向海关提出申请，海关在签发证明的同时通过电子口岸执法系统向有关单位传送相关数据并进行备案。

一、常见证明

(1) 进口付汇证明：用于办理进口付汇核销。

(2) 出口收汇证明：用于办理出口收汇核销。

(3) 出口收汇核销单：用于办理进口付汇核销。

(4) 出口退税证明：用于办理出口退税。

（5）进口货物证明书：用于进口汽车、摩托车等向国家交通管理部门办理牌照。

二、后续相关业务

（一）进口付汇业务

中国电子口岸进口付汇系统是将海关总署采集的全国各口岸海关“进口报关单外汇证明联”电子底账数据，存放到中国电子口岸数据平台，提供给全国各外汇管理分支局和外汇指定银行进行实时联网核查。

进口付汇系统同时为企业提供了强大的查询统计服务功能，而且为企业设计了通过登录电子口岸并利用网络将报关单电子数据交由指定银行或外汇局进行付汇业务和直接持IC卡到指定银行或外汇局进行付汇业务两种模式，企业用户可以根据自己的需要自主选择。

用户主要在进口付汇系统上进行以下操作：

（1）企业用户交单：用户输入预录入编号，将属于自己企业的报关单从数据中心的数据库中找出来，然后指定要交单的银行或者外汇局。

（2）企业用户批量交单：用户输入预录入编号，将属于自己企业的报关单从数据中心的数据库中找出来，然后将这批单子批量指定到要交单的银行、外汇局。

（3）企业用户综合查询：用户可以查询出属于自己的报关单及其操作情况。

（4）银行（外汇局）用户核注、结案、撤销结案、退单返回、留单返回操作：银行根据企业交单情况，或者直接根据企业的IC卡信息，查询出企业的报关单，然后进行核注结案。

（5）银行（外汇局）用户综合查询：银行可以查出自己核注过的报关单信息及操作明细。

（6）热线端综合查询：可以查询所有的报关单信息及操作明细情况。

（7）热线端代码查询：用户输入12位国际收支代码，可以查询出银行、外汇局名称；输入银行、外汇局名称，可以查询出12位国际收支代码。

（二）出口收汇业务

出口收汇是指企业在货物出口后的一定期限内向当地外汇管理部门办理收汇核销，证实该笔出口价款已经收回或按规定使用。操作步骤如下：

（1）申请。在中国电子口岸系统中操作，出口收汇→核销单申领→填写份数→申请→返回主页。

（2）领单。第一次只能申领一份，需要携带盖有公司公章的介绍信和IC卡，核销单一式三联，分别为存根联、出口收汇核销单联、出口退税专用联（没有核销不能撕开），核销单上需要加盖三个章，即国家外汇管理局监制章（核销单领来就已盖上），核销单领来后，在出口单位、单位代码的位置盖上有公司企业代码的形章，在每两联中间的出口单位盖章的位置盖上公司公章。

（3）备案。备案分两步：一是在中国电子口岸系统中备案；二是在自己公司的外汇核销单登记表上备案。

在中国电子口岸系统中备案的具体操作步骤为：

1）逐笔报审：出口收汇→口岸备案→输入核销单号→点击进入→找到核销单→核对。

2）批量核销：出口收汇→批量备案→输入起始号→份数→系统自动跳出终止号→

确认。

(4) 寄单、报关。邮寄核销单、代理报关委托书，传真发票、装箱单，在出运后10天左右要在中国电子口岸系统中查询此份核销单是否有信息。

(5) 退单。报关后20天左右，海关会退回报关单、场站收据、核销单（盖有海关验讫章）。

(6) 审单、交单。交单时在中国电子口岸系统中的具体操作步骤为：出口收汇→企业交单→核销单号→数据报送→选核销单号→发送成功→交单，两三个工作日后，收到外汇管理局信息，向国税报送数据，具体操作步骤为：出口退税→数据报送→选择报送→确认核销单号、报关单号→点击报关。

(7) 申报、核销。具体操作步骤为：批次申报→数据交换（数据提取）→全部提取→点击开始→ 新建（一般贸易）→输入核销单。

(8) 退税。具体操作步骤为：增值税发票的认定→国税认证→清单。

(9) 其他。所有退回的单据（报关单、场站收据、核销单、提单等）须全部复印好。

(10) 会计备案须提供资料（全部原件）。

（三）出口退税系统

出口退税系统将海关总署从各口岸海关采集的出口退税报关单电子底账数据保存在电子口岸数据中心，在企业确认后，电子口岸数据中心再将该电子底账数据传送给国税总局，国税总局收到后，通过网络下发给各地国税局供具体操作人员查询。该系统为国税局进行出口退税操作提供了可靠的电子依据，进一步提高了工作效率和执法的准确性，为纳税人办理出口退税提供了良好的外部数据环境，同时有效地杜绝了利用国家出口退税政策实行骗税的不法行为。

操作指南：

(1) 传输出口报关单结关信息。企业报关单审结后，海关系统自动向电子口岸数据中心发送报关单已结关信息。

(2) 查询结关信息。企业操作员登录出口退税系统查询已结关报关单信息。

(3) 打印纸制出口退税报关单。企业根据已结关报关单信息，前往海关打印纸制出口退税报关单。

(4) 传输出口退税报关单数据。海关系统将所有已打印出口退税报关单的报关单数据传输至电子口岸数据中心。

(5) 确认报送。企业登录出口退税系统查询出口退税报关单数据，并提交报送申请。

(6) 传输出口退税报关单数据。企业提交报送申请后，系统将企业确认的出口退税报关单电子数据传输至国税局。

(7) 出口退税操作。企业持相关纸质单据向主管国税局申请出口退税，国税局查询出口退税系统传输的出口退税报关单数据，核对企业的纸质单据，进行出口退税操作。

项目考核

一、单项选择题

1. 自进出境货物放行之日起（　　）内，海关可以对与进出境货物直接有关的企业、单位和会计凭证、报关单证进行稽查。

A. 1 年　　B. 2 年　　C. 3 年　　D. 5 年

2. 海关多征税款时，纳税人要在（　　）办理退税。

A. 中国银行　　B. 原征税海关

C. 原征税海关所在地的工商局　　D. 原征税海关的上级海关

3. 海关在决定放行进出境货物后，需要在有关报关单上加盖（　　），进出境货物收发货人凭此办理提取进口货物或装运出口货物手续。

A. 海关验讫章　　B. 海关监管章

C. 海关放行章　　D. 海关结算章

4. 某外贸公司以一般贸易方式从境外订购一批进口货物，在如实申报、接受查验、缴纳进口税费后由海关放行，该公司应凭（　　）到海关监管仓库提取货物。

A. 由海关签发的进（出）口货物证明书

B. 由海关加盖了放行章的货运单据

C. 由海关签发的税款缴纳证

D. 由海关签发的进口付汇核销专用报关单

5. 某外贸公司以一般贸易方式出口货物，在海关放行后，该公司应凭（　　）到海关监管仓库办理将货物装上运输工具离境的手续。

A. 由海关签发的出口货物证明书

B. 由海关加盖了放行章的出口装货凭证

C. 由海关签发的税款缴纳证

D. 由海关签发的出口收汇证明

6. 对需要在国家税务机构办理出口退税的货物，报关员应向海关申请签发（　　）。

A. 出口货物证明书　　B. 出口收汇证明

C. 出口退税证明　　D. 出口收汇核销单

二、业务题

大连达飞商贸公司向日本厂商出售冷轧不锈钢带一批，委托大连汇通国际物流有限公司进行报关。很快，大连汇通国际物流有限公司为其报关完毕，到最后海关放行阶段，请你以报关员的身份解决以下问题：

（1）海关放行过程中需要提交哪些单证?

（2）已放行的报关单是否可以更改或者撤销?

（3）为这批货物办理出口退税手续。

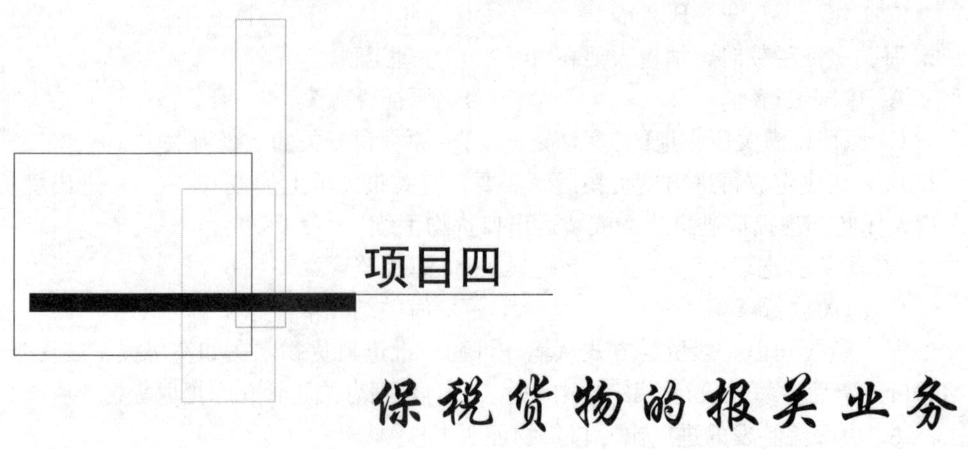

项目四

保税货物的报关业务

资讯

保税货物是海关批准未办理纳税手续进境，在境内储存、加工、装配后复运出境的货物。

保税货物具有以下三个特征：

(1) 特定目的。

为两种特定目的而进口的货物，即进行贸易活动（储存）和加工制造活动（加工、装配）。

(2) 暂免纳税。

经海关批准，对暂时进出口货物，货物收、发货人向海关缴纳相当于税款的保证金或者提供担保后，将暂时免纳关税。应注意，是暂时免纳而不是免税，待货物最终流向确定后，海关再决定征税或免税。

(3) 复运出境。

保税货物必须以原状或加工后产品复运出境，这既是海关对保税货物的监管原则，也是经营者必须履行的法律义务。保税货物的通关是从进境、储存或加工到复运出境的全过程，只有办理了这一整个过程的各种海关手续后，才真正完成了保税货物的通关。

保税货物的分类：保税货物分为保税加工货物和保税物流货物。

保税货物通关的基本程序包括合同备案、报关、核销结案，具体内容如图 4－1 所示。

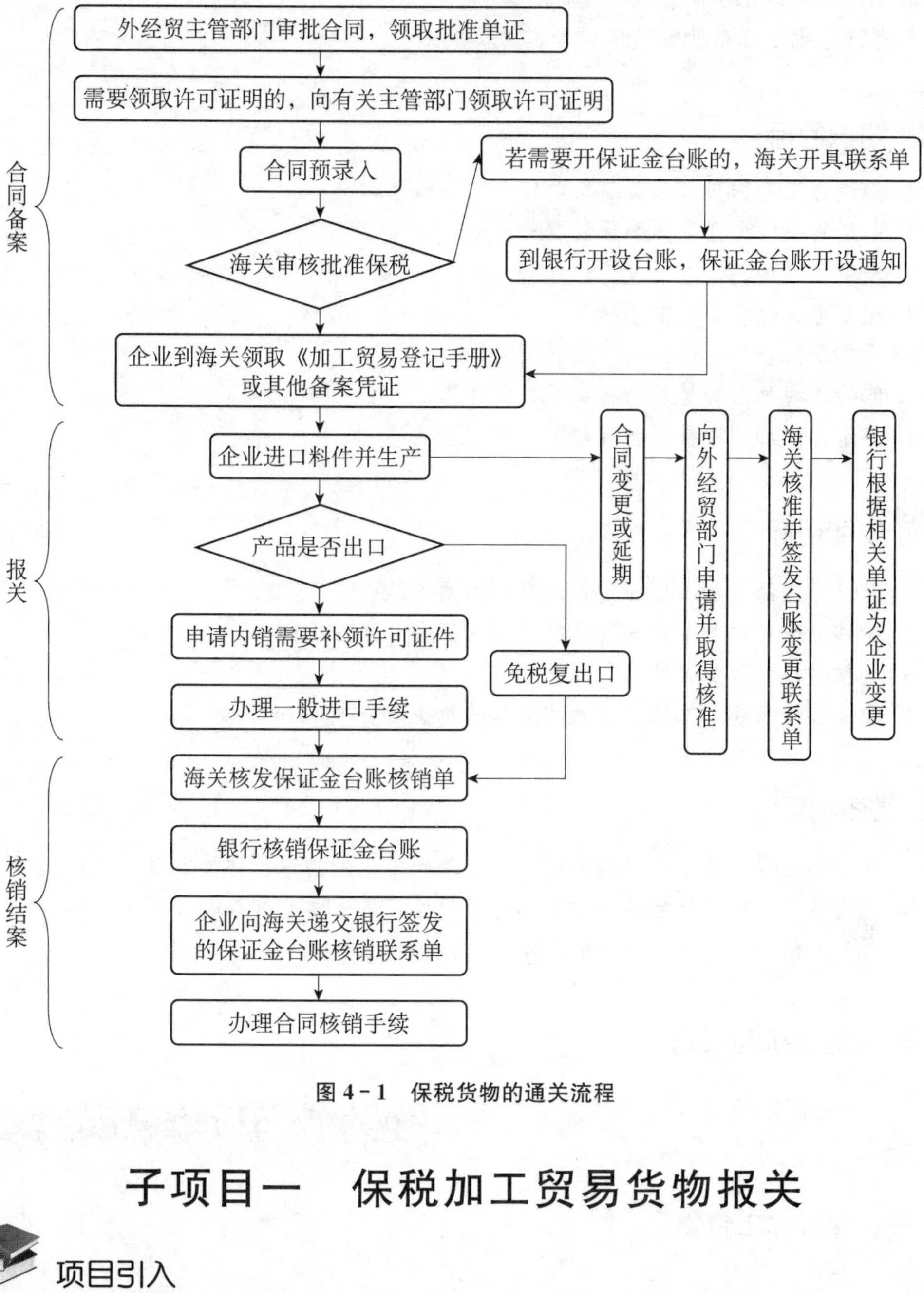

合同备案

外经贸主管部门审批合同，领取批准单证

需要领取许可证明的，向有关主管部门领取许可证明

合同预录入

若需要开保证金台账的，海关开具联系单

海关审核批准保税

到银行开设台账，保证金台账开设通知

企业到海关领取《加工贸易登记手册》或其他备案凭证

报关

企业进口料件并生产

合同变更或延期

向外经贸部门申请并取得核准

海关核准并签发台账变更联系单

银行根据相关单证为企业变更

产品是否出口

申请内销需要补领许可证件

免税复出口

办理一般进口手续

核销结案

海关核发保证金台账核销单

银行核销保证金台账

企业向海关递交银行签发的保证金台账核销联系单

办理合同核销手续

图 4-1　保税货物的通关流程

子项目一　保税加工贸易货物报关

项目引入

大连汇通国际物流有限公司（A 类管理企业）从境外购进价值 100 000 美元的涤纶长丝一批，委托山东嘉顺针织制品公司（B 类管理企业）加工生产出口袜子。该加工合同履行期间，因境外发货有误，部分原料未能及时到货。为确保履行成品出口合同，大连汇通国际物流有限公司报经主管海关核准，使用本企业其他进口非保税料件进行内部串换。合同执行完毕，尚有剩余料件，拟结转加工。经理要求报关员安迪确定此项加工贸易的台账和保证金情况。涉及的委托加工在海关管理中被称为什么？加工贸易串料应符合哪些规定？请各小组同学帮助报关员安迪完成经理布置的任务，同时为这票货物进行报关。

学生需要完成以下学习任务：

任务一　认知保税加工货物

任务二　电子化手册管理的保税加工货物报关

任务三　电子账册管理的保税加工货物报关

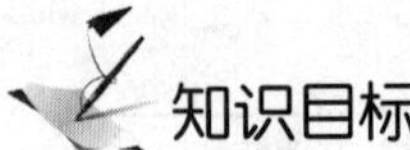

知识目标

1. 知道什么是保税加工贸易货物以及相关概念；
2. 知道海关的企业分类管理制度；
3. 理解来料加工、进料加工；
4. 理解电子化手册、电子账册；
5. 掌握加工贸易的保证金台账管理制度；
6. 掌握保税加工贸易货物备案手续的办理；
7. 熟悉保税加工贸易货物流程。

技能目标

1. 能够办理保税加工贸易货物的合同备案手续；
2. 能够办理保税加工贸易货物的合同保证金台账手续；
3. 能够进行保税加工贸易货物的报关；
4. 能够办理保税加工贸易货物的后续核销手续。

素质目标

1. 通过小组模拟海关与机构办理业务，培养学生的沟通、协调能力；
2. 通过分析，提高学生学习的兴趣与积极性，培养学生的综合分析能力；
3. 通过小组合作，培养学生的团结协作能力。

任务分析与实施

任务一　认知保税加工货物

一、保税加工货物

（一）含义

保税加工货物是经海关批准未办理纳税手续进境，在境内加工、装配后复运出境的货物。保税加工货物包括专为加工、装配出口产品而从国外进口且海关准予保税的原材料、零部件、元器件、包装物料、辅助材料（以下简称料件）以及用上述料件生产的成品、半成品。

（二）特点

1. 商务审批

加工贸易业务必须经过商务主管部门的审批才能进入海关备案程序，经海关审批同意后的加工贸易合同才能到海关备案。

2. 备案保税

海关批准保税加工是通过受理备案来实现的。准予备案的加工贸易料件进口时可以暂不办理纳税手续，即保税进口。海关受理加工贸易料件备案的原则是：合法经营、复运出境、可以监管。

3. 纳税暂缓

料件进境时未办理纳税手续，要按实际加工复出口成品所耗用料件的数量确定征免税的范围，进口时保税进口，实际出口成品所耗用的料件免税，而对不出口使用的料件则征税并责令纳税义务人补交利息，如属于许可证管理，则同时提交许可证。

4. 监管延伸

进口的保税料件是海关放行未结关的监管货物，无论在时间上还是地点上都需要处于海关监管之下。从时间上看，从提取货物之日起（海关保税监管开始）至完成仓储、加工、装配后复运出境或办结海关手续之日止；从空间上看，一直要监管到加工、储存、装配后复运出境或者办结正式进口手续为止。

5. 核销结关

保税加工货物经过海关核销后才能结关。

二、保税加工货物的监管模式

海关对保税加工货物的监管模式有两大类：一类是物理围网的监管模式，包括出口加工区和跨境工业区；另一类是非物理围网的监管模式，采用纸质手册管理或计算机联网监管。

（一）物理围网的监管模式

物理围网监管，是指经国家批准，在关境内或关境线上划出一块地方，采用物理围网，让企业在围网内专门从事保税加工业务，由海关进行封闭的监管。在境内的保税加工封闭式监管模式为出口加工区，已经施行了多年，有一套完整的监管制度；在关境线上的保税加工封闭式监管模式为跨境工业区，目前只有一处，即珠澳跨境工业区，分澳门园区和珠海园区两部分，在澳门特别行政区的部分是澳门园区，在珠海经济特区的部分是珠海园区。

（二）非物理围网的监管模式

1. 纸质手册管理

纸质手册管理是一种传统的监管方式，主要是用加工贸易纸质登记手册进行加工贸易合同内容的备案，凭以进出境，并记录进口料件出口成品的实际情况，最终凭以办理核销结案手续。随着电子化报关改革的不断深入，海关已经彻底取消了纸质手册报关。

2. 计算机联网监管

计算机联网监管是一种高科技的监管方式，主要是通过应用计算机实现海关对加工贸易企业的联网监管，建立电子化手册或电子账册，备案、进口、出口、核销全部通过计算机进行。电子化手册是针对中小企业的，以建立电子化手册为主要标志，继续以合同为单位，执行银行保证金台账制度；电子账册是针对大型企业的，以建立电子账册为主要标志，以企业为单元进行管理，不再执行银行保证金台账制度。

三、保税加工货物的形式

（1）来料加工。境外厂商提供原材料，委托境内工厂加工，产品由外方销售，我方收取工缴费。

（2）进料加工。境内企业付汇从境外购买原材料，完成加工，成品销往境外。

上述两者的联系与区别如表4-1所示。

表4-1　来料加工和进料加工的对比

对比	来料加工	进料加工
原材料	原材料由国外厂商提供	
费用	承接方无须支付进口料件费用	承接方需要支付进口料件费用
成品	成品返还国外厂商原料提供者	生产商自行向国外市场销售
交易	进出境为一笔交易	进口料件和出口成品是两笔独立的交易
销售	承接方不承担销售风险	承接方承担销售风险
货物处理	委托方控制生产的品种、数量和销售地区	企业有自主权，根据自身的技术、设备和生产能力，选择市场上适销商品进料加工
收益	企业不负责销售，赚取工缴费	企业自行销售，自负盈亏

任务二　电子化手册管理的保税加工货物报关

一、电子化手册管理简介

（一）电子化手册

随着无纸化通关的开展，电子化手册管理已经全面实施。电子化手册管理是以企业的单个加工贸易合同为单元实施对保税加工货物的监管。

（二）电子化手册管理的特点

（1）以合同为单元进行管理。

（2）企业通过计算机网络向商务部主管部门和海关申请办理合同审批、合同备案、变更等手续。

（3）纳入加工贸易银行保证金台账制度管理。

（4）纳入电子化手册管理的加工贸易货物进口时全额保税。

（5）无须调度手册，凭身份认证卡可实现全国口岸的报关。

（三）电子化手册建立步骤

（1）联网监管申请和审批。

（2）加工贸易业务的申请和审批。

（3）建立商品归并关系和电子化手册。

二、电子化手册报关程序

电子化手册报关程序如图4-2所示。

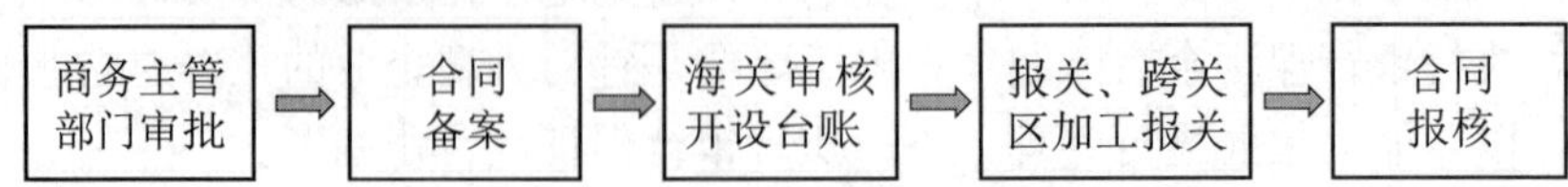

图4-2　电子化手册报关程序

（一）商务主管部门审批

保税加工企业包括保税加工的经营企业、保税加工的加工企业，两者可以是一个企业，也可以是两个企业。这些企业经过商务主管部门审批才能进入向海关备案的程序。

经营企业通常是负责对外签订加工贸易进出境合同的各类进出境企业和外商投资企业，以及经批准获得来料加工经营许可的对外加工装配服务公司。

加工企业接受经营企业的委托，负责对进出境料件进行加工或者装配，具有法人资格的生产企业；不具有法人资格，但实行相对独立核算，并已经办理公司营业执照的工厂也可接受委托。

1. 审批加工贸易合同

经审批后，凭加工贸易业务批准证、加工贸易企业经营状况和生产能力证明及相关合同到海关办理备案。

2. 审批加工贸易经营范围

凭经营范围批准证书和加工贸易企业经营状况和生产能力证明到海关申请联网监管并建立电子化手册。

（二）合同备案

1. 合同备案的含义

合同备案是指加工贸易企业持合法的加工贸易合同到主管海关备案，申请保税并领取加工贸易登记手册或其他准予备案凭证的行为。

（1）海关受理合同备案：在接受加工贸易企业合同备案后，批准合同约定的进口料件保税，并把合同内容转化为登记手册内容或进行必要的登记，然后核发登记手册。

（2）备案要求：合同必须合法有效（商务主管部门审批通过）；确定加工贸易合同所涉及的料件是否受国家贸易管制，如果是国家贸易管制的料件，确认是否已获得许可，是否有许可证件等。

（3）同意备案：符合备案要求的合同，海关将在规定日期内予以备案，并核发加工贸易登记手册；不能备案的合同，海关将书面告知申请企业。

2. 合同备案企业

（1）经营企业。具体为：

1）负责对外签订加工贸易进出境合同的各类进出境企业和外商投资企业。

2）经批准获得来料加工经营许可的对外加工装配服务公司。

（2）加工企业。具体为：

1）受经营企业的委托，负责对进口料件进行加工组装，具有法人资格的企业。

2）虽不具有法人资格，但是实行相对独立核算，并已经办理工商营业执照的工厂。

3. 合同备案步骤

合同备案步骤如图 4－3 所示。

图 4－3　合同备案步骤

（1）商务部门审批合同，企业申领批件加工贸易业务批准证、加工贸易企业经营状况和生产能力证明。

(2) 需要领取许可证的，领取许可证。

(3) 将合同的相关内容预录入与海关联网的计算机系统。

(4) 海关审批是否准予备案。确定是否需要开设台账，如需要，则领取台账开设联系单。

(5) 不需要开设台账的，直接从海关领取加工贸易登记手册；需要开设台账的，凭台账开设联系单到银行开设台账，领取台账登记通知单，凭台账登记通知单到海关领取加工贸易登记手册。

4. 合同备案内容

合同备案主要备案单证，主要包括如下单证：

(1) 商务主管部门签发的加工贸易业务批准证、加工贸易企业经营状况和生产能力证明。

(2) 加工贸易合同或合同副本。

(3) 加工合同备案申请表及企业加工合同备案呈报表。

(4) 需要提供许可证的，交验许可证。

(5) 为确定单耗和损耗所需的有关资料。

(6) 其他备案所需要的单证。

5. 合同备案的变更

已经海关登记备案的加工贸易合同，其品名、规格、金额、数量、加工期限、单耗、商品编码等发生变化的，须向主管海关办理合同备案变更手续，具体流程如图 4-4 所示。

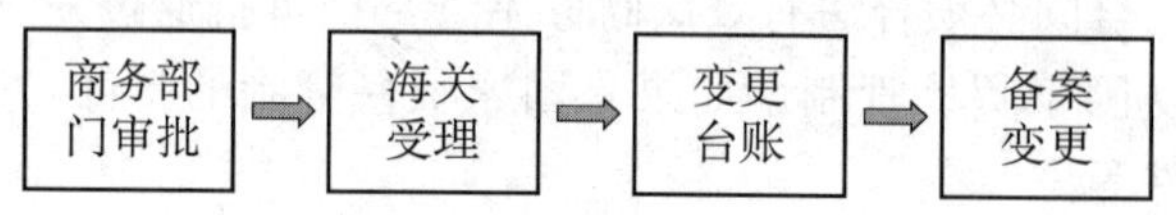

图 4-4 合同备案的变更流程

合同变更应在合同有效期内报原商务审批部门批准。合同变更的金额小于 1 万美元（含 1 万美元）和合同期限延长不超过 3 个月的合同，企业可直接到海关和银行办理变更手续，无须经商务主管部门重新审批；1 万美元及以下的备案合同，变更后进口金额超过 1 万美元的，适用 AA 类、A 类、B 类管理的企业，需要重新开设台账的，应重新开设台账；东部地区适用 B 类管理的企业的合同金额变更后，进口料件如果涉及限制类商品，由银行按海关计算的金额加收相应的保证金。

因企业管理类别调整，合同从"空转"转为"实转"的，应对原备案合同交付台账保证金。经海关批准，可只对原合同未履行出口部分收取台账保证金。

管理类别调整为 D 类的企业，经海关批准，对已备案合同允许交付全额台账保证金后继续执行，但合同不得再变更和延期。

对允许类商品转为限制类商品的，已备案合同不再交付台账保证金。对原限制类或允许类商品转为禁止类的，对已备案合同按国家即时发布的规定办理。

（三）海关审核并开设台账

1. 企业分类管理

我国海关总署对在海关注册登记的进出境货物收发货人、报关企业按照企业遵守的法律、行政法规、海关规章、相关廉政规定和经营管理状况，以及海关监管、统计记录等，设置AA类、A类、B类、C类、D类五个管理类别，对有关企业进行评估、分类，并将企业的管理类别公开，企业可以自行到电子口岸政务咨询平台上查询。

2. 备案商品

我国对企业和加工贸易涉及的进出境商品实行分类管理，将加工贸易商品分为禁止类、限制类（包括限制甲类和限制乙类）、允许类。禁止类是我国明令禁止的进出境商品，不允许备案，不能开展任何形式的加工贸易。

3. 台账管理

（1）不转：不设台账。

（2）空转：开设台账不付保证金。

（3）半实转：开设台账并支付一半保证金。

（4）实转：开设台账并支付全额保证金。

根据不同企业类别以及不同类型的加工贸易商品，我国加工贸易银行保证金台账制度如表4-2所示。

表4-2　　加工贸易银行保证金台账分类管理

<table>
<tr><th rowspan="2">企业分类</th><th colspan="2">禁止类</th><th colspan="2">限制类</th><th colspan="2">允许类</th></tr>
<tr><th>东部</th><th>中西部</th><th>东部</th><th>中西部</th><th>东部</th><th>中西部</th></tr>
<tr><td>AA类企业</td><td colspan="2" rowspan="4">不准开展加工贸易</td><td colspan="2" rowspan="2">空转</td><td colspan="2">不转</td></tr>
<tr><td>A类企业</td><td colspan="2">空转</td></tr>
<tr><td>B类企业</td><td>半实转</td><td colspan="3">空转</td></tr>
<tr><td>C类企业</td><td colspan="4">实转</td></tr>
<tr><td>D类企业</td><td colspan="6">不准开展加工贸易</td></tr>
<tr><td>特殊监管区域</td><td colspan="2">不准开展加工贸易</td><td colspan="4">不转</td></tr>
</table>

注：东部地区包括北京、天津、河北、辽宁、上海、江苏、浙江、福建、山东、广东和海南11个省（市）；中西部地区为东部地区以外的其他地区。

课堂讨论

大连某加工贸易经营企业（B类管理企业）进口12 590美元的涤纶长丝，委托大连某加工企业（A类管理企业）加工袜子后返销出口。

请各小组同学讨论：该项加工贸易的银行保证金台账应如何办理？

（四）办理加工贸易货物的进出境报关

由于加工贸易企业在主管海关已经备案，计算机系统里面已经生成电子账册，相关数据信息通过网络已经传到报关的口岸，所以相关人员只需要在口岸提供相关的单证即可。加工贸易进出境报关阶段如同一般进出境货物。

1. 进出境许可证

加工贸易进口料件一般免交许可证件，但涉及公共道德、公共卫生、公共安全的不能免；出口成品按照国家许可证管理办法的规定，需要交许可证件的就交，不需要交的免交。

加工贸易需要提交许可证件的货物如下：

（1）易制毒化学品。

（2）监控化工品。

（3）消耗臭氧层物资。

（4）音像制品、印刷品——新闻出版总署印刷复制司的批准文件。

(5) 地图产品及附有地图的产品——国家测绘局的批件、样品或样图。

(6) 再生废料——环保总局签发的《进口废物批准证书》。

2. 填制报关单

报关单的填制在项目三已经讲过，涉及保税加工的内容如表 4-3 所示。

表 4-3　　报关单填报要求

报关单项目	填制要求
进出境口岸	必须在海关核发的《加工贸易手册》(或分册，下同）限定或指定的口岸海关办理报关手续，并填写口岸海关的名称及代码。《加工贸易手册》限定或指定的口岸与货物实际进出境口岸不符的，应向合同备案主管海关办理《加工贸易手册》变更手续后填报
监管方式	按海关规定的《监管方式代码表》选择填报相应的监管方式简称及代码，例如来料加工 0214、进料加工 0615
征免性质	按海关规定的《征免性质代码表》选择填报相应的征免性质简称及代码，例如来料加工 502、进料加工 503
备案号	按海关核发的《加工贸易手册》《征免税证明》或其他备案审批文件的编号填报，例如来料加工 B、进料加工 C
合同协议号	合同协议号应与《征免税证明》和《加工贸易手册》上备案的合同号码一致
随附单证	加工贸易内销征税报关单，随附单证代码栏填写“c”，随附单证编号栏填写海关审核通过的内销征税联系单号
标记和唛码	加工贸易结转类的报关单，应先办理进口报关，并将进口报关单号填入出口报关单的关联报关单栏
项号	第二行填报该项商品在《加工贸易手册》中的商品项号

3. 缴纳进出境税费

对加工贸易保税货物进口料件暂缓纳税，对最后生产完全部用于料件加工的部分给予免税，在加工过程中如果使用国产料件，出口时涉及出口关税，则对国产料件部分征收关税。

(五) 办理加工贸易货物的跨关区加工报关

1. 办理加工贸易异地加工报关

(1) 异地加工。异地加工是指加工贸易经营单位将进口料件委托另一家直属海关关区内加工生产企业开展的加工业务，它不包括加工出口产品过程中某一加工工序的外发加工业务。

同一直属海关关区企业之间的委托加工业务，参照异地加工有关规定执行。

(2) 办理异地加工流程。

第一步，经营单位与加工企业须签订符合《合同法》规定的委托加工合同。

第二步，经营单位凭所在地外经贸部门核发的加工贸易业务批准证和加工企业所在地外经贸部门出具的加工贸易企业经营状况和生产能力证明向经营单位主管海关提出申请。

第三步，海关审核企业申请开展异地加工业务相关资料的真实性、合法性和齐备性。审核通过，发放关封。

第四步，经营单位凭经主管海关审核的海关异地加工贸易申请表、加工贸易业务批准证、加工贸易企业经营状况和生产能力证明以及与加工企业签订的委托加工合同等资料向加工企业主管海关办理合同备案手续。如需实行银行保证金台账“实转”的，经营单位还应按规定交付台账保证金。

第五步，经营单位持关封和合同备案的相关单证，到加工贸易所在地主管海关办理备案。

2. 办理加工贸易外发加工报关

（1）外发加工。外发加工是指经营企业因受自身生产特点和条件限制，经海关批准并办理有关手续，委托承揽企业对加工贸易货物进行加工，在规定期限内将加工后的产品运回本企业并最终复出口的行为。

外发加工的成品、剩余料件及生产过程中产生的边角料、残次品、副产品等加工贸易货物，经经营企业所在地主管海关批准，可以不运回本企业。

（2）办理外发加工流程。

第一步，外发加工备案，企业在外发之日起 3 个工作日内向主管海关备案。

第二步，经营单位向所在地海关递交外发加工的申请资料：经营企业签章的加工贸易货物外发加工申请表、外发清单、经营企业和承揽企业签订的加工合同或协议、承揽企业的营业执照、经营企业签章的承揽企业生产能力证明、海关需要收取的其他单证、加工完毕如实填写的外发加工货物运回清单。

第三步，经营单位在货物发出 19 日内向海关申报实际收发货情况。

3. 办理加工贸易深加工结转报关

（1）深加工结转。深加工结转是加工贸易企业将保税进口料件加工的产品转至另一个加工贸易企业进一步加工后复出口的经营活动。

（2）办理深加工结转的程序。

第一步，计划申报，如未报或错报未获批者，重新申报。

转出企业持转出计划、深加工结转申请表（四联）到海关备案；海关备案后，后三联退转出企业交转入企业；

转入企业持转入计划、深加工结转申报表（后三联、填本企业相关内容并签章），20 日内向主管海关备案，转入海关审核。

第二步，收、发货均登记结转情况登记表，并加盖结转专用名章。退货同样需要登记，并注明“退货”，加盖结转专用名章。

第三步，深加工结转报关。先进后出，因为无监管区，同意进后再出。

转入企业凭申请表、登记表办理结转进口报关，并于次日将报关情况通知转入企业。

转出企业 10 日内凭申请表、登记表等办理出口报关。

如分批报关结转，则须在 90 日内完成。

转出、转入报关申报价格为结转货物的实际成交价格。两份报关单相对应，申报序号、商品编号、数量、价格、手册编号均应一致。

4. 加工贸易其他保税货物及相应报关

其他保税货物包括剩余料件、边角料、副产品、残次品、受灾保税货物。处理方式有内销、结转、退运、放弃、销毁等。均实行报关制报关，销毁、放弃只核销不报关。

（1）内销报关。保税加工货物经商务主管部门同意转为一般进口货物报关，交税、交证（进口许可证、内销批准证）、交缓税利息。税率按接收申报日税率计算。应征缓税利息的计算公式为：

应征缓税利息＝应征税额×计息期限×缓税利息率/365

具体要求为：

1）内销金额小于该加工合同金额的3%且不超过10 000元人民币，免商务部门审批和交许可证。

2）剩余料件、制成品、残次品、副产品内销应缴缓税利息。

3）边角料内销免征缓税利息。

4）剩余料件和边角料按申报数量计算。

5）制成品和残次品折算出料件数量计算。

6）副产品按报验状态计征。

7）进料加工的剩余料件和制成品按料件原进口价格计算完税价格。

8）副产品和边角料按内销时进口相同料件的价格计算完税价格。

9）来料加工的剩余料件和制成品按内销申报价格计算完税价格。

（2）结转报关。结转是指将剩余料件结转至另一加工贸易合同中使用。

结转条件：同一经营单位、同一加工厂、同样进口料件、同一加工贸易方式。如在用实转手册，台账中实转金额大于拟结转料件的，应缴纳税款，免交保证金。

具体步骤为：

1）申请：提交结转申请书、结转料件清单。

2）核准：签发加工贸易剩余料件结转联系单。如转至另一加工厂，须收取保证金或银行保函。

（3）退运报关。不管是剩余料件、边角料、残次品还是副产品，都要持登记手册等相关资料报关。

（4）放弃报关。申请、核准后，将海关签发的放弃加工贸易货物交接单送交接受仓库，接受仓库签章，凭签章的交接单核销。

不准放弃货物：国家禁限进口的、污染环境的、其他。

（5）销毁。须申请、核准，必要时海关派员监销，凭销毁证明核销。

（6）受灾保税货物的报关。灾后7天内书面报告海关。如果是由不可抗力造成的，如属于许可证管理，免交许可证；如果是由非不可抗力造成的，必须交许可证。

提供如下材料：

1）商务部门签注意见。

2）主管部门的证明文件。

3）保险公司保险赔款通知书或检验检疫证明文件。

海关给予批复：

1）完全无法再利用的，核准免税。

2）尚可利用，重新审定价格，按对应进口料件适用税率计缴进口税和缓税利息。

3）因不可抗力成灾，如属于关税配额进口的，按配额税率计征进口关税。

4）非不可抗力成灾，按原进口价格审价交税。如属于关税配额进口而又丢证的，按配额外税率征税。

（六）合同报核

1. 报核与核销

（1）报核。加工贸易报核是指加工贸易企业在加工贸易合同履行完毕或终止合同并按规定对未出口的货物进行处理后，按照规定的期限和程序，向加工贸易主管海关申请核销、结案的行为。

（2）核销。加工贸易的核销是指加工贸易单位在合同执行完毕后将《加工贸易登记手册》、进出境专用报关单等有效数据递交海关，由海关核查该合同项下进出境、耗料等情况，以确定征、免、退、补税的海关后续管理中的一项业务。

2. 报核的时间

经营企业应当在规定的期限内将进口料件加工复出口，并自加工贸易手册项下最后一批成品出口之日起或者加工贸易手册到期之日起 30 日内向海关报核。经营企业对外签订的合同因故提前终止的，应当自合同终止之日起 30 日内向海关报核。

海关自受理企业报核之日起 20 个工作日内核销完毕，特殊情况下，可以由直属海关关长批准或者由其授权的隶属海关关长批准，期限一般为 10 个工作日。

3. 报核的单证

（1）企业合同报核申请表。

（2）加工贸易手册。

（3）进出境货物报关单。

（4）核销核算表。

（5）其他海关需要的资料。

4. 报核的步骤

（1）收集、整理、核对报关单和手册。

（2）核实单耗，填制核销核算表。

（3）填写核销预录入申请单。

（4）持如下单据报核：对未开设台账的加工贸易手册，经核销准予结案的，海关向经营单位签发核销结案通知书；经核销，情况正常且开设台账的，签发银行保证金台账核销联系单，企业凭以到银行核销台账，其中“实转”的台账，企业在银行领回保证金和应得的利息，或者撤销保函，并领取银行保证金台账核销通知单，凭以向海关领取核销结案通知书。

任务三　电子账册管理的保税加工货物报关

一、电子账册

（一）电子账册管理的含义

电子账册管理是以企业的单个加工合同为单元实施对保税加工货物的监管。

课堂讨论

各小组讨论电子化手册与电子账册的区别。

（二）电子账册模式联网监管的基本管理原则

电子账册模式联网监管的基本管理原则是一次审批、分段备案、滚动核销、控制周转、联网核查。具有以下特点：

（1）对经营资格、经营范围、加工生产能力一次性审批，不再对加工贸易合同进行逐票审批。

（2）先备案进口料件，在生产出成品出口前，再备案成品以及申报实际的单耗情况。

（3）建立以企业为单元的电子账册，实行滚动核销制度，取代以合同为单元的纸质手册。

（4）对进出口保税货物的总价值按照企业生产能力进行周转量控制，取消对进出口保税货物备案数量的控制。

（5）企业通过计算机网络向商务部门和海关申请办理审批、备案及变更等手续。

（6）不实行银行保证金台账制度。

（7）纳入电子账册的加工贸易货物全额保税。

（8）凭电子身份认证卡实现全国口岸的通关。

（三）电子账册的建立

1. 第一个步骤：加工贸易经营企业的联网监管申请和审批

（1）电子账册模式联网监管企业的条件：

1）在中国境内具有独立法人资格，具备加工贸易资格，在海关注册，以出口生产为主；

2）守法，实行全程计算机管理；

3）按照海关的要求提供真实、准确、完整并具有被核查功能的数据；

4）有足够的资产或资本为本企业实行联网监管应承担的经济责任提供总担保。

（2）提交的单证。商务主管部门审批同意后，加工贸易企业可以向所在地直属海关申请加工贸易联网监管，提出书面申请，并提交单证。

（3）主管海关审核。

2. 第二个步骤：加工贸易业务的申请和审批

（1）向商务主管部门提出申请，商务主管部门审定联网企业的加工贸易资格、业务范围和加工生产能力。

（2）企业向商务主管部门提交材料。

3. 第三个步骤：建立商品归并关系和电子账册

（1）联网企业凭商务主管部门签发的联网监管企业加工贸易业务批准证向所在地主管海关申请建立电子账册，取代纸质加工贸易登记手册。

（2）电子账册包括经营范围电子账册和便捷通关电子账册。

经营范围电子账册不能直接报关，主要是用来检查和控制便捷通关电子账册中进出口商品的范围。

便捷通关电子账册用于加工贸易货物的备案、通关和核销。

电子账册是在商品归并关系确立的基础上建立起来的，如果没有商品归并关系，就不能建立电子账册。

（3）建立商品归并关系。商品归并关系是指海关与联网企业根据监管的需要按照中文品名、HS编码、价格、贸易管制等条件，将联网企业内部管理的“料号级”商品与电子账册备案的“项号级”商品归并或拆分，建立一对多或多对一的对应关系。“料号级”商品是指企业进出口的保税料件和成品。“项号级”是办理便捷通关电子账册时备案的内容。

应该同时满足以下条件，才可以归入同一个联网监管商品项号：

1）10位HS编码相同；

2）商品名称相同；

3）申报计量单位相同；

4）规格型号虽不同但单价相差不大。

根据归并原则产生企业物料表及归并关系数据，据此生成电子账册。

二、电子账册管理的保税加工货物报关程序

电子账册管理的保税加工货物报关程序包括三个环节：备案、报关以及报核和核销。

（一）备案

1. 经营范围电子账册备案

企业凭商务主管部门的批准证通过网络向海关办理经营范围电子账册备案手续，备案内容包括经营单位名称和代码、加工单位名称和代码、批准证件编号、加工生产能力、加工贸易进口料件和成品范围（商品编码前4位）。

2. 便捷通关电子账册备案

企业通过网络向海关办理便捷通关电子账册备案手续，备案内容包括：企业基本情况表；料件或成品部分；单耗关系，包括成品版本号、对应料件的净耗、耗损率等。其他部分（如成品和单耗关系）可以同时备案，也可以分阶段申请备案，但是料件必须在相关料件进口前备案，成品和单耗关系最迟在相关成品出口前备案。

海关可根据企业的加工能力设定电子账册最大周转金额，并可对部分高风险或需要重点监管的料件设定最大周转数量。进口料件的金额、数量加上电子账册剩余料件的金额、数量不得超过最大周转金额和最大周转数量。

3. 备案变更

（1）经营范围电子账册变更。企业的经营范围、加工能力发生变更时，经商务主管部门批准后，通过网络向海关办理申请变更，海关予以审核通过，出具联网监管企业加工贸易业务批准证变更证明。

（2）便捷通关电子账册变更。便捷通关电子账册的最大周转金额、核销期限等需要变更时，企业应向海关提交申请，海关批准后直接变更。基本情况表的内容发生改变，只要未超出经营范围和加工能力，不必报商务主管部门审批，可以通过网络直接向海关申请变更。

（二）报关

1. 进出境货物报关

（1）报关清单的生成。适用便捷通关电子账册办理报关手续的，企业应先根据实际进出口情况，从企业系统中导出料号级数据生成归并前的报关清单，通过网络发送到电子口岸。报关清单应按照加工贸易合同填报监管方式，进口报关清单填制的总金额不得超过电子账册最大周转金额的剩余值，其余项目的填制参照报关单的填制规范。

（2）报关单的生成。联网企业进出口保税加工货物，应使用企业内部的计算机，采用计算机原始数据形成报关清单，报送电子口岸。电子口岸将企业报送的报关清单根据归并原则进行归并，并分拆成报关单后发回企业，由企业填报完整的报关单内容后，通过网络向海关正式报关。

（3）报关单的修改、撤销。不涉及报关清单的保管内容可直接进行修改，涉及报关

清单的报关单内容修改必须先修改报关清单，再重新进行归并。

报关单经海关审核通过后，一律不得修改，若要修改，必须撤销重报。待报关清单的报关单撤销后，报关清单一并撤销，不得重复使用。

报关单放行前修改，内容不涉及报关单表体内容的，企业经海关同意可直接进行。涉及报关单表体内容的，企业必须撤销报关单重新申报。

（4）填制报关单的要求。联网企业备案的进口料件和出口成品等内容，是货物进出口时与企业实际申报货物进行核对的电子底账。因此，申报数据与备案数据应当一致。企业按实际进出口的“货号”（料件号和成品号）填报报关单，并按照加工贸易货物的实际性质填报监管方式。

海关按照规定审核申报数据，进口报关单的总金额不得超过电子账册最大周转金额的剩余值，如果电子账册对某项下料件的数量进行限制，那么报关单上该项商品的申报数量不得超过其最大周转量的剩余值。

（5）申报方式选择。联网企业可根据需要和海关规定分别选择有纸报关和无纸报关方式申报。

联网企业进行无纸报关的，海关凭同时盖有申报单位和其代理企业的提货专用章的放行通知书办理实货放行手续；报关单位凭同时盖有经营单位、报关单位及报关员印章的纸质单证办理事后交单事宜。

联网企业进行有纸报关的，应由本企业的报关员办理现场申报手续。

有关许可证件管理和税收征管的规定与纸质手册管理下的保税加工货物进出境报关一样，参照纸质手册的有关内容，此处不再赘述。

2. 深加工结转货物报关

电子账册管理模式下联网企业的深加工结转货物报关与纸质手册管理下的保税加工货物深加工结转一样，参照纸质手册的有关内容，此处不再赘述。

3. 其他保税加工货物报关

经主管海关批准，联网监管企业可按月集中办理内销征税手续。按月集中办理内销征税手续的联网企业，在每个核销周期结束前，必须办理本期所有的内销征税手续。

联网企业采用内销、结转、退运、放弃、销毁等方式处理保税进口料件、成品、副产品、残次品、边角料和受灾货物的报关手续，参照纸质手册管理。后续缴纳税款时，缓税利息计息日为电子账册上期核销之日（未核销的为便捷通关电子账册记录首次进口料件之日）的次日至海关开具税款征纳之日。

（三）报核和核销

电子账册采用的是以企业为单元的管理方式，一个企业只有一个电子账册，因此，对电子账册模式实行滚动核销的形式，即对电子账册按照时间段进行核销，将某个确定的时间段内企业的加工贸易进出口情况进行平衡核算。

海关对采用电子账册管理模式的联网企业一般规定 180 天为一个报核周期。首次报核期限，从电子账册建立之日起 180 天后的 30 天内；以后报核期限，从上次报核之日起 180 天后的 30 天内。

企业必须在规定的期限内完成报核手续，确有正当理由不能按期报核的，经主管海关批准可以延期，但延长期限不得超过 60 天。

1. 企业报核和海关核销

（1）预报核。预报核是加工贸易联网企业报核的组成部分。企业在向海关正式申请核销前，在电子账册本次核销到期之日起 30 天内，将本核销期内申报的所有电子账册进出口报关数据按海关要求的内容，包括报关单号、进出口岸、扣减方式、进出标志等以电子报文形式向海关申请报核。

海关通过计算机将企业的预报核内容与电子账册数据进行比对，对比结果完全相同、计算机反馈“同意报核”的，企业应向海关递交下列单证后，可以进入正式报核：企业核销期内的财务报表、纸质报关单、已征税的税款缴纳证复印件、企业电子账册报核总体情况表、企业保税进口料件盘点资料、归并参数表的纸质文本（本期核销内有变更的）和海关认为需要的其他单证。

（2）正式报核。正式报核是指企业预报核通过海关审核后，以预报核海关核准的报告数据为基础，准确、详细地填报本期保税加工料件的应当留存数量、实际留存数量等内容，以电子数据形式向海关正式申请报核。

海关认为必要时，可以要求企业进一步报送料件的实际进口数量、耗用数量、内销数量、结转数量、边角料数量、放弃数量、实际损耗率等内容。对比不相符且属于企业填报有误的可以退单，企业必须重新申报。

经海关认定企业实际库存多于应存数，有合理正当理由的，可以计入电子账册在下期核销，对其他原因造成的情况，应依法处理。

联网企业不再使用电子账册的，应当向海关申请核销。海关对电子账册核销完毕，予以注销。

2. 海关核销

海关核销的基本目的是掌握企业在某个时段所进口的各项保税加工料件的使用、流转、损耗情况，确认是否符合以下平衡关系：

$$\begin{array}{c}\text{进口保税料件}\\\text{（含深加工结转进口）}\end{array}=\begin{array}{c}\text{出口成品折料}\\\text{（含深加工结转出口）}\end{array}+\begin{array}{c}\text{内销}\\\text{料件}\end{array}+\begin{array}{c}\text{内销成品}\\\text{折料}\end{array}+\begin{array}{c}\text{剩余}\\\text{料件}\end{array}+\text{损耗}-\begin{array}{c}\text{退运成品}\\\text{折料}\end{array}$$

海关核销除了对书面数据进行必要的核算外，还会根据实际情况采取盘存的方式。经核对，企业报核数据与海关底账数据及盘点数据相符的，海关通过正式报核审核，打印核算结果，系统自动将本期剩余结转为下期期初数。企业实际库存量多于电子底账核算结果的，海关会按照实际库存量调整电子底账的当期结余数量；企业实际库存量少于电子底账核算结果且可以提供正当理由的，对短缺部分，联网企业按照内销处理；企业实际库存量少于电子底账核算结果且联网企业不能提供正当理由的，对短缺部分，海关将移交缉私部门处理。

课堂讨论

2017 年 1 月 11 日，中新科技集团股份有限公司（以下简称中新科技）业务部进口关务员林丽君打开电脑，看到公司联网监管的电子账册已经为“核销审批通过”状态。中新科技是一家主营电视机出口的加工贸易企业，2017 年已经是使用联网监管电子账册的第三个年头了。与传统加工贸易监管模式不同的是，联网监管应用了“互联网＋”思维，将加工贸易业务与互联网联系起来，通过网络管理提升监管效能。

使用联网监管电子账册后，林丽君不再需要备案几十本加工贸易手册，只用一本电子账册就可以管理好公司几百种料件和产品；不再受制于每本手册备案金额和期限，可以自由进口原料件，自由搭配生产，用最合理的组合原料开展生产；更不需要频繁往返海关去办手续，只要在办公室点点鼠标，就能完成账册设立、变更、报核等手续。“开展电子账册以来，产品管理越来越得心应手，公司业绩也跟着连年攀升。”说起公司业绩，林丽君很是骄傲。

讨论：对像中新科技这样的加工贸易企业来说，电子账册的使用有哪些优势？公司联网监管的电子账册状态已经为“核销审批通过”说明什么？联网监管是以什么为载体的？

项目考核

一、单项选择题

1. 某实行海关B类管理的企业进口 3 000 美元的棉花，用来生产出口服装垫肩，合同备案应该（　　）。

A. 不设台账，申领登记手册　　B. 不设台账，不申领登记手册

C. 设台账，实转，申领登记手册　　D. 设台账，空转，申领登记手册

2. 某进出口公司与外商签订一项血液透析机来件装配合同，该合同已于 4 月 20 日执行完毕，装配成品已全部出口。该公司办理该合同的海关和银行保证金台账核销手续的时间是（　　）。

A. 6 月 20 日前　　B. 5 月 20 日前

C. 7 月 5 日前　　D. 7 月 20 日前

3. 保税加工货物内销，海关按规定免征缓税利息的是（　　）。

A. 副产品　　B. 残次品

C. 边角料　　D. 因不可抗力受灾保税货物

4. 下列不属于海关非物理围网监管模式监管的是（　　）。

A. 来料加工企业和进料加工企业　　B. 保税工厂

C. 保税集团　　D. 出口加工区

5. 银行根据海关签发的（　　），对加工贸易企业设立银行保证金台账。

A. 银行保证金台账通知书　　B. 设立银行保证金台账联系单

C. 银行保证金台账核销联系单　　D. 银行保证金台账变更联系单

6. 加工贸易企业进口（　　）向海关备案时应提交进口许可证。

A. 毛豆油　　B. 消耗臭氧层物质

C. 蒸馏酒　　D. 钢材

7. 加工贸易经营单位委托异地生产企业加工产品出口，应当向（　　）办理合同备案手续。

A. 加工企业所在地主管海关　　B. 经营单位所在地主管海关

C. 海关总署　　D. 进口料件进境地海关

二、多项选择题

1. 海关对实行计算机联网管理的企业，实行定期或者周期性报核制度。下列选项表述正确的是（　　）。

A. 报核周期是 180 天（6 个月）

B. 报核周期是 1 年

C. 首次报核期限为从电子账册建立之日起 180 天（6 个月）后的 30 天内

D. 首次报核以后，报销期限为从上次报核之日起 180 天（6 个月）后的 30 天内

2. 下列关于加工贸易企业设立银行保证金的表述中，正确的是（　　）。

A. 适用B类管理的企业经营允许类的商品，银行保证金台账“空转”，经营限制类的商品，按照料件应缴税款的50%支付银行保证金

B. 适用C类管理的企业经营加工贸易允许类和限制类商品，实行保证金台账“实转”

C. 适用A、B类管理的企业，在出口合同中，由外商提供的78种列明辅料金额不超过10 000美元的，不设银行保证金台账

D. 适用C类管理的企业，在出口合同中，由外商提供的78种列明辅料金额不超过5 000美元的，不设银行保证金台账

3. 下列符合出境修理货物和出料加工货物海关规定的表述的是（　　）。

A. 两者在境外的期限均为6个月，可申请延长，但不超过3个月

B. 两者均须在规定的期限内复运进境，否则按一般进口货物计征进口关税和进口环节税

C. 两者出境申报均可免征出口税，免交验许可证件，但应提供担保

D. 两者复运进境时均应以境外的实际费用为完税价格计征进口税费

三、判断题

1. 某公司因不可抗力造成保税加工货物受损，受损货物可再利用，该公司申请内销，办理进口手续，缴纳进口税，支付缓税利息，交验许可证件。（　　）

2. 保税加工进口料件在进口报关时，暂缓纳税，加工成品出口报关时再征税。（　　）

3. 实行电子账册管理的企业不设立银行保证金台账。（　　）

4. 某适用C类管理的企业，与外商签订进口1 000美元的服装拉链（属于列明的78种辅料）加工贸易合同，用以加工产品出口，应设台账、实转、发手册。（　　）

5. 外商投资企业向主管海关办理减免税备案登记，只需提交商务主管部门的批准文件和营业执照。（　　）

四、业务题

1. 在大连注册的某加工贸易经营企业（A类管理企业）与韩国一家电子企业签订一份来料加工合同，委托沈阳加工企业（B类管理企业）进行加工。在料件进口前，该企业向海关办理了加工贸易合同备案手续。2016年9月6日，企业购进料件（限制类），从大连申报进境，进境后运到加工企业加工。一个月后由于市场需求的变化，半成品内销到国内市场，该企业2016年10月19日办理内销手续，2016年10月剩余返销出口，出口后向海关核销结案。根据上述案例资料，回答下列问题：

（1）该加工企业应（　　）。

A. 设保证金台账，实转

B. 设保证金台账，支付应征税款的50%，将其作为保证金

C. 不设保证金台账

D. 设保证金台账，空转

（2）海关在对该项跨关区异地加工贸易合同进行分类管理时，应该按照（　　）进行管理。

A. A类　　B. B类　　C. C类　　D. D类

（3）题中申报内销的货物应适用（　　）的税率。

A. 2016年9月6日　　B. 2016年9月19日

C. 2016年9月5日　　D. 以上都不对

(4) 该来料加工合同应该向（　　）办理加工贸易合同登记备案。

A. 大连海关　　B. 沈阳海关

C. 海关总署　　D. 以上三者都要办理

(5) 企业在合同报核时应提交的单证为（　　）。

A. 企业合同核销申请表　　B. 加工贸易保税进口料件内销批准证

C. 加工贸易登记手册　　D. 进出口报关单

2. 大连某服装进出口公司（B类管理企业）于2016年2月与韩国某公司签订了来料加工合同项下的服装加工业务，合同规定由外商免费提供全棉印花布料，我方根据外商要求加工5 000件女式内衣（该料件属于加工贸易限制类商品），我方收取工费。合同签订后，该服装进出口公司到海关办理了备案手续。根据上述案例资料，回答以下问题：

(1) 进口该批服装的全棉印花布料时，海关准予保税的额度是多少？

(2) 在加工贸易合同备案时，该合同适用何种银行保证金台账管理制度？

(3) 对于该企业在生产中的剩余料件和制成品，怎么转内销？

(4) 该批合同执行完毕后，如何向海关申请核销结关？

(5) 该企业应何时向主管海关申请核销并要求结案？

3. 专营进料加工集成块出口的外商投资企业A公司，是适用海关B类管理的企业。该企业于3月对外签订了主料硅片等原材料的进口合同，按企业合同（章程）的规定，一部分加工成品内销，另一部分加工成品外销，原料交货期为4月底。5月初，A公司又对外签订了生产集成块所必需的价值20 000美元的三氯氧磷进口合同。6月初，A公司与境外某商人订立了集成块出口合同，交货期为10月底。9月底，产品全部出运，仅有些边角余料和残次品没有处理。如果你是A公司的报关员，对于这项进料加工业务，需要做哪些工作来完成报关？

4. 上海申华进出口公司（A类管理企业）从境外购进价值100 000美元的涤纶长丝一批，委托浙江嘉兴嘉顺针织制品公司（B类管理企业）加工生产出口袜子。该加工合同履行期间，因境外发货有误，部分原料未能及时到货。为确保履行成品出口合同，申华公司报经主管海关核准，使用本企业其他进口非保税料件进行内部串换。合同执行完毕，尚有剩余料件，拟结转加工。请回答以下问题：

(1) 本案例涉及的委托加工在海关管理中称为（　　）。

A. 跨关区外发加工　　B. 跨关区异地加工

C. 跨关区深加工结转　　D. 跨关区联合加工

(2) 本案例涉及的加工贸易合同备案手续应由（　　）。

A. 申华公司到嘉顺公司所在地主管海关申请办理

B. 申华公司在所在地主管海关申请办理

C. 嘉顺公司在所在地主管海关申请办理

D. 嘉顺公司到申华公司所在地主管海关申请办理

(3) 该加工贸易合同备案时，其银行保证金台账应（　　）。

A. 不设台账

B. 设台账，但无须缴付保证金

C. 设台账，并按进口料件应征税款的50%缴付保证金

D. 设台账，并按进口料件应征税款缴付保证金

(4) 该加工贸易合同执行期间所发生的料件串换及处置，应符合的规定是（　　）。

A. 串换的料件必须是同品种、同规格、同数量

B. 串换的料件关税税率为零

C. 串换的料件不涉及进出口许可证件管理

D. 串换下来的同等数量料件由企业自行处置

(5) 该加工贸易合同内剩余料件的结转，应符合的规定是（　　）。

A. 应在同一经营单位、同一加工厂的情况下结转

B. 应在同样的进口料件和同一加工贸易方式的情况下结转

C. 应向海关提供申请结转的书面申请、剩余料件清单等单证和材料

D. 应办理正式进口报关手续，缴纳进口税和缓税利息

子项目二　保税物流货物报关

项目引入

A公司是设在北京出口加工区内的企业，从德国通过海洋运输方式进口一批裸管进行加工。这批裸管从天津口岸进境，再运往A公司的所在地。因为北京和天津属于两个不同的直属海关，跨关区的转关应如何办理?

这批货物的报关不属于一般进出口货物的报关，它涉及保税物流货物的报关。通过学习本子项目，学生可了解保税物流货物如何报关，需要完成以下任务：

任务一　办理出口加工区货物报关

任务二　办理保税物流中心货物报关

任务三　办理保税区货物报关

任务四　办理保税物流园区货物报关

任务五　办理珠海园区货物报关

知识目标

1. 知道出口加工区货物报关制度；
2. 知道保税物流中心货物报关制度；
3. 掌握保税区货物报关程序；
4. 理解保税物流园区货物报关规范；
5. 掌握珠海园区货物报关程序。

技能目标

1. 能够办理出口加工区货物的报关手续；
2. 能够办理保税物流中心货物的报关手续；
3. 能够办理保税区货物的报关手续；
4. 能够办理保税物流园区货物的报关手续；
5. 能够办理珠海园区货物的报关手续。

素质目标

1. 办理保税物流货物的报关，需要及时联系保税物流海关与其他海关，培养学生

的沟通、协调能力；

2. 通过分析，提高学生学习的兴趣与积极性，培养学生的综合分析能力。

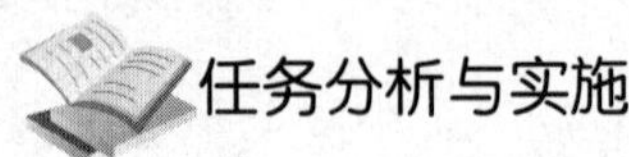

任务分析与实施

任务一 办理出口加工区货物报关

一、出口加工区

（一）出口加工区的含义

出口加工区是指经国务院批准在中华人民共和国境内设立的，由海关对进出区货物及区内相关场所进行封闭式监管的特定区域。

（二）出口加工区的功能

在出口加工区内可从事加工贸易及相关储运业务，与保税区相比功能较为单一，只准加工，不准开展商业零售、转口贸易，不得在加工区居住，不得建立营业性的生活消费设施。区内有加工企业、仓储企业、监管下的运输企业、管委会。

（三）出口加工区的海关监管

（1）24 小时全天候隔离封闭监管。

（2）区内各种类型企业与海关实行计算机联网管理。

（3）境外货物免证保税备案进区（特殊情况除外），境内区外货物交证退税出口进区。

（4）境外货物免证保税备案出区（特殊情况除外），区内货物交证交税出区进口境内。

（5）境外机器、设备按特定减免税证明、减免税报关进口，境内区外设备交证退税出口进区。

（6）境外交通车辆、生活用品按照一般进口货物报关办理，境内区外车辆交证退税出口进区。

（7）外发境内区外加工具保（保证金或银行保函）出区，境内区外进区具保外发加工，不签发 6 个月内进区核销退保（比照其他进出境）出口退税单。

（8）测试、检验、展览，比照暂准进出口货物办理，期限为 2＋1 个月，期间不得用于境内区外的生产使用，海关将留底样备查。

（9）区内企业使用电子账册管理，不设保证金台账，账册 6 个月核销一次，电子账账分为加工贸易电子账册和企业设备电子账册。

二、出口加工区与境外之间进出货物的报关操作

出口加工区企业从境外运进货物或运出货物到境外，由收发货人或其代理人填写进、出境货物备案清单，向出口加工区海关报关。

如果是跨关区进出口加工区货物，按转关运输中的直转方式办理。对于同一直属海关的关区内进出境的出口加工区货物，可以按直通式报关。

（一）进境报关程序

进境报关程序如图 4－5 所示。

（二）出境报关程序

出境报关程序如图 4－6 所示。

①进出口口岸海关录入转关数据
②申报人持转关货物申报单、汽车载货等级簿向进境地海关物流监控部门办理转关手续
③进境地海关审核
④进境地海关向出口加工区海关发送转关申报电子数据，并加封车辆
⑤出口加工区海关物流监控部门核销汽车载货登记簿，发送电子回执给口岸海关
⑥收货人或其代理人录入出口加工区进境货物备案清单，办理进境报关手续
⑦出口加工区海关查验放行，签发备案清单证明联

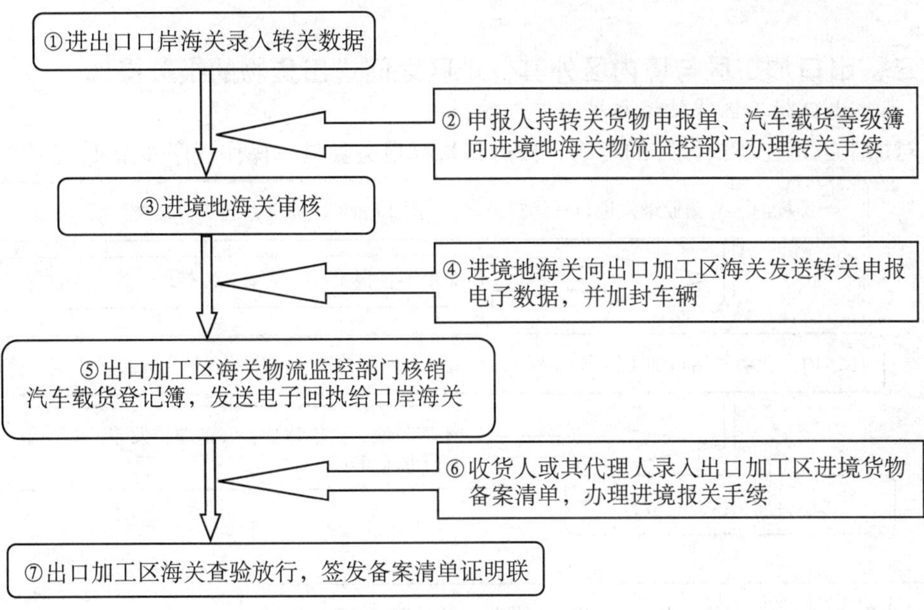

图 4-5　进境报关程序

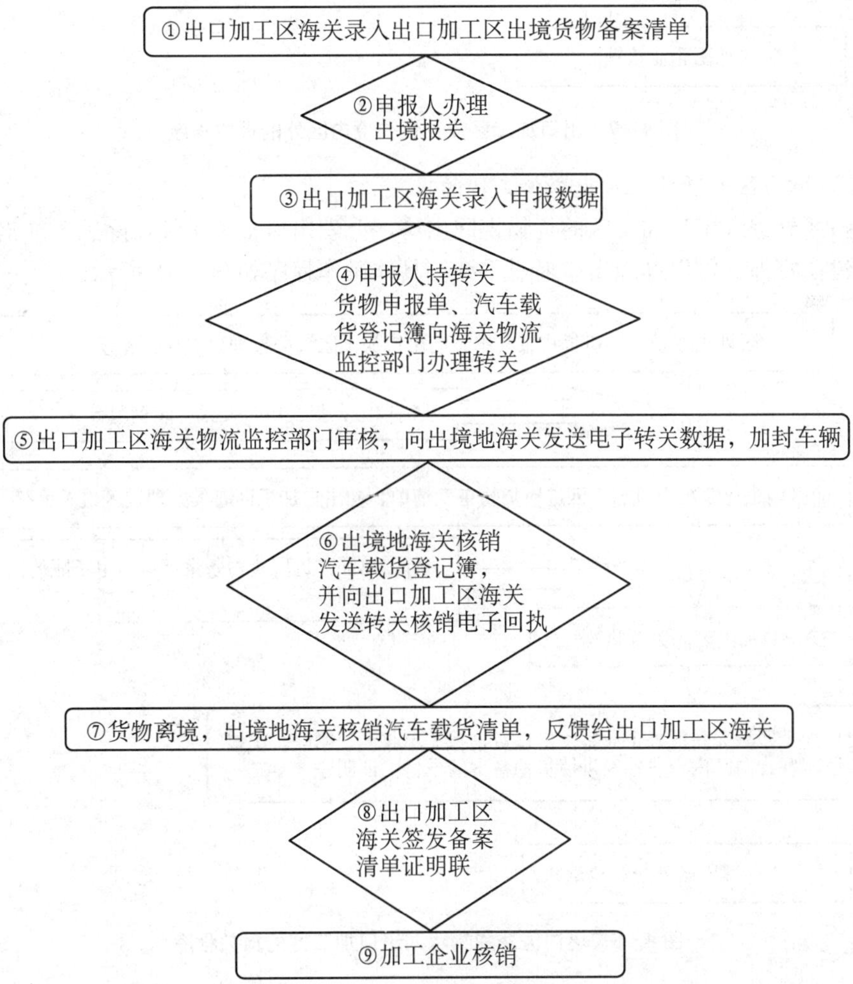

①出口加工区海关录入出口加工区出境货物备案清单
②申报人办理出境报关
③出口加工区海关录入申报数据
④申报人持转关货物申报单、汽车载货登记簿向海关物流监控部门办理转关
⑤出口加工区海关物流监控部门审核，向出境地海关发送电子转关数据，加封车辆
⑥出境地海关核销汽车载货登记簿，并向出口加工区海关发送转关核销电子回执
⑦货物离境，出境地海关核销汽车载货清单，反馈给出口加工区海关
⑧出口加工区海关签发备案清单证明联
⑨加工企业核销

图 4-6　进境报关程序

三、出口加工区与境内区外其他地区之间进出货物的报关操作

（一）出口加工区货物运往境内区外的报关

对加工区运往境内区外的货物，按进口货物报关。具体操作程序如图 4-7 所示。

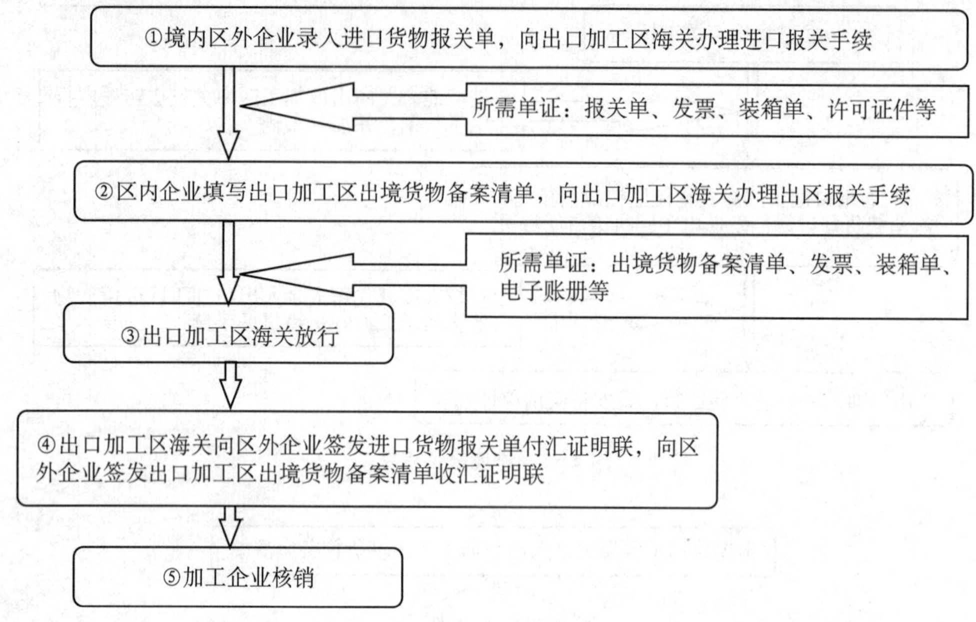

图 4-7　出口加工区货物运往境内区外的报关程序

（二）境内区外货物运入出口加工区的报关

境内区外进入出口加工区的货物视同出口，办理出口报关手续，除属于取消出口退税的基建物资外，可以办理出口退税手续。具体操作程序如图 4-8 所示。

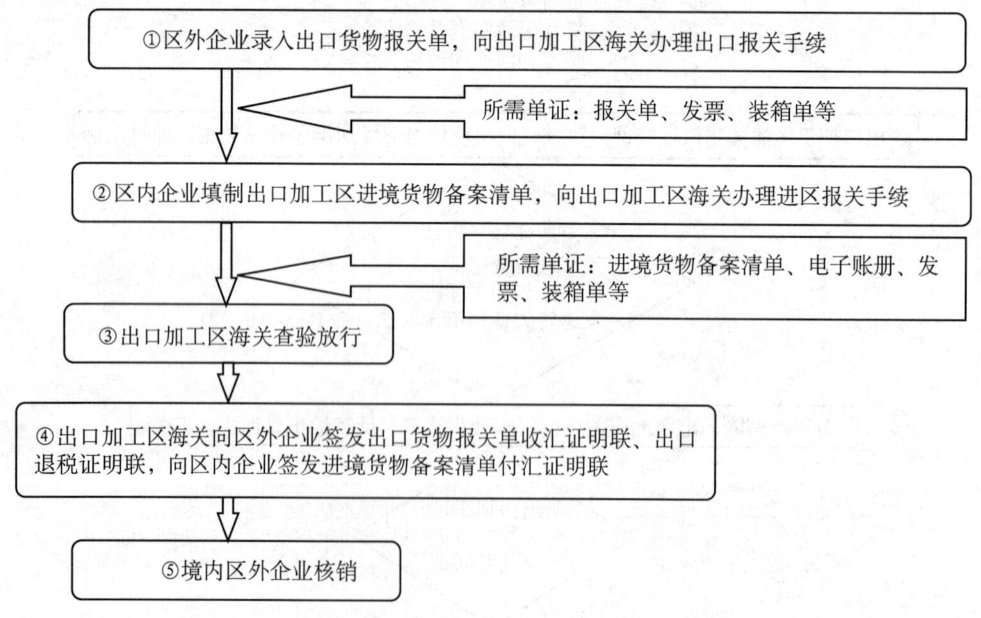

图 4-8　境内区外货物运入出口加工区的报关程序

（三）出口加工区出区深加工结转货物报关

出口加工区货物出区深加工结转是指加工区内企业按照有关规定，将本企业加工生产的产品直接或者通过保税仓库转入其他出口加工区、保税区等海关特殊监管区域内及区外加工贸易企业进一步加工后复出口的经营活动。

出口加工区出区深加工结转货物报关有两种情况：一种是转入出口加工区、保税区等海关特殊监管区域外的加工贸易企业；另一种是转入其他出口加工区、保税区等海关特殊监管区域。

1. 转入出口加工区、保税区等海关特殊监管区域外加工贸易企业

深加工结转步骤如图 4－9 所示。

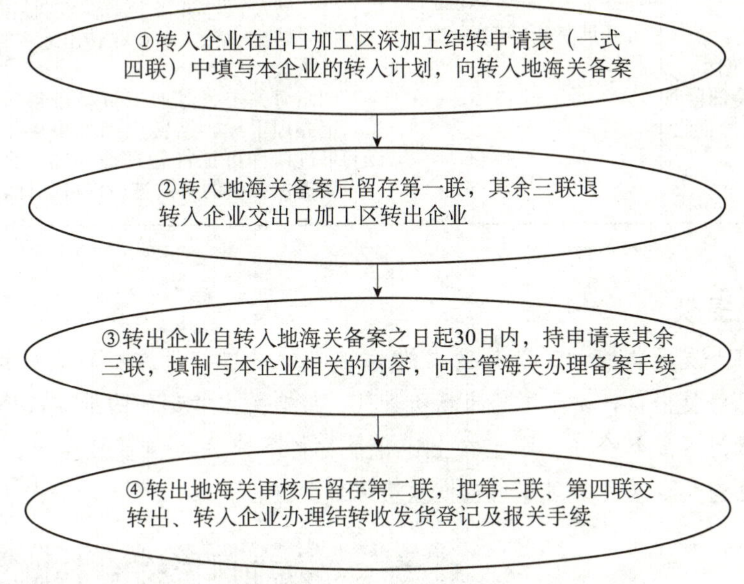

图 4－9　出口加工区出区深加工结转货物报关程序

第一阶段：备案。

第二阶段：实际收发货。

转出、转入企业办理结转备案后，凭双方海关核准的申请表进行实际收发货。转出企业的每一批次发货记录应当在一式三联的出口加工区货物实际结转情况登记表上如实登记，转出地海关在卡口签注登记表后，货物出区。

第三阶段：结转报关。

转出、转入企业每批实际收、发货后，可以凭申请表和转出地卡口海关签注的登记表分批或集中办理报关手续。转出、转入企业每批实际收、发货后应当在实际收、发货之日起 30 日（纸质手册是 90 日）内办结该批货物的报关手续，转入企业填报结转进口报关单，转出企业填报结转出口备案清单，一份结转进口报关单对应一份结转出口备案清单。

2. 转入其他出口加工区、保税区等海关特殊监管区域

转入其他出口加工区、保税区等海关特殊监管区域与转入出口加工区、保税区等海关特殊监管区域外加工贸易企业的深加工结转报关既有相同之处也有不同之处，如表 4－4 所示。

表 4-4 不同报关类型的相同点和不同点

报关类型	相同点	不同点
转入其他出口加工区、保税区等海关特殊监管区域	出口加工区企业开展深加工结转时，转出企业凭出口加工区管委会批复，向所在地的出口加工区海关办理海关备案手续后，方可开展货物的实际结转。	(1) 转入企业凭其所在区管委会的批复办理结转手续。 (2) 转出、转入企业分别在自己的主管海关办理结转手续。 (3) 除特殊情况外，海关比照转关运输方式办理结转手续；不能比照转关运输方式办理结转手续的，在主管海关提供相应的担保后，由企业自行运输。
转入出口加工区、保税区等海关特殊监管区域外加工贸易企业		(1) 转入企业凭商务主管部门的批复办理结转手续。 (2) 转出、转入企业在转出地主管海关办理结转手续。 (3) 海关按照对加工贸易进口货物的有关规定办理手续，结转产品如果属于加工贸易项下进口许可证件管理商品的，企业应当向海关提供相应的有效进口许可证件。

角色模拟

广州经济开发区黄埔加工贸易区内的A企业，进口一批原材料制成计算机芯片。大部分产品已经复出口，由于国外市场不景气，经有关主管部门的批准，将部分芯片销售给广州市天河区的B企业。学生在上述背景材料下分A企业、B企业、黄埔加工区海关、天河区海关、报关公司等角色模拟演练报关流程。

任务二　办理保税物流中心货物报关

一、保税物流中心

(一) 保税物流中心的含义

保税物流中心是封闭的海关监管区域并且具备口岸功能，分A型和B型两种。A型保税物流中心是指经海关批准，由中国境内企业法人经营、专门从事保税仓储物流业务的海关监管场所；B型保税物流中心是指经海关批准，由中国境内一家企业法人经营，多家企业进入并从事保税仓储物流业务的海关集中监管场所。

截至2016年2月，国家海关共批复46家保税物流中心，如苏州工业园区保税物流中心、南京龙潭保税物流中心、北京空港保税物流中心、上海西北物流园区保税物流中心、广州空港保税物流中心、杭州保税物流中心、西安保税物流中心等。

(二) 保税物流中心的功能

保税物流中心具有以下功能：保税仓储；国际物流配送；简单加工和增值服务；检验检测；进出口贸易和转口贸易；商品展示；物流信息处理；口岸；运入物流中心出口退税。保税物流中心的相关规定如表4-5所示。

表 4-5　　保税物流中心的相关规定

相关规定	内容
存放货物的范围	(1) 国内出口货物； (2) 转口货物和国际中转货物； (3) 外商暂存货物； (4) 加工贸易进出口货物； (5) 供应国际航行船舶和航空器的物料、维修用零部件； (6) 供应维修国外产品所进口寄售的零配件； (7) 未办结海关手续的一般贸易进口货物； (8) 经海关批准的其他未办结海关手续的货物。
可以开展的业务	(1) 保税存储进出口货物及其他未办结海关手续的货物； (2) 对所存货物开展流通性简单加工和增值服务； (3) 全球采购和国际分拨、配送； (4) 转口贸易和国际中转业务； (5) 经海关批准的其他国际物流业务。
禁止开展的业务	(1) 商业零售； (2) 生产和加工制造； (3) 维修、翻新和拆卸； (4) 存储国家禁止进出口货物，以及危害公共安全、公共卫生或者健康、公共道德或者秩序的国家限制进出口货物； (5) 存储法律、行政法规明确规定不能享受保税政策的货物； (6) 其他与物流中心无关的业务。

(三) 保税物流中心管理要点

(1) 保税物流中心经营企业不得在本中心内直接从事保税仓储物流货物的经营。

(2) 保税物流中心内货物的保税存储期限为 2 年。确有正当理由的，经主管海关同意可以予以延期，除特殊情况外，延期不得超过 1 年。

(3) 未经海关批准，保税物流中心不得擅自将所存货物抵押、质押、留置、移作他用或者进行其他处置。保税物流中心内货物可以在中心内企业之间转让、转移，但必须办理相关海关手续。

(4) 保税仓储货物在存储期间发生损毁或者灭失的，除不可抗力外，物流中心经营企业应当依法向海关缴纳损毁、灭失货物的税款，并承担相应的法律责任。

(5) 经海关批准，可以分批进出货物，月度集中报关，但不得跨年度办理。

二、保税物流中心的报关操作

(一) 保税物流中心与境外之间进出货物的报关

(1) 应向保税物流中心主管海关办理相关手续。

(2) 保税物流中心与境外之间进出的货物，不实行进出口配额、许可证件管理。

(3) 从境外进入保税物流中心的货物，凡属于规定存放货物范围内的货物，予以保税。

(4) 属于保税物流中心企业进口自用的办公用品、交通运输工具、生活消费品等以及保税物流中心开展综合物流服务所需进口的机器、装卸设备、管理设备等，按照进口货物的有关规定和税收政策办理相关手续。(不能免税)

(二) 保税物流中心运往境内其他地区的货物报关

(1) 出保税物流中心进入关境内其他地区视同进口。按照货物进入境内的实际流向和实际状态填制进口货物报关单，办理进口报关手续。

(2) 出保税物流中心运往境外填制出口货物报关单，办理出口报关手续。

(3) 保税物流中心进入境内免征关税和进口环节海关代征税的货物有：

1) 区内生产性的基础设施建设项目所需的机器、设备和建设生产厂房、仓储设施所需的基建物资。

2）区内企业生产所需的机器、设备、模具及其维修用零配件。

3）区内企业和行政管理机构自用合理数量的办公用品。

（三）境内其他地区运入保税物流中心的货物报关

境内其他地区运入保税物流中心的货物报关，其要点及操作方法如表 4-6 所示。

表 4-6　境内其他地区运入保税物流中心的货物报关要点及操作方法

报关要点	操作方法
货物从境内进入物流中心	视同出口，办理出口报关手续。
从境内运入保税物流中心的原进口货物	境内发货人应当向海关办理出口报关手续，经主管海关验放，已经缴纳的关税和进口环节海关代征税不予退还。
海关给予签发出口货物退税证明联的货物	(1) 从境内运入保税物流中心已办结报关手续； (2) 转关出口货物（起运地海关收到保税物流中心主管海关确认转关货物进入保税物流中心的转关回执后）； (3) 从境内运入保税物流中心，供中心内企业自用的国产机器设备、装卸设备、管理设备、检测检验设备等。
海关不予签发出口货物退税证明联的货物	(1) 供保税物流中心企业自用的生活消费品、交通运输工具； (2) 供保税物流中心企业自用的进口机器设备、装卸设备、管理设备、检测检验设备等； (3) 加工区、保税物流中心和已实行国内货物入仓环节出口退税政策的出口监管仓库等海关特殊监管区域或海关保税监管场所往来的货物。

课堂讨论

保税物流中心可以分为 A 型和 B 型两种，将学生分组，以小组形式讨论 A 型保税物流中心与 B 型保税物流中心有什么不同。

任务三　办理保税区货物报关

一、保税区

（一）保税区的概念

保税区是指经国务院批准在中国关境内设立的具有保税加工、储运、转口功能的受海关监管的特定区域。目前，经国务院批准设立的保税区已有多家，分别为上海外高桥保税区、天津保税区、深圳福田保税区、沙头角保税区、盐田保税区、广州保税区、大连保税区、海口保税区、张家港保税区、福州保税区、宁波保税区、青岛保税区、厦门象屿保税区、汕头保税区、珠海保税区、西安保税区等。

（二）保税区的海关监管特征

保税区实行特殊的海关监管措施，其特征主要表现在以下几个方面。

1. 封闭式管理

海关在保税区内派驻机构，在保税区与非保税区之间设置不间断的隔离设施（永久性或过渡性的围栏）、进出保税区的通道或卡口、验货场等，进出保税区的货物必须经过海关设立的通道或卡口并办理海关手续后，方准进出。

2. 境内外进出，简化海关手续

海关对保税区与境外之间进出的货物，采用备案制管理方式，简化通关手续，除另有规定者外，原则上免税或保税货物（特殊货物除外）免受许可证、配额的管理。简言之，就是关税豁免，自由进出。

3. 区内外进出，视同进出口

对保税区与非保税区之间进出的货物，视同进口或出口，海关按照国家有关进出口管理的规定办理通关手续。

二、保税区报关操作

（一）保税区进出境货物报关

进出境报关采用报关制和备案制相结合的运行机制，具体如表 4－7 所示。

表 4－7　　保税区进出境货物报关

<table>
<tr><th>情形</th><th>报关操作</th><th>管理要点</th></tr>
<tr><td>保税区与境外之间进出境的货物，属于自用的（如自用的机器设备、管理设备、办公用品等）</td><td>采用报关制，填写进出境报关单</td><td rowspan="2">（1）保税区与境外之间进出的货物，除特殊货物外，不实行进出口许可证件管理，免于交验许可证件。
（2）保税加工、保税仓储、转口贸易、因展示而从境外进入保税区的货物可以保税。
（3）从境外进入保税区的以下货物可以免税：
1）保税区内生产性的基础设施建设项目所需的机器、设备和其他基建物资。
2）保税区内企业自用的生产、管理设备和自用合理数量的办公用品及所需的维修零配件等物资、设备，但交通工具和生活用品除外。
3）保税区行政管理机构自用合理数量的管理设备和办公用品及其所需的维修零配件。</td></tr>
<tr><td>保税区与境外之间进出境的货物，属于非自用的（如加工贸易料件、转口贸易货物、仓储货物等）</td><td>采用备案制，填写进出境备案清单</td></tr>
</table>

（二）境内区外货物运入保税区的报关

境内区外货物运入保税区的报关操作具体如表 4－8 所示。

表 4－8　　境内区外货物运入保税区的报关

情形	报关操作
保税加工货物运入保税区	要有加工贸易纸质手册或加工贸易电子账册、电子化手册，填写出口货物报关单，提供有关许可证件。出口应征收出口关税的商品，须缴纳出口关税，海关不签发退税证明联。
设备运入保税区	（1）要向保税区海关备案。 （2）设备进区，不填写报关单，不缴纳出口税，海关不签发出口报关单退税证明联。设备是从国外进口已征进口税的，不退进口税。

（三）保税区内货物运往境内区外的报关

保税区内货物运往境内区外的报关操作具体如表 4－9 所示。

表 4－9　　保税区内货物运往境内区外的报关

情形	报关操作
保税加工货物运出保税区	报进口，根据货物不同流向，填写不同的进口报关单。 （1）内销，填写进口货物报关单。 （2）加工贸易，填写加工贸易进口货物报关单，并提供手册。 （3）特定减免税，提供进出境货物征免税证明，免进口税。 （4）出区外发加工：保税区企业外发到区外加工，或保税区外企业外发到保税区加工，须经主管海关核准。出保税区外发加工的，须办理加工贸易备案手续，建立银行保证金台账制度，加工期限最长为 6 个月，延长的最长期限为 6 个月。

续前表

情形	报关操作
设备运出保税区	(1) 要向保税区海关备案。 (2) 设备退出区外，不必填写报关单，但要向保税区海关办理销案。

课堂讨论

现在有保税区从境外进口的加工贸易料件、保税区销往国内非保税区的货物、保税区内企业从境外进口自用的机器设备、保税区管理机构从境外进口的办公用品，将学生分组，以小组形式讨论以上哪些货物要填写进出口报关单、哪些货物要填写进出境备案清单并说明原因。

任务四　办理保税物流园区货物报关

一、保税物流园区

(一) 保税物流园区的概念

保税物流园区是指经国务院批准，在保税区规划面积或者毗邻保税区的特定港区内设立的、专门发展现代国际物流业的海关特殊监管区域。

(二) 保税物流园区的功能

(1) 存储进出境货物及其他未办结海关手续的货物。

(2) 对所存货物开展流通性简单加工和增值服务。

(3) 进行进出口贸易，包括转口贸易。

(4) 国际采购、分销和配送。

(5) 国际中转。

(6) 检测、维修。

(7) 商品展示。

(8) 经海关批准的其他国际物流业务。

园区内不得开展商业零售、加工制造、翻新、拆卸及其他与园区无关的业务。法律和行政法规禁止进出口的货物以及物品不得进出园区。

(三) 保税物流园区的管理

海关在保税物流园区派驻机构，对进出园区的货物、运输工具、个人携带物品以及相关场所实行 24 小时监管。海关对保税物流园区企业实行电子政策监管制度和计算机联网管理制度。

二、保税物流园区的报关操作

(一) 保税物流园区与境外之间进出货物的报关

海关对保税物流园区与境外之间进出的货物，除园区自用的免税进口货物、国际中转货物外，实行备案制管理，使用进出境备案清单。

保税物流园区与境外之间进出货物应当向园区主管海关申报。保税物流园区货物的进出境口岸不在园区主管海关管辖区域的，经主管海关批准，可以在口岸海关办理申报手续。具体如表 4 - 10 所示。

表 4-10　　保税物流园区与境外之间进出货物报关

情形	报关操作
境外进入保税物流园区	境外货物到港后，园区企业及企业代理人可以先提交舱单，将货物直接运到园区，再提交进境货物备案清单，向园区主管海关办理申报手续。 境外运入园区的下列货物免税： (1) 园区的基建项目所需的设备、物资等； (2) 为开展业务所需设备及其维修用消耗品、零配件及工具； (3) 园区自用合理数量的办公用品。
保税物流园区运往境外	免征出口关税，不实行许可证件管理。

（二）保税物流园区运往境内区外货物的报关

保税物流园区将货物运往境内区外视同进口，报关的具体操作如表 4-11 所示。

表 4-11　　保税物流园区运往境内区外货物的报关

情形	报关操作
内销	按一般进口货物报关，应交证并缴税
用于加工贸易	按保税加工贸易保管，提供加工贸易手册，继续保税
用于享受特定减免税	按特定减免税货物报关，提供进出境货物征免税证明和相应的许可证件，免缴进口关税、进口环节增值税
园区运往境内区外维修	在区外更换国产零配件或者附件，如需退税，由区内企业或区外企业提出申请，园区主管海关按照出口货物的有关规定办理，并签发出口货物报关单退税证明联

（三）境内区外运入保税物流园区货物的报关

境内区外货物运入保税物流园区视同出口，由区内企业或区外的发货人（或其代理人）向园区主管海关办理出口申报手续，需要交证的交证，应缴税的缴税。

出口退税证明联签发手续，按下列规定办理：

(1) 境内区外运入园区，供企业开展业务的国产货物及其包装材料，签发出口货物报关单退税证明联；货物从异地转关进入园区的，起运地海关在收到园区主管海关确认转关货物已进入园区的电子回执后，签发出口货物报关单退税证明联。

(2) 境内区外运入园区，供区内行政管理机构及其经营主体和区内企业使用的国产基建物资、机器、装卸设备、管理设备等，除属于取消的出口退税的基建物资外，其他予以签发退税证明联。

(3) 境内区外运入园区，供区内行政管理机构及其经营主体和区内企业使用的生活消费品、办公用品、交通运输工具等，海关不予签发退税证明联。

(4) 从境内区外运入园区的进口货物、包装材料、设备、基建物资等，海关不予签发退税证明联，原已缴的关税、增值税和消费税不予退还。

(5) 除已经流通的简单加工的货物外，区外进入园区，因质量、规格型号与合同不同等原因，需要原状返还出口企业进行更换的货物，申报进园区之日起 1 年内申请办理退换手续。更换的货物运入园区时，免领出口许可证，免征出口关税，但海关不予签发退税证明联。

（四）保税物流园区与其他特殊监管区域、保税监管场所之间往来货物的报关

继续实行保税监管，不予签发退税证明联。园区与其他特殊监管区域、保税监管场所之间的货物交易、流转，不征收出口环节和国内流通环节的有关税收。

课堂讨论

对外贸易、国际采购、分销和配送、商品加工、商品制造、商品展示与商业零售、港口作业这些业务，哪些可以在保税港区开展，哪些不能？在保税物流园区可以开展哪些业务，禁止开展哪些业务？将学生分组，以小组为单位进行讨论。

任务五 办理珠海园区货物报关

一、珠海园区简介

（一）含义

珠澳跨境工业区是指经国务院批准，在珠海经济特区和澳门特别行政区之间跨越珠海和澳门关境线，由珠海海关和澳门海关共同监管的特殊监管区域。该工业区分为珠海园区和澳门园区两部分。

（二）功能

珠海园区既具备保税区的功能，又具备出口加工区的功能；既可以从事保税物流，又可以从事保税加工，还可以从事国际贸易，是海关综合保税监管的特殊区域。

（三）管理

1. 禁止事项

（1）法律、行政法规禁止进出境的货物、物品，不得进出珠海园区。

（2）珠海园区内不得建立商业性生活消费设施。

（3）除安全保卫人员和企业值班人员外，其他人员不得在珠海园区居住。

2. 企业管理

海关对区内企业实行电子账册监管制度和计算机联网管理制度。

3. 对加工贸易的管理

（1）区内企业自开展业务之日起，应当每年向珠海园区主管海关办理报核手续，珠海园区主管海关应当自受理报核申请之日起 30 天内予以核销，有关单证至少保留 3 年。

（2）区内企业不实行加工贸易银行保证金台账制度。

（3）区内加工贸易货物内销不征收缓税利息。

4. 对特殊情况的处理

遭遇不可抗力，海关监管货物被盗窃，区内企业分立、合并、破产的，应在情况发生之日起 5 个工作日内书面报告海关。

因不可抗力造成货物损坏、灭失的：

（1）灭失或失去使用价值的，海关依法办理核销和免税手续。

（2）进境货物损坏可再利用的，可向海关办理退运。要求退运区外的，由区内企业提出申请，并经珠海园区主管海关核准后，按实际状态办理海关手续。

（3）区外进入珠海园区的货物损坏，失去原使用价值但可以再利用，并且向区外出口企业进行退换的，可以退换为同一品名、规格、数量、价格的货物。

因非不可抗力造成货物损坏、灭失的：

（1）从境外进入珠海园区的，按一般进口货物的规定办理纳税手续。

（2）从境内区外进入珠海园区的，区内企业应当重新缴纳出口退还的国内环节有关税款，海关根据有关单证办理核销手续。

二、珠海园区货物报关程序

(一) 与境外之间

海关对园区和境外之间进出的货物实行备案制管理，企业需要填写进、出境货物备案清单。

除法律另有规定以外，不实行进出境配额、许可证件管理。

(二) 与境内区外其他地区之间

(1) 珠海园区货物运往区外，视同进口。由区内企业填制出境货物备案清单，区外收货人填制进口货物报关单，向珠海园区主管海关办理申报手续。

(2) 货物从境内区外进入珠海园区视同出口。

项目考核

一、单项选择题

1. 以下关于保税区与境外之间进出货物的报关制度，正确的表述是（　　）。

A. 保税区与境外之间进出货物采取报关制，填写进出境货物报关单

B. 保税区与境外之间进出货物采取备案制，填写进出境货物备案清单

C. 保税区与境外之间进出货物，属于自用的，采取备案制，填写进出境货物备案清单；属于非自用的，采取报关制，填写进出境货物报关单

D. 保税区与境外之间进出货物，属于自用的，采取报关制，填写进出境货物报关单；属于非自用的，采取备案制，填写进出境货物备案清单

2. 经海关批准的保税进口料件和国产料件之间发生串换，串换下来的保税进口料件（　　）。

A. 海关照章征税　　B. 必须加工出口

C. 应当继续保税　　D. 企业自行处置

3. 从境内运入保税物流园区的原进口货物，应当（　　）。

A. 办理出口报关手续，退还原进口税

B. 办理出口报关手续，不退原进口税

C. 办理进口报关手续，退还原进口税

D. 办理进口报关手续，不退原进口税

4. 保税区和出口加工区共有的主要功能是（　　）。

A. 仓储运输　　B. 商品展示

C. 加工贸易　　D. 转口贸易

5. 向海关报关时适用保税区进境货物备案清单的是（　　）。

A. 保税区从境外进口的加工贸易料件

B. 保税区销往国内非保税区的货物

C. 保税区内企业从境外进口自用的机器设备

D. 保税区管理机构从境外进口的办公用品

6. 自境内区外运入出口加工区的货物，正确的报关程序是（　　）。

A. 区外企业填制出口报关单→区内企业填制进境备案清单→海关向区外企业签发报关单退税和收汇证明联，向区内企业签发进境备案清单付汇证明联

B. 区外企业填制进口报关单→区内企业填制进境备案清单→海关向区外企业签

发报关单付汇证明联，向区内企业签发出境备案清单收汇证明联

C. 区外企业填制出口报关单→区内企业填制进境备案清单→海关向区外企业签发报关单退税和收汇证明联，向区内企业签发出境备案清单收汇证明联

D. 区外企业填制出境备案清单→区内企业填制进口备案清单→海关向区外企业签发出境备案清单退税和收汇证明联，向区内企业签发报关单付汇证明联

7. 出口监管仓库所存货物的储存期限为（ ），如因特殊情况需要延长储存期限，应在到期之前向主管海关申请延期，延长的期限最长不超过（ ）。

A. 6 个月；6 个月　　B. 6 个月；3 个月

C. 1 年；1 年　　D. 2 年；1 年

二、多项选择题

1. 关于申报地点，以下表述正确的是（ ）。

A. 进口货物应当在进境地海关申报

B. 出口货物应当在出境地海关申报

C. 保税货物转为一般进口时应当在货物原进境地海关申报

D. 经收货人申请，海关同意，进口货物可以在设有海关的指运地申报

2. 根据《海关法》对保税货物的定义，下列各项属于保税货物的有（ ）。

A. 来料加工合同项下进口的料件和加工的成品

B. 为保证来料加工合同的顺利执行，外商提供以工缴费偿还价款的专用设备

C. 来料加工合同项下进口的包装物料

D. 临时进口货样

3. 下列适用保税物流进出口监管制度办理海关手续的货物是（ ）。

A. 进境经海关批准进入海关保税场所或特殊监管区域，保税储存后转口境外的货物

B. 已经办理出口报关手续尚未离境，经海关批准进入海关保税场所或特殊监管区域储存的货物

C. 经海关批准进入海关保税监管场所或特殊监管区域保税储存的加工贸易货物，供应国际航行船舶和航空器的油料、物料和维修用零部件，供维修外国产品所进口寄售的零配件，外商进境暂存货物

D. 经海关批准进入海关保税场所或特殊监管区域保税的其他未办结海关手续的进境货物

4. 向海关报关时适用保税区进境货物备案清单的是（ ）。

A. 保税区内企业从境外进口的加工贸易料件

B. 保税区销往国内非保税区的货物

C. 保税区内企业从境外进口自用的机器设备

D. 保税区内企业从境外进口的转口货物

5. 关于出口加工区，下列说法正确的是（ ）。

A. 从境外运入出口加工区的加工贸易货物全额保税

B. 从境外进口的自用的生产、管理所需的设备、物资等免税（车辆、生活用品除外）

C. 出口加工区企业从境外运进货物，由收货人填写进境货物备案清单，向出口加工区海关办理进境报关手续

D. 出口加工区企业从境外运进货物，收货人填写报关单，向出口加工区海关办

理进境报关手续

6. 下述海关对珠海园区的监管措施中，符合规定的是（　　）。

A. 区内企业开展加工贸易不实行加工贸易银行台账制度

B. 区内加工贸易货物内销不征收缓税利息

C. 区内与境外之间进出的货物不实行报关制管理

D. 区内与境外之间进出的货物不实行进出口配额、许可证管理

7. 下述关于珠海园区的表述中，正确的是（　　）。

A. 珠海园区是经国务院批准设立的珠澳跨境工业区，由中国海关进行监管的珠海经济特区部分的园区

B. 珠海园区实行保税区政策，与境内的其他地区之间进出货物在税收方面实行出口加工区政策

C. 珠海园区既具备保税区功能，又具备出口加工区功能

D. 珠海园区既可以从事保税物流业务，又可以从事保税加工业务，还可以从事国际贸易，是海关综合保税监管的特殊区域

三、判断题

1. 企业设保税仓库向仓库所在地主管海关提交书面申请，主管海关报直属海关审批。（　　）

2. 公用保税仓库由主营仓储业务的中国境内独立企业法人经营，专门向社会提供保税仓储服务，其面积最低为 2 000 平方米。（　　）

3. 从非保税区运入保税区的供加工生产产品用的货物，属于应税出口商品的，应缴纳出口关税。（　　）

四、业务题

上海外高桥保税物流中心有限公司是园区开发建设、项目经营和营运管理的主体，由上海外高桥集团和上海国际港务集团合资组建。公司注册资金为 4 亿元人民币，具备房地产开发、港口经营和国际货代资质，致力于为进区企业提供全面完善的配套服务，包括：仓库租售、办公室租赁、商务咨询；注册代理、报关报检、公共仓库；区内运输、查验服务、机械使用、理货服务、堆场作业；物业管理、后勤保障。公司计划建成 14 万平方米的集装箱堆场和 70 万平方米的现代化物流仓库，实现集装箱年综合处理能力 100 万 TEU。

上海外高桥保税物流园区总共设有三个卡口。内卡口是进出货物的主要通道；外卡口基本上实现了无人员职守的自动化闸口管理；还有一个是人员和社会车辆通行的人员卡口。监管重点是内卡口。车辆必须先办理单证查验，货柜货品也在该卡口附近进行集中查验。内卡口和外卡口都有电子地磅和车牌自动识别系统。内卡口有园区工作人员对入区车辆登记和发小票，出区时司机必须把由区内货品货柜交接方盖章签署过的小票还给卡口。请回答以下问题：

（1）物流园区的主要功能有哪些？

（2）外高桥港区海运直通的作业流程是什么？

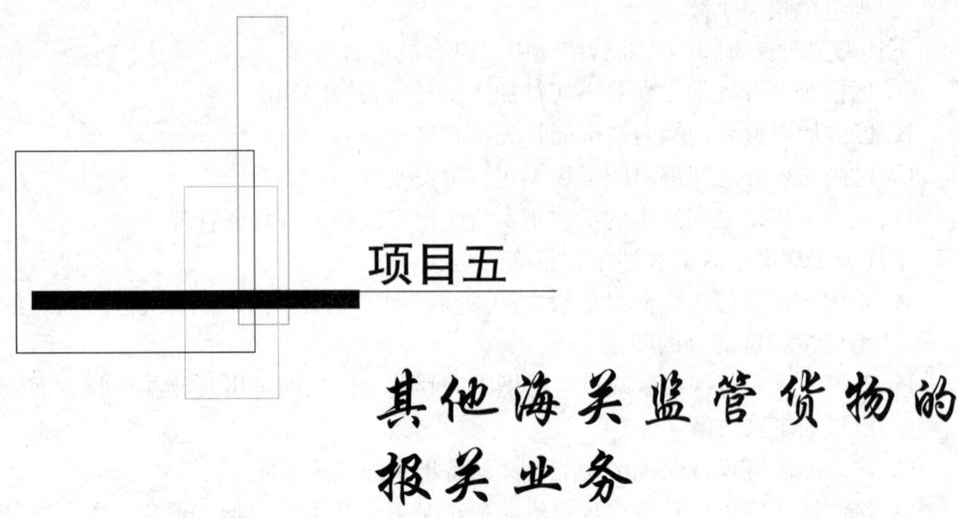

项目五

其他海关监管货物的报关业务

项目引入

外商投资企业A公司在我国东部地区进行飞机制造项目的投资，经海关审定，该项目的减免税额度为5 000万元。A公司进口一套价值200万元的飞机制造设备，两年后，经批准按折旧价格（100万元）转让给同样享受减免税待遇的B公司（B公司的减免额度为3 000万元），在海关办理了有关的结转手续。

若学生作为报关员，请分析：A公司的减免税额度为多少？B公司的减免税额度为多少？海关对该套设备还需监管多长时间？这些问题不属于之前所学习的报关内容，而是其他海关监管货物的报关业务。因此，学生还需要熟悉其他海关监管货物的报关业务，并完成以下任务：

任务一　减免税货物的报关业务

任务二　暂准进出境货物的报关业务

任务三　转关货物报关

任务四　过境货物、转运货物、通运货物报关

任务五　无代价抵偿货物报关

知识目标

1. 掌握减免税货物的报关业务流程；
2. 掌握暂准进出境货物的报关业务制度；
3. 理解转关货物报关规范；
4. 理解过境货物、转运货物、通运货物报关制度；
5. 知道无代价抵偿货物报关制度。

技能目标

1. 能办理减免税货物的报关手续；
2. 能办理暂准进出口货物的报关业务；
3. 能办理转关货物报关手续；
4. 能办理过境货物、转运货物、通运货物的报关业务；
5. 能办理无代价抵偿货物的报关手续。

素质目标

1. 通过其他海关监管货物报关业务的训练，培养学生处理复杂情况的能力；
2. 处理不同的报关业务，需要学生具备非常扎实的理论知识、灵活应变的能力，通过训练，强化学生的协调、沟通能力。

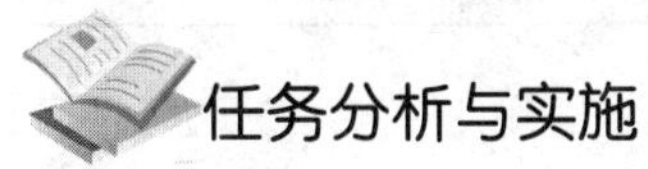

任务分析与实施

任务一　减免税货物的报关业务

一、减免税货物

（一）减免税货物的概念

关税减免又称为关税优惠，分为三大类，即法定减免税、特定减免税和临时减免税。

法定减免税货物一般无须办理减免税审批手续。

特定减免税是海关根据国家的政策规定对进境用于特定地区、特定企业、特定用途的货物准予免税。特定减免税货物的范围如表5－1所示。

表5－1　特定减免税货物的范围

特定地区	特定企业	特定用途
我国关境内由行政法规规定的某一特别限定区域，享受进口减免税优惠。货物只能在这一特别限定的区域内使用。	由国务院制定的行政法规专门规定的企业，享受减免税优惠的进口货物只能由这些专门规定的企业使用。	国家规定可以享受减免税优惠的进口货物只能用于行政法规专门规定的用途。

（二）特定减免税货物的特征

1. 特定条件下减免进口关税

进口时减免进口关税、进口环节增值税，不减免进口环节消费税。

2. 进口申报应提交进口许可证件

特定减免税货物是实际进口货物，进口申报应提交进口许可证件。

3. 进口后在特定的海关监管期限内接受海关监管

在规定的期限内用于规定的地区、企业和用途。船舶、飞机的监管期限为8年，机动车辆的监管期限为6年，其他货物的监管期限为5年。

（三）特定减免税货物的监管要点

特定减免税货物的监管要点如表5－2所示。

表 5-2　　特定减免税货物的监管要点

<table>
<tr><th colspan="2" rowspan="2">具体范围和货物类型</th><th colspan="2">监管要点</th></tr>
<tr><th>特定减免税货物</th><th>特定减免税进口设备</th></tr>
<tr><td>特定地区的进口货物</td><td>保税区和出口加工区等进口的基建物资、生产设备、管理设备和办公用品等</td><td rowspan="3">一般应提交进口许可证件，外商投资企业在投资总额内涉及机电产品自动进口许可管理的，可以免予交验有关许可证件</td><td rowspan="3">可以在两个享受特定减免税优惠的企业之间结转。结转手续应当分别向企业主管海关办理</td></tr>
<tr><td>特定企业的进口货物</td><td>外商投资企业在投资总额内进口的生产、管理设备</td></tr>
<tr><td>特定用途的进口货物</td><td>属于国家重点鼓励发展产业的国内投资项目；属于《外商投资产业指导目录》鼓励或《中西部地区外商投资优势产业目录》中的项目；科教用品、残疾人专用品和专用设备、人道主义捐赠等</td></tr>
</table>

二、减免税货物报关操作

（一）减免税备案和审批

减免税申请人应当向其所在地海关申请办理减免税备案、审批手续，特殊情况除外。

投资项目所在地海关与减免税申请人所在地海关不是同一海关的，减免税申请人应当向投资项目所在地海关申请办理减免税备案、审批手续。

1. 减免税备案

减免税申请人提出申请，海关对减免税申请人的资格或者投资项目等情况进行确认后，减免税申请人应当在申请办理减免税审批手续前，向主管海关申请办理减免税备案手续。

2. 减免税审批

减免税的审批如表 5-3 所示。

表 5-3　　减免税的审批

<table>
<tr><th>申领减免税证明所需单证</th><th>主管海关审核</th></tr>
<tr><td>（1）进口货物征免税申请表；
（2）企业营业执照或者事业单位法人证书、国家机关设立文件、社团登记证书、民办企业单位登记证书、基金会登记证书等证明材料；
（3）进出口合同、发票以及相关货物的产品情况资料；
（4）相关政策规定的享受进出口税收优惠政策资格的证明材料；
（5）海关认为需要提供的其他材料。</td><td>主管海关确定申请货物的免税方式，符合条件的，签发进出口货物征免税证明，有效期一般为 6 个月，如情况特殊，可申请延长，延长的最长期限为 6 个月。</td></tr>
<tr><td colspan="2">注意：征免税证明实行“一份证明只能验放一批货物”的原则，即一份征免税证明上的货物只能在一个进口口岸一次性进口。</td></tr>
</table>

（二）进出口报关

减免税货物的进出口报关程序与一般进出口货物的报关程序基本相同，不同之处为：

（1）进口报关时，除报关单及随附单证外，应提交进出口货物征免税证明。

（2）特殊监管区域中的保税区填制进口货物报关单，其他区域填制进境货物备案清单。

（3）报关单的备案号栏内填写进出口货物征免税证明上的 12 位编号。

（三）后续处置和解除监管

1. 减免税货物的后续处置

减免税货物的后续处置如表 5-4 所示。

表 5-4　　减免税货物的后续处置

处置方式	报关手续
变更使用地点	需要移出主管海关管辖地使用的，应当事先持有关单证及需要异地使用的说明材料向主管海关申请办理异地监管手续。
结转	将进口减免税货物转让给进口同一货物享受同等减免税优惠待遇的其他单位，按照下列规定办理减免税货物结转手续： (1) 转出申请人向转出地主管海关提出申请，转出地主管海关审核通知转入地主管海关。 (2) 转入申请人向转入地主管海关办理审批手续，海关签发征免税证明。 (3) 转出、转入申请人分别向各自主管海关办理减免税货物出口、进口报关手续。 (4) 转出地主管海关办理转出减免税货物的解除监管手续。转入地海关在剩余监管年限内继续实施后续监管。
转让	应当事先向减免税申请人主管海关申请办理减免税货物补缴税款和解除监管手续。
移作他用	(1) 将减免税货物交给减免税申请人以外的其他单位使用。 (2) 未按照原定用途、地区使用减免税货物。 (3) 未按照特定地区、特定企业或者特定用途使用减免税货物的其他情形。 以上情形中，应当按照移作他用的时间补缴相应税款。如时间不能确定，应提交税款担保，担保金额不得低于剩余监管年限应补缴税款总额。
退运出口	持出口报关单向主管海关办理原进口减免税货物的解除监管手续。减免税货物退运出境或者出口的，海关不再补征相关税款。
变更、终止	变更的情形：减免税申请人发生分立、合并、股东变更、改制等情形。 变更的期限：自营业执照颁发之日起 30 日内，向原减免税申请人的主管海关报告主体变更情况及原减免税申请人进口减免税货物的情况。
	终止的情形：破产、改制或其他情形导致减免税申请人终止。 终止的期限：自资产清算之日起 30 日内向主管海关申请办理补缴税款和解除监管手续。
贷款抵押	向主管地海关提出书面申请。申请人不得以减免税货物向金融机构以外的公民、法人或者其他组织办理贷款抵押。 向境内金融机构办理贷款抵押应向海关提供下列形式的担保： (1) 与货物应缴税款等值的保证金。 (2) 境内金融机构提供的相当于货物应缴税款的保函。 (3) 减免税申请人、境内金融机构共同向海关提交进口减免税货物贷款抵押承诺保证书。 注意：向境外金融机构办理贷款抵押的，应当提交与货物应缴税款等值的保证金或者境内金融机构提供的相当于货物应缴税款的保函。

2. 解除监管

（1）监管期限届满的，减免税申请人可以不用向海关申请领取减免税进口货物解除监管证明。需要减免税进口货物解除监管证明的，自监管年限届满之日起 1 年内，持有关单证向海关申领。

（2）在海关监管年限内的进口减免税货物，减免税申请人书面申请提前解除监管的，应当向主管海关申请办理补缴税款和解除监管手续。如为按照国家有关规定在进口时免予提交许可证件的进口减免税货物，减免税申请人还应当补交有关许可证件。

角色模拟

北京某外资企业从美国购进大型成套机器设备，分三批运输进口，其中有两批从天津进口，另一批从青岛进口。该企业需要向海关申请办理该套设备的减免税手续。请学生在上述背景下，分海关、外资企业、商务部门、报关公司等角色模拟演练该批货物的通关流程。

任务二　暂准进出境货物的报关业务

一、暂准进出境货物

（一）含义

暂准进出境货物是指为了特定的目的经海关批准暂时进境或暂时出境，并在规定的期限内复运进境或复运出境的货物。

（二）范围

暂准进出境货物的范围如表 5－5 所示。

表 5－5　　暂准进出境货物的范围

类别	范围
第一类	经海关批准暂时进境或者出境，缴纳保证金，在规定的期限内，复运出境或者复运进境的货物。包括： （1）在展览会、交易会、会议及类似活动中展示或者使用的货物； （2）文化、体育交流活动中使用的表演、比赛用品； （3）进行新闻报道或者摄制电影、电视节目使用的仪器、设备及用品； （4）开展科研、教学、医疗活动使用的仪器、设备及用品； （5）上述四项所列活动中使用的交通工具及特种车辆； （6）暂时进出境的货样； （7）供安装、调试、检测设备使用的仪器、工具； （8）盛装货物的容器； （9）暂时进出境用于非商业目的的货物，是指上述货物以外的其他暂准进出境货物。
第二类	第一类以外的暂准进出境货物，如工程施工中使用的设备、仪器及用品，应当按照该货物的完税价格和其在境内滞留时间与折旧时间的比例计算征收进出口税。

（三）特征

（1）暂时免予缴纳税费。对于第一类暂准进出境货物，在向海关申报进出境时，暂时免予缴纳全部税费；对于第二类暂准进出境货物，在向海关申报进出境时，暂时免予缴纳部分税费。

（2）免予提交进出口许可证件。

（3）在规定期限内按原状复运进出境。

（4）按货物实际使用情况办结海关手续。

二、暂准进出境货物的报关程序

（一）使用 ATA 单证册的暂准进出境货物

（1）ATA 单证册的相关内容如表 5－6 所示。

表 5-6　　ATA 单证册的相关内容

		内容
含义		ATA 单证册：是暂准进口单证册的简称，是指世界海关组织通过的《货物暂准进口公约》及其附约 A 和《ATA 公约》中规定使用的，用于替代各缔约方海关暂准进出口货物报关单和税费担保的国际性通关文件。
格式		我国海关只接受中文或者英文填写的 ATA 单证册。
适用		展览会、交易会、会议及类似活动的货物。除此之外，我国不接受持 ATA 单证册办理进出口申报手续。
管理	出证担保机构	中国国际商会是我国 ATA 单证的出证和担保机构。
	管理机构	海关总署在北京海关设立 ATA 核销中心。
	延期审批	自货物进出境之日起 6 个月，超过 6 个月的，向海关申请延期，延期最多不超过 3 次，每次延长期限不超过 6 个月。 在规定期限届满 30 个工作日前向货物暂时进出境申请核准地海关提出延期申请，直属海关受理延期申请的，于受理申请之日起 20 个工作日内制发海关货物暂时进/出境延期申请批准决定书。 参展期在 24 个月以上的，在 18 个月的延长期届满后仍需要延期的，由主管地直属海关报海关总署审批。
	追索	ATA 单证册下暂时进境货物未能按规定复运出境或过境的，ATA 核销中心向中国国际商会提出追索。在 9 个月内，中国国际商会提供货物已经复运出境或者已经办理进口手续证明的，ATA 核销中心可撤销追索；在 9 个月期满后，未能提供证明的，中国国际商会向海关支付关税和罚款。

（2）使用 ATA 单证册的暂准进出境货物的报关程序，如表 5-7 所示。

表 5-7　　使用 ATA 单证册的暂准进出境货物报关程序

操作项目	报关要点
进出口申报	持 ATA 单证册向海关申报进出境货物，无须向海关提交进出口许可证件及担保。
结关	使用 ATA 单证册的暂准进出境货物因不可抗力的原因受损，无法原状复运出境、进境的，ATA 单证持证人应当及时向主管地海关报告，可以凭有关部门出具的证明材料办理复运出境、进境手续；因不可抗力的原因灭失或者失去使用价值的，经海关核实后可以视为该货物已经复运出境、进境。 因不可抗力以外的原因灭失或者受损的，ATA 单证持证人应当按照货物进出境的有关规定办理海关手续。

（二）不使用 ATA 单证册报关的进出境展览品

1. 进出境展览品的范围

（1）进境展览品。进境展览品包含在展览会中展示或示范用的货物、物品、为示范展出的机器或器具所需用的物品、展览者设置临时展台的建筑材料及装饰材料以及供展览品做示范宣传用的电影片、幻灯片、录像带、录音带、说明书、广告、光盘、显示器材等。

特殊规定：展览品中的酒精饮料、烟草制品及燃料不适用有关免税的规定。展览会期间出售的小卖品，属于一般进口货物范围，进口时应当缴纳进口关税和进口环节代征税，属于许可证件管理的商品，应当交验许可证件。

（2）出境展览品。出境展览品包含展览品以及与展览活动有关的宣传品、布置品、招待品及其他办公用物品。与展览活动有关的小卖品、展卖品，可以按展览品报关出境；不按规定期限复运进境的，办理一般出口手续，交验出口许可证件，缴纳出口关税。

2. 展览品的暂准进出境期限

进口展览品的暂准进境期限是6个月，即自展览品进境之日起6个月内复运出境，超过6个月的，向海关申请延期，延期最多不超过3次，每次延长期限不超过6个月。

在规定期限届满30个工作日前向货物暂准进出境申请核准地海关提出延期申请，直属海关受理延期申请的，于受理申请之日起20个工作日内制发海关货物暂时进/出境延期申请批准决定书（或不批准决定书）。

参展期在24个月以上的，在18个月的延长期届满后仍需要延期的，由主管地直属海关报海关总署审批。

3. 展览品的进出境申报

展览品进出境申报的具体内容如表5-8所示。

表5-8 展览品的进出境申报

情形	报关要点
进境申报	境内展览会的办展人或者参加展览会的办展人、参展人应在展览品进境20个工作日前，向主管地海关提交有关部门备案证明或批准文件及展览品清单等相关单证办理备案手续。展览会主办单位或其代理人向海关提供担保
出境申报	应在展览品出境20个工作日前，向主管地海关提交有关部门备案证明或批准文件及展览品清单等相关单证办理备案手续

4. 进出境展览品的核销结关

进出境展览品核销结关的具体内容如表5-9所示。

表5-9 进出境展览品的核销结关

情形	结关要点
复运进出境	进出境展览品按规定期限复运出境、进境后，海关分别签发报关单证明联，展览品所有人或其代理人凭以向主管海关办理核销结关手续
转为正式进出口	进境展览品在展览期间被人购买的，由展览会的主办单位或其代理人向海关办理进出口申报、纳税手续，其中属于许可证件管理的，还应当提交进出口许可证件
展览品放弃或赠送	放弃：由海关依法变卖后将款项上缴国库 赠送：受赠人应当向海关办理进口手续，海关根据进口礼品或经贸往来赠送品的规定办理
展览品损坏、丢失、被盗	进出境展览品因毁坏、丢失、被盗等原因不能复运出境、进境的，展览会主办单位或其代理人应当向海关报告。对于毁坏的展览品，海关根据毁坏程度估价征税（估计其现存价值）；对于丢失或被盗的展览品，海关按照进口同类货物征收进口税

因不可抗力的原因灭失或失去使用价值的，经海关核实可以视为该货物已经复运出境、进境。

因不可抗力以外的其他原因（如人为的原因）造成的灭失或者受损的，进出境展览品的收发货人应当按照货物进出口的有关规定办理海关手续。

（三）其他暂准进出境货物

（1）其他暂准进出境货物的内容具体如表5-10所示。

表 5-10　其他暂准进出境货物的内容

	内容
范围	暂准进出境货物一共有 9 项，除使用 ATA 单证册报关的货物、不使用 ATA 单证册报关的展览品及集装箱箱体以外，其余均按其他暂准进出境货物进行监管。
期限	暂准进境期限是 6 个月，即自进境之日起 6 个月内复运出境，超过 6 个月的，向海关申请延期，延期最多不超过 3 次，每次延长期限不超过 6 个月。 国家重点工程、国家科研项目使用的，在 24 个月以上的，在 18 个月的延长期届满后仍需要延期的，由主管地直属海关报海关总署审批。
管理	(1) 暂准进出境申请和审批。收发货人向海关提出货物暂准进出境申请时，应提交有关的资料，海关就暂准进出境货物的申请做出是否批准的决定后，制发海关货物暂时进/出境申请批准决定书或不予批准决定书。 (2) 延期申请和审批。申请延长复运出境、进境期限的，应当在规定期限届满 30 个工作日前向货物暂时进出境申请核准地海关提出延期申请；申请延长超过 18 个月的，由海关总署做出决定。

(2) 其他暂准进出境货物的报关程序具体如表 5-11 所示。

表 5-11　其他暂准进出境货物的报关程序

项目		报关要点
进出境申报	进境申报	(1) 进境时，收货人或其代理人应当向海关提交主管部门允许货物为特定目的而暂时进境的批准文件、进口货物报关单、商业及货运单据等，向海关办理暂时进境申报手续。 (2) 不必提交进口货物许可证件，但对国家规定需要实施检验检疫的，或者为公共安全、公共卫生等实施管制措施的，仍应当提交有关的许可证件。 (3) 免于缴纳进口税，但必须向海关提供担保。
	出境申报	(1) 出境时，发货人或其代理人应当向海关提交主管部门允许货物为特定目的而暂时出境的批准文件、出口货物报关单、货运和商业单据等，向海关办理暂时出境申报手续。 (2) 除易制毒化学品、监控化学品、消耗臭氧层物质、有关核出口、“核两用品”和相关技术的出口管制条例管制的商品以及其他国际公约管制的商品外，无须交验许可证件。
	异地复运出境、进境	收发货人应当持主管地海关签章的海关单证向复运出境、进境地海关办理手续。货物复运出境、进境后，主管地海关凭复运出境、进境地海关签章的海关单证办理核销结案手续。
核销结关	复运进出境	复运进出境时，进出口货物收发货人或其代理人必须留存由海关签章的复运进出境的报关单，准备报核。
	转为正式进口	因特殊情况，改变特定的暂时进口目的，转为正式进口的，应当在货物复运出境、进境期限届满 30 个工作日前向主管地海关提出申请，经主管地直属海关批准后，按规定提交有关许可证件，办理货物正式进口或出口的报关纳税手续。
	放弃	在境内完成暂时进境的特定目的后，如货物所有人不准备将货物复运出境，可以向海关声明将货物放弃，海关按放弃货物的有关规定处理。

续前表

项目		报关要点
核销结关	受损或灭失	(1) 因不可抗力原因受损，无法原状复运出境、进境的，收发货人应当及时向主管地海关报告，可以凭有关部门出具的证明材料办理复运出境、进境手续。 (2) 因不可抗力原因灭失或者失去使用价值的，经海关核实后可以视为该货物已经复运出境、进境。 (3) 因不可抗力以外的其他原因灭失或受损的，收发货人应当按照货物进出口的有关规定办理海关手续。
	申请报核结关	其他暂准进出境货物复运出境或进境，或者转为正式进口或出口，或者放弃后，收发货人向海关提交经海关签注的进出口货物报关单，或者处理放弃货物的有关单据以及其他有关单证，申请报核。海关经审核，情况正常的，退还保证金或办理其他担保销案手续，予以结关。

课堂讨论

将学生分组，以小组形式讨论下列问题：对于暂准进出境货物，在向海关申报进出境时，暂不缴纳进出口税费，需不需要向海关提供担保？为什么？若需要，谁来提供担保？

任务三　转关货物报关

一、转关运输

转关运输是指海关为加速口岸进出口货物的疏运，方便收、发货人办理海关手续，依照有关法规规定，允许海关监管货物由关境内一个设关地点转运到另一个设关地点办理进出口海关手续的行为。

转关条件具体如表 5－12 所示。

表 5－12　　转关条件

申请转关应符合的条件	不得申请转关的货物
(1) 转关的指运地和起运地必须设有海关； (2) 转关的指运地和起运地应当设有经海关批准的监管场所； (3) 转关承运人应当在海关注册登记，承运车辆符合海关监管要求，并承诺按海关对转关路线范围和途中运输时间所作的限定将货物运往指定的场所。	(1) 进口固体废物（废纸除外）； (2) 进口易制毒化学品、监控化学品、消耗臭氧层物质； (3) 进口汽车整车，包括成套散件和二类底盘； (4) 国家检验检疫部门规定必须在口岸检验检疫的商品。

二、转关货物报关程序

（一）提前转关的报关程序

提前转关是指进口货物在指运地先申报，再到进境地办理进口转关手续，出口货物在未运抵起运地监管场所前先申报，货物运抵监管场所后再办理出口转关手续的转关。提前转关的报关程序具体如表 5－13 所示。

表 5 - 13　**提前转关的报关程序**

类型	报关程序		备注
一般进口货物	指运地申报	(1) 进口货物收货人或其代理人向进境地海关办理转关手续前，先向指运地海关录入进口货物报关单电子数据。 (2) 指运地海关提前受理电子申报，计算机自动生成进口转关货物申报单并向进境地海关传输有关数据。	
	进境地转关	(1) 收货人或其代理人应在电子数据申报之日起 5 日内，向进境地海关提供进口转关货物申报单编号，提交单证办理转关运输手续。 (2) 进境地海关受理转关申报，按照收货人或代理人提供的进口转关货物申报单编号，调阅进口转关数据，并与其他报关单证核对，然后办理转关运输手续。	提交的单证有：进口转关货物核放单；广东省内公路运输的，提供进境汽车载货清单；汽车载货登记簿或船舶监管簿；提货单。
	提货	(1) 进境地海关输入境内转关运输工具编号、车牌号、货船号、关锁号，并核销进口仓单，放行转关货物，并向指运地海关发送电子数据。 (2) 指运地海关收到进境地海关进口转关数据后，进入审单作业。 (3) 发货人或其代理人向指运地海关递交纸质报关单证。 (4) 转关货物运抵指运地，指运地海关查验货物并签发回执发送到进境地海关。 (5) 指运地海关办理征税等验放货物的手续并在转关运输监管簿上盖章。	
一般出口货物	未运抵起运地监管场所前的申报	由货物的发货人或其代理人在货物未运抵起运地海关监管场所前，先向起运地海关录入出口货物报关单电子数据，由起运地海关提前受理电子申报，生成出口转关货物申报单数据，传输至出境地海关。	
	起运地转关	货物应于电子数据申报之日起 5 日内，运抵起运地海关监管场所，并持相关单证向起运地海关办理出口转关手续。	提交的单证有：出口货物报关单；汽车载货登记簿或船舶监管簿；广东省内公路运输的，提供出境汽车载货清单。
	出境地出口	货物到达出境地后，发货人或其代理人应持相关单证向出境地海关办理转关货物出境手续。	提交的单证有：起运地海关签发的出口货物报关单；出口转关货物申报单或出境汽车载货清单；汽车载货登记簿或船舶监管簿。

（二）直转方式的报关程序

进口直转方式是指进口货物在进境地海关办理转关手续，货物运抵指运地后，再在指运地海关办理申报手续的转关。

出口直转方式是指出口货物在运抵起运地海关监管场所申报后，在起运地海关办理出口转关手续，再到出境地海关办理出境手续的转关。

直转方式的报关程序具体如表 5－14 所示。

表 5－14　　　　直转方式的报关程序

进口直转方式操作		出口直转方式操作	
向进境地海关办理转关手续	自运输工具申报进境之日起 14 天内向进境地海关办理转关手续。货物的收货人或其代理人在进境地录入转关申报数据，持下列单证直接办理转关手续： （1）进口转关货物申报单（广东省内公路运输的，提交进境汽车载货清单）； （2）汽车载货登记簿或船舶监管簿	向起运地海关办理出口转关	由发货人或其代理人在货物运抵起运地海关监管场所后，向起运地海关办理出口转关
向指运地海关办理报关手续	在海关指定的限期内，运抵指运地之日起 14 日内向指运地海关办理报关手续	向出境地海关办理出境报关	货物到达出境地后，向出境地海关办理转关货物出境，其手续与提前报关的转关相同

（三）中转方式的报关程序

进口中转方式是指具有全程提运单、需换装境内运输工具的进口中转货物，由收货人或其代理人先向指运地海关办理进口申报手续，再由境内承运人或其代理人批量向进境地海关办理转关手续的转关。

出口中转方式是指具有全程提运单、需换装境内运输工具的出口中转货物，由发货人或其代理人先向起运地海关办理出口申报手续，再由境内承运人或其代理人按出境工具分列舱单向起运地海关批量办理转关手续，并到出境地海关办理出境手续的转关。

中转方式的报关程序具体如表 5－15所示。

表 5－15　　　　中转方式的报关程序

进口中转方式报关		出口中转方式报关	
向指运地海关办理进口报关	具有全程提运单、需要换装境内运输工具的中转转关货物的收货人或其代理人向指运地海关办理进口报关手续。	向起运地海关办理出口报关、出口转关	（1）具有全程提运单、需要换装境内运输工具的出口中转转关货物，货物的发货人或其代理人向起运地海关办理出口报关手续。 （2）由承运人或其代理人向起运地海关录入并提交出口转关货物申报单、凭出境运输工具分列的电子或纸质舱单、汽车载货登记簿或船舶监管簿等单证，向起运地海关办理货物出口转关手续。
进境地海关转关	由境内承运人或其代理人向进境地海关提交进口转关货物申报单、进口货物中转通知单、按指运地目的港分列的纸质舱单（空运方式提交联程运单）等单证办理货物转关手续。	向出境地海关办理出境手续	经起运地海关核准后，签发出口货物中转通知书，承运人或其代理人凭以办理中转货物的出境手续。

角色模拟

重庆某外贸公司从巴西进口一批皮革，于 2016 年 3 月运抵上海，需要经转关运抵重庆。请学生在上述背景材料下，分上海海关、重庆海关、外贸公司、报关公司等角色模拟演练该批货物的通关流程。

任务四　过境货物、转运货物、通运货物报关

一、过境货物、转运货物、通运货物

（一）过境货物、转运货物、通运货物的概念

过境货物、转运货物、通运货物的概念具体如表 5－16 所示。

表 5－16　过境货物、转运货物、通运货物的概念

过境货物	转运货物	通运货物
从境外起运，在我国境内不论是否换装运输工具，通过我国陆路运输继续运往国外。	由境外起运，通过我国境内设立海关的地点换装运输工具，不通过境内陆路运输运往国外。	由境外起运，不通过我国境内陆路运输，并由原运载工具运载出境。
共同点：过境货物、转运货物、通运货物的最终运抵点都是我国关境外的国家或地区。		

（二）过境货物、转运货物、通运货物的监管

过境货物、转运货物、通运货物的监管具体如表 5－17 所示。

表 5－17　过境货物、转运货物、通运货物的监管

过境货物的监管	转运货物的监管	通运货物的监管
（1）过境货物经营人向海关主管部门办理注册登记手续。 （2）运输工具应当具有海关认可的加封条件或装置，必要时对过境货物及其装置进行加封。 （3）运输部门及过境货物经营人应当负责保护海关封志的完整，任何人不得擅自开启或损毁。	（1）外国转运货物在中国口岸存放期间，不得开拆、换包装或进行加工。 （2）在 3 个月内办理海关有关手续并转运出境，超出规定期限 3 个月仍未转运出境或办理海关手续的，海关将提取并依法变卖处理。 （3）海关对转运的外国货物有权进行查验。	运输工具因装卸货物需搬运、倒装货物时，应向海关申请并在海关的监管下进行。

二、过境货物、转运货物、通运货物的报关程序

过境货物、转运货物、通运货物的报关程序具体如表 5－18 所示。

表 5－18　过境货物、转运货物、通运货物的报关程序

货物类型	报关操作	
过境货物	进境报关	（1）经营人或报关单位：向进境地海关递交过境货物报关单以及其他单证（如运单、装箱单等），办理过境手续。 （2）进境地海关审核查验无误后，进境地海关在提运单上加盖海关监管货物戳记，并将过境货物报关单和过境货物清单制作关封后，加盖海关监管货物专用章，连同提运单交经营人或报关企业。 （3）将上述单证交出境地海关验核。
	出境报关	（1）经营人或报关单位向出境地海关申报，并递交进境地海关签发的关封，及时向出境地海关申报。 （2）出境地海关：审核，加盖放行章，在海关的监管下出境。

续前表

货物类型	报关操作	
转运货物	进境申报	装有转运货物的运输工具进境后，承运人应当在进口载货清单上列明转运货物的名称、数量、起运地和到达地，并向主管海关申报。
	换装	经海关同意后，在海关指定地点换装运输工具。
	出境	在规定时间内运送出境。
通运货物	进境申报	运输工具进境时，运输工具的负责人应凭注明通运货物名称和数量的船舶进口报告书或飞机进口载货舱单申报。
	监管离境	海关接受申报，在货物进境和离境时核查，监管货物实际离境。

课堂讨论

将学生分组，以小组形式讨论过境货物、转运货物、通运货物的区别以及报关操作的不同。

任务五 无代价抵偿货物报关

一、无代价抵偿货物

（一）无代价抵偿货物的概念

无代价抵偿货物是指在征税和免税放行后，发现货物有残损、短少或者品质不良，由境外的承运人、发货人或者保险公司免费补偿或更换与原货物相同或者与合同规定相符的货物。

（二）无代价抵偿货物的特征

（1）进出口无代价抵偿货物免交进出口许可证件。

（2）进口无代价抵偿货物，不征收进口关税和进口代征税；出口无代价抵偿货物，不征收出口关税。

（3）现场放行后，海关不再进行监管。

二、无代价抵偿货物的报关程序

无代价抵偿大体可分为两种：短少抵偿；残损、品质不良或规格不符抵偿。

残损、品质不良或规格不符引起的无代价抵偿货物的进出口报关手续具体如表 5-19所示。

表 5-19　　无代价抵偿货物进出口报关要点

类型		报关操作要点	相关单证
原进口货物	退运出境	不征收出口关税	（1）原进口货物报关单；（2）原进口货物退运出境的出口货物报关单，或者原进口货物交由海关处理的货物放弃处理证明，或者已经办理纳税手续的单证；（3）原进口货物税款缴纳书或者进出口货物征免税证明；（4）买卖双方签订的索赔协议
	放弃	海关依法处理并向收货人提供依据	
	不退运出境也不放弃	按无代价抵偿货物申报进口之日适用的有关规定申报进口，并按海关对原进口货物重新估定的价格计算缴纳进口关税和进口环节海关代征税，属于许可证件管理的，还应当交验相应的许可证件	

续前表

<table>
<tr><th colspan="2">类型</th><th>报关操作要点</th><th>相关单证</th></tr>
<tr><td rowspan="2">原出口货物</td><td>退运进境</td><td>不征收进口关税和进口海关环节代征税</td><td rowspan="2">（1）原出口货物报关单；
（2）原出口货物退运出境的进口货物报关单，或者已经办理纳税手续的单证（短少抵偿的除外）；
（3）原出口货物税款缴纳书；
（4）买卖双方签订的索赔协议</td></tr>
<tr><td>不退运进境</td><td>按无代价抵偿货物申报出口适用的有关规定申报出口，并按海关对原出口货物重新估定的价格计算缴纳出口关税，属于许可证件管理的，还应当交验相应的许可证件</td></tr>
</table>

向海关申报进出口无代价抵偿货物应当在原进出口合同规定的索赔期内，自原货物进出口之日起不超过 3 年。

课堂讨论

上海某航运公司完税进口一批驳船，使用不久后发现大部分驳船油漆剥落，向境外供应商提出索赔，供应商同意减价 60 万美元，并答应进口方以等值的驳船用润滑油补偿。该批润滑油进口时能否按无代价抵偿货物报关？为什么？将学生分组，以小组形式进行讨论。

项目考核

一、单项选择题

1. 济南市红十字会一家直属单位进口一批外国赠与的残疾人专用仪器，经海关审批后，该批货物可免税进口。2016 年 10 月 2 日，载运该货物的运输工具抵达青岛港，收货人持进出口货物征免税证明向青岛海关进行了申报，青岛海关在审核申报后免税放行。根据上述案例，回答下列问题：

（1）该货物在进口后，在（　　）内将受到海关监管。

A. 5 年　　B. 6 年　　C. 8 年　　D. 10 年

（2）该单位在进口专用仪器前应持有关批文向（　　）提出免税申请。

A. 国家民政部　　B. 海关总署

C. 所在地直属海关　　D. 国务院关税委员会

（3）如果进口转关货物是提前报关的，则应在电子数据申报之日起（　　）日内向进境地海关办理转关手续。

A. 3　　B. 4　　C. 5　　D. 6

2. 以下不属于无代价抵偿货物进出口时应提供的单证是（　　）。

A. 原进口货物报关单

B. 原进出口税款缴款书

C. 货运单证

D. 经海关签章的原进出口货物退运的报关单或交由海关处理的有关证明

3. 海关对享受特定减免税进口的家用电器的监管年限为（　　）年。

A. 5　　B. 6　　C. 8　　D. 10

4. 2016 年 8 月 18 日，在武汉举办电子加工机械展销会，日本三菱公司应邀参加展览。该公司在参展前向日本相关机构申领了一份ATA单证册，装运货物的运输工具于7月25日由集装箱装运进境，8月16日，该货物的收货人持ATA单证册向武汉海关办理了货物暂时进口申报。根据上述案例，回答下列问题：

(1) 进境展览品在展览期间被人购买的，相应处理为（　　）。

A. 展会产品免除关税的优惠待遇

B. 展会产品实行减税政策，具体数额视总数文件而定

C. 一般贸易，照章征税

D. 展出期间售出，关税多征收30%

(2) 若该货物在展览品结束后没有按时复运出境，我国海关应向（　　）提出索赔。

A. 中国国际商会　　B. 日本担保协会

C. ATA单证册持证人　　D. 持证人的担保银行

5. 江苏某港口机械制造股份有限公司（中外合资经营企业）向香港飞翼船务有限公司出口40集装箱半挂车（5辆），总价HKD 608 000。经海关批准，该批货物运抵起运地海关监管现场前，先向该海关录入出口货物报关单电子数据。货物运至海关监管现场后，转关至上海吴淞口岸装运出境。上述货物出口后，其中有1辆因质量不良被香港飞翼船务有限公司拒收而退运进口，整批货物因此未能收汇。该批货物从起运地运至上海吴淞口岸，在上海吴淞海关监管下装运出境，其转关运输采用的是（　　）。

A. 直转方式　　B. 提前报关方式

C. 中转方式　　D. 直通方式

6. 下列进口的废物中，可以申请转关运输的是（　　）。

A. 木制品废料　　B. 废纸

C. 废电机电器产品　　D. 纺织品废物

7. 北京某外资企业从美国购进大型成套机器设备，分三批运输进口。其中有两批从天津进口，另一批从青岛进口。该企业在向海关申请办理该套设备的减免税手续时，下列做法正确的是（　　）。

A. 向北京海关分别申领两份征免税证明

B. 向北京海关分别申领三份征免税证明

C. 向天津海关申领一份征免税证明，向青岛海关申领一份征免税证明

D. 向天津海关申领两份征免税证明，向青岛海关申领一份征免税证明

二、多项选择题

1. 下列属于现场海关已经放行但尚未结关的进境货物的是（　　）。

A. 保税加工货物　　B. 特定减免税货物

C. 暂准进境货物　　D. 一般进口货物

2. 列入《外商投资项目不予免税的进口商品目录》的商品包括（　　）。

A. 电话机　　B. 洗衣机

C. 复印机　　D. 电子计算器

3. 报关单是由报关员按照海关规定格式填制的申报单，是指进出口货物报关单或者带有进出口货物报关单性质的单证。下列属于报关单的单证有（　　）。

A. 保税港区进出境备案清单　　B. ATA单证册

C. 过境货物报关单　　D. 快件报关单

三、判断题

1. 特定减免税进口监管制度是指根据国家政策的规定，货物进口时减纳或免纳进口关税，进口后用于特定地区、特定企业、特定用途，在规定的期限内接受海关监管的监管规程或准则。(　　)

2. 特定减免税货物减征或免征进口关税，同时减征或免征进口环节代征增值税和消费税。(　　)

3. 除国务院另有规定外，进口关税和进口环节增值税可予以减免的，其进口环节消费税同时予以减免。(　　)

4. 特定减免税货物一般不豁免进口许可证，另有规定的除外。(　　)

四、业务题

西安市B公司与美国C公司签署协议，进口光学玻璃材料。进口该产品是为了完成国家的“863计划”科技项目，所以可以享受减免税的优惠，货物从美国洛杉矶直接空运至北京。假设你是B公司的报关员，如何对这一票货物进行操作？

图书在版编目(CIP)数据

进出口报关实务/张艳丽等主编．—北京：中国人民大学出版社，2017.8
21 世纪高职高专规划教材．国际经济与贸易系列
ISBN 978-7-300-24476-1

Ⅰ．①进… Ⅱ．①张… Ⅲ．①进出口贸易-海关手续-中国-高等职业教育-教材 Ⅳ．①F752.5

中国版本图书馆 CIP 数据核字(2017)第 123124 号

普通高等职业教育“十三五”规划教材
21 世纪高职高专规划教材・国际经济与贸易系列
进出口报关实务
主　编　张艳丽　崔亚琼　朱　婧
副主编　刘　琦　赖红清
Jinchukou Baoguan Shiwu

出版发行	中国人民大学出版社		
社　　址	北京中关村大街 31 号	邮政编码	100080
电　　话	010－62511242(总编室)		010－62511770(质管部)
	010－82501766(邮购部)		010－62514148(门市部)
	010－62515195(发行公司)		010－62515275(盗版举报)
网　　址	http://www.crup.com.cn		
	http://www.ttrnet.com(人大教研网)		
经　　销	新华书店		
印　　刷	北京七色印务有限公司		
规　　格	185 mm×260 mm　16 开本	版　　次	2017 年 8 月第 1 版
印　　张	12.5	印　　次	2020 年 11 月第 2 次印刷
字　　数	300 000	定　　价	29.00 元